Reinhard Lutz

Mein Leben als Schneekönig

Knete, Koks und Kanonen

Reinhard Lutz

MEIN LEBEN ALS SCHNEEKÖNIG

Knete, Koks und Kanonen

Autobiografie

Co-Autor: Sascha Michael Campi

www.der-schneekoenig.ch

Mit einem Nachwort von Valentin Landmann

münsterverlag

Impressum

Satz:	Stephan Cuber, diaphan gestaltung, Liebefeld
Umschlagsbild:	Sascha M. Campi, smc-books.ch
Lektorat:	Manu Gehriger, manu-script.ch
Druck und Einband:	CPI books GmbH, Ulm
Verwendete Schriften:	Adobe Garamond Pro, Suisse
Papier:	Umschlag, 135g/m², Bilderdruck glänzend, holzfrei; Inhalt, 90g/m², Werkdruck bläulichweiss, 1,75-fach, holzfrei

ISBN 978-3-907146-49-1
Printed in Germany

www.muensterverlag.ch

Inhalt

Dieses Buch widme ich meinen beiden Töchtern Simone und Larissa, meinen Enkelkindern Sabrina und Giulia sowie der Liebe meines Lebens, Edith Campos Arboleda. Danke, dass Ihr Teil meines Lebens seid.

Vorwort von Sascha Michael Campi

«Kennst du den Schneekönig?», fragte mich ein guter Freund und Mitinsasse in der Zürcher Justizvollzugsanstalt Pöschwies, in der ich selbst mehrere Jahre inhaftiert war.

«Ja», antwortete ich, wobei ich den Namen spontan mit einem amerikanischen Spielfilm assoziierte, da gerade Filme wie Snowwhite and the Huntsman und The Snowman in Kino und TV angesagt waren. Der Irrtum klärte sich schnell, ich musste zugeben, dass ich den Namen nur aus der Presse sowie aus der Biografie meines Rechtsanwaltes Dr. jur. Valentin Landmann kannte. Der Schneekönig selbst war mir noch nie begegnet. Was ich über ihn gelesen hatte, interessierte mich nicht, ich hegte keinerlei Sympathien für ihn.

Wenige Tage nach diesem kurzen Gespräch, sah ich zufällig einen Artikel im Tagesanzeiger, mit der fetten Schlagzeile «Der Schneekönig muss für 7,5 Jahre ins Gefängnis», darunter die Karikatur aus der Gerichtsverhandlung. Seit diesem Artikel verfestigte sich in meinem Gedächtnis das Bild dieser Karikatur zum Namen Schneekönig. Gleichzeitig begann mir aufzufallen, wie viele Insassen immer wieder von dieser Zürcher Milieu Koryphäe sprachen. Langsam fragte ich mich, wer ist dieser Mann? Was ist es, was ihn ausmacht?

Rund ein Jahr später wurde ich in die halboffene Anstalt Saxerriet versetzt, wo kurz darauf noch ein neuer Insasse dazu kam, der mir irgendwie bekannt vorkam, den ich jedoch nicht einordnen konnte.

«Weisst du, wer das ist?», fragte mich einer der dortigen Insassen mit einem nicht zu übersehenden Lächeln.

Wie sich herausstellte, war es der Mann, der als Karikatur in meinem Kopf schon schubladisiert war. Trotz einer gewissen Neugier, die ich nicht abstreiten will, versuchte ich dem Schneekönig fern zu bleiben. Ich war von Vorurteilen und einigen Gerüchten geblendet und empfand es als besser, den Kontakt zu meiden. Irgendwann jedoch kam das, was im Gefängnis gang und gäbe ist, man trifft unweigerlich aufeinander, da man sich auf diesem engen Raum nur schwer aus dem Weg gehen kann. Er war sympathischer als gedacht, intelligenter als vermutet. Pluspunkte die mich allerdings von meinem Vorhaben Distanz zu wahren, nicht abhielten. Einige Tage später wechselten wir im Korridor der Strafanstalt Saxerriet spontan einige Worte, wobei er erwähnte, gerade am Manuskript für seine Biografie zu arbeiten. Das interessierte mich, da ich selbst ein leidenschaftlicher Schreiber bin und mich immer freute, in der Haft jemanden zu treffen, der diese Leidenschaft teilte. Als ich dem Schneekönig erzählte, dass ich selbst in den letzten Jahren neun Buchmanuskripte verfasst hätte und mein erstes Buch demnächst veröffentlicht würde, weckte ich auch sein Interesse. Kurze Zeit später besuchte mich der Schneekönig in meiner Zelle, stellte mir Fragen zur Manuskripterstellung und zur Publikation, die ich ihm auch beantworten konnte. Wir fanden rasch Gemeinsamkeiten, gleiche Ansichten und teilten denselben Humor, so hatten wir immer was zu lachen.

«Würdest du mein Manuskript für mich ausarbeiten?», fragte er mich eines Tages.

Gereizt hatte es mich, doch musste ich ihm absagen, da mir auch die Geschichte zwischen dem Schneekönig und Valentin Landmann bekannt war, zumindest ein Teil davon. Ich erachtete es als unpassend, die Biografie eines Mannes zu bearbeiten, der einst dafür verantwortlich war, dass ein Freund von mir hinter Gittern landete. Und wie würde es wirken, wenn ich, der zu dieser Zeit gerade ein Buch in Zusammenarbeit mit Valentin Landmann herausgab, nun auch noch für das gegnerische Lager schreiben würde, das hätte meiner Ansicht nach nicht gepasst. Zu diesem Zeitpunkt wusste ich nicht, dass es ein gegnerisches Lager gar nicht gab.

Denn mit der Zeit erkannte ich, dass die freundschaftliche Beziehung zwischen dem Schneekönig und Valentin Landmann vorhanden und beständig war, die in der Vergangenheit nur eine Kerbe erlitt, über die jedoch beide Seiten hinweg waren. Auch wenn es sicher zwei Versionen über die damaligen Geschehnisse gibt, die nicht komplett, sondern nur leicht voneinander abweichen, verursachte es nie den Bruch der Freundschaft dieser beiden Zürcher Koryphäen.

Irgendwann doppelte der Schneekönig freundlich nach, indem er mich fragte, ob ich nicht wenigstens sein Manuskript auf Schreibfehler durchsuchen könnte, eine Aufgabe, der ich guten Gewissens zustimmen konnte. Während dem Korrigieren reizte es mich dann doch immer mehr, das Manuskript zu bearbeiten. So nahm ich den Hörer in die Hand, um Valentin Landmann privat zu kontaktieren und seinen Segen erbat, für Reini das Manuskript ausarbeiten zu dürfen. Valentin hielt die Idee für gut, war damit vollkommen einverstanden, wünschte uns beiden sogar herzlichst viel Erfolg.

So begann ich eifrig und in unzähligen Stunden, das Buch «Der Schneekönig – Knete, Koks und Kanonen» zu schreiben. Durch unsere Freundschaft und meine Arbeit am vorliegenden Buch entwickelte sich der Schneekönig für mich immer mehr zu Reinhard Lutz, und aus der Zürcher Milieu Koryphäe, von der so viele nur aus Distanz Kenntnis haben, wurde mir mit der Zeit eine gut vertraute Person aus Fleisch und Blut.

Reinis Manuskript war ein inhaltlich geniales Werk, das nur noch zurecht geformt werden musste. Das Schaffen an diesem Buch hat mir viel Freude bereitet und mir Einblicke in eine Welt gegeben, von der man nur selten etwas mitbekommt. Dies ist keine fiktive Geschichte, kein Roman. Reinis Erlebnisse sind real, aber manchmal so filmreif, dass doch gewisse Zweifel aufkommen können, ob das eine oder andere wohl nicht doch geflunkert sei. Bei der Arbeit am Buch konnte ich noch so kritische Fragen stellen, Reinhard konnte immer alles plausibel und detailliert beantworten und in den meisten Fällen sogar belegen.

Reinhard Lutz habe ich als interessierten und hochintelligenten Menschen kennengelernt, der mir wieder bewusstmachte, wie falsch manchmal der erste Eindruck sein kann, vor allem dann, wenn er nur auf Gelesenem oder dem Hörensagen basiert. Besonders trifft es Straftäter, die medial durch die Mangel gezogen wurden.

Ich freue mich, das Vorwort für ihn schreiben zu dürfen. Denn so ist der Schneekönig, so habe ich ihn kennen und schätzen gelernt. Für ihn zählt nicht die Position, der Ruf oder der Nutzen, den er aus einer Bindung ziehen kann, sondern für ihn zählt der Mensch. Wer ihm Gutes tut, soll auch Gutes von ihm zurückerhalten.

Ich bedanke mich herzlich bei Reinhard Lutz und wünsche ihm für seinen weiteren Weg nur das Beste. Seiner Einladung, ihn in Rio de Janeiro zu besuchen, werde ich gerne folgen.

Sascha Michael Campi
www.smc-books.ch

Der meistgesuchte Kokainhändler der Schweiz

In meiner Biografie lasse ich bewusst meine Kindheit weg, denn diese wäre viel zu langweilig, würde zu viel «Bünzliges» beinhalten und was das Wichtigste ist, es würde nichts mit dem späteren Mann zu tun haben, der ich die letzten Jahrzehnte hindurch war. Einer der die unteren und die oberen Etagen in der Gesellschaft erleben durfte, mal als armer Schlucker, als Knasti, mal als König, eben als Schneekönig, was mir heute eher peinlich ist. Als Liegenschaften Händler war ich viel erfolgreicher, darauf bin ich stolz.

Das Buchmanuskript zu diesem Werk habe ich während meiner letzten Gefängnisstrafe verfasst. Es war ein mühsamer Weg, denn ich musste mich mit einem einfachen Kugelschreiber zufriedengeben. Diesen musste ich mir zuerst noch erbetteln, später sogar jede einzelne Seite Papier, denn die Gefängnisaufseher mit ihren grimmigen Gesichtern gönnten mir jeweils gerademal zwei bis drei Seiten. Um das Ganze dann doch voranzutreiben, machte ich eine Anstaltsrunde, besuchte die Mitinsassen und bat alle darum, ebenfalls für mich um Papier zu bitten, sodass ich danach jeden Morgen die Runde machen konnte und so doch noch ein anständiges Quantum an Schreibzeug zusammenbekam. Ohne diese Taktik hätte meine sonst schon überhöhte letzte Haftstrafe wohl kaum ausgereicht, um das Manuskript zu vervollständigen. Zugegeben, das Verfassen der eigenen Biografie hatte ich mir leichter vorgestellt. Schnell musste ich erkennen, spätestens am Verbrauch meines Papiervorrates, dass es einen sehr grossen Aufwand braucht, besonders dann, wenn man es richtigmachen will. In der Haft zu schreiben hat den Vorteil, dass man isoliert ist und ohne Einflüsse von der Aussenwelt arbeiten kann.

Das Ziel meines Buches ist aufzuklären, wie aus mir, Reinhard Lutz, der Schneekönig wurde, aber auch eine Dokumentation zu liefern, über die Entstehung der Zürcher Kokainszene, wie ich sie selbst miterlebt habe und an der ich rege beteiligt war.

Bei der Auslese der Anekdoten aus meinem Leben habe ich mich für die wichtigsten, lustigsten und spektakulärsten entschieden, damit das Lesen auch Spass macht. Da es immer scharfe Kritiker gibt, die gerne darauf verweisen, dass Einzelnes nicht klar bestätigt sei, habe ich am Ende eine Art Informationsnachlese angehängt, damit sämtliche in diesem Buch genannten Schilderungen nachgeprüft werden können.

Da ich kein Bücherwurm bin, weiss ich nicht, ob mein Schaffen inhaltlich dem Stil entspricht, den man normal liest, doch hoffe ich, damit einen möglichst authentischen Bericht zu bieten.

In meiner Geschichte sind mehrere Milieugrössen und Milieugestalten erwähnt, die bereits verstorben sind, die ich jedoch unbedingt miteinbeziehen wollte, da sie das Zürcher Milieu massgeblich mitgeprägt haben.

Der 19-jährige Reini Lutz

Meine Geschichte beginnt mit einem Ereignis der düsteren Sorte. Als ich neunzehn Jahre jung war, verstarb meine Mutter durch einen tragischen Verkehrsunfall. Als sie mit ihrem Fahrrad wie gewohnt zur Arbeit fuhr, wurde sie von einem Auto erfasst und totgefahren, wodurch ich den wichtigsten Menschen in meinem Leben verlor und von einem Tag auf den anderen zum Vollwaisen wurde. Ein Ereignis, das mich sehr geprägt hat, inwiefern weiss ich nicht und ehrlich gesagt, bin ich auch nicht der Typ Mensch, der darüber nachgrübeln will, denn eine Wunde immer wieder von neuem aufzukratzen, war und ist bis heute nicht meine Art. Nach diesem traurigen Ereignis verzog sich auch mein damaliger Stiefvater aus meinem Leben, indem er zu seiner neuen Freundin zog, mit der er meine Mutter bereits seit längerer Zeit betrogen hatte. Seinen Verlust hingegen kann man eigentlich auch anders einordnen, denn mit meinem Stiefvater verstand ich mich nie. Wenn wir uns einmal sahen, denn er war so gut wie nie da, stritten wir uns immer und immer wieder, sodass mir sein Verschwinden eher eine Last von den Schultern nahm, so konnte ich mich umso intensiver mit der Trauer über den Tod meiner Mutter beschäftigen. Es war das letzte Mal in meinem Leben, dass Tränen aus meinen Augen quollen. Bei ihrer Beerdigung und der anschliessenden Trauerphase machte ich mir immer wieder Vorwürfe; hätte ich ihr doch nur noch ein letztes Mal Blumen geschenkt, sie ein letztes Mal zum Essen eingeladen und so weiter, mit jeder Träne ein Vorwurf mehr, als hätte ich dieses schreckliche Ereignis vorhersehen können.

Als Vollwaise stand ich also von einem Tag auf den anderen komplett einsam da. Ich begann mich langsam durch die Welt zu tasten und konzentrierte mich auf die Welt der Frauen, also auf Beziehungen. Eine Freundin blieb mir stets besonders in Erinnerung, jedoch nicht einmal wegen ihr selbst, sondern eher wegen ihrem Stiefbruder, denn seine Persönlichkeit und die Art wie er sein Leben führte, inspirierte mich sehr. Der Stiefbruder hiess Rolf Meili und, was ich anfänglich nicht wusste, er war einer der berühmtesten Zuhälter jener Zeit. Rolf lud uns mehrfach ein, mit ihm ins Tessin zu fliegen, um dort ein Frühstück zu geniessen. Rolfs Art war höchst direkt und immer mal wieder ziemlich ungehobelt. So nannte er seine Nutten einfach nur Bäume und davon hatte er viele, einen ganzen Wald, könnte man sagen. Er war eine wahre Koryphäe unter den Zuhältern und selbst in der Strafanstalt Regensdorf bekannt, da er damals der einzige Insasse war, der keinen einzigen Tag gearbeitet hat. Dies begründete er Jahre später in einer Doku mit feiner Arroganz damit, dass seine Hände Gold wert seien und er diese zum Zählen von Geld benötige, weshalb er seine zarten Greifer nicht mit Arbeit ruinieren wolle. Ein anderer Spruch, der mir in Erinnerung blieb, betraf seine Nachttischlampe, die immer schräg stehen musste, damit er einschlafen konnte. Was so viel bedeutete wie, wenn so viele Geldnoten unter dem Lämpchen gestapelt lagen, dass die Lampe beinahe umzukippen drohte, war sein Wald rentabel, sein Geschäft florierte und sein Schlaf war garantiert. Nebst dieser rauen, arroganten Art gab es aber auch andere Seiten an diesem Menschen. Viele wussten nicht, dass er ein begnadeter Maler und Klavierspieler war, für beides war er mit viel Talent gesegnet. Trotz anfänglichen Kontakten mit Randgestalten blieb mein Leben noch recht in den Bahnen eines normalen Schweizers. So geriet ich später in eine neue Beziehung, in einer Zeit als die Verhütungsmittel noch nicht auf dem heutigen Stand und in heutigen Mengen überall vorhanden waren, was bereits erahnen lässt, was nun kommen wird, dass nämlich meine Freundin schwanger wurde. Wie es sich damals gehörte, heiratete ich meine Freundin, um die Erwartungen der Gesellschaft zu erfüllen, aber natürlich auch dem Kind zu liebe, damit es christlich getauft werden konnte.

Bei unserer Hochzeit waren von der Familie meiner Frau rund fünfundzwanzig Angehörige anwesend, während von meiner Seite her gewollt keiner da war. Denn nach dem Ableben meiner Mutter trennte ich mich von allen Verwandten. Das Ganze hatte mit dem zuvor bereits losen Verhältnis zu tun, aber auch mit der Beerdigung meiner Mutter. Keiner meiner Familie unterstützte mich bei der Organisation der Trauerfeier, nicht einmal bei der Finanzierung des Grabsteins, was bereits damals rund fünftausend Schweizer Franken kostete. An der Beerdigung selbst, waren sie dann aber alle wie Geier anwesend, wie es in der Schweiz üblich ist, wird an einer solchen Veranstaltung «gefressen» und «gesoffen», so, dass mir der traurige Anlass beinahe wie eine Party vorkam, alles andere als was ich mir gewünscht hätte. Lieber wäre es mir gewesen, an der Beerdigung allein mit einem Pfarrer zu sein, aber es kam anders und so sah ich die Beerdigung nicht nur als Abschiedsehrung meiner Mutter, sondern zugleich als Schlussstrich unter der Beziehung zu meinen Verwandten.

Danach arbeitete ich sehr viel, doch das Geld reichte hinten und vorne nicht. Ich erkannte, wie mein Leben von einem Tag auf den anderen bestimmt worden war. Ich wurde als junger Ehemann und Vater, der kurz zuvor zum Vollwaisen wurde, in ein Leben aus Verantwortung, Pflichten gesteckt, aus dem es kein Entrinnen gab. Ich war wie einbetoniert, bevor ich jemals gelebt hatte. Meine Unzufriedenheit wuchs täglich an, so konnte ich durch die viele Arbeit mein Kind so gut wie nie sehen und wenn, dann versaute mir meine Frau diese freudige Zeit mit Streitereien bezüglich des Geldes, das immer knapper als knapp war. Nicht, dass sie geldgierig war, nein, sie war charakterlich in Ordnung, doch musste sie den Haushaltsplan erstellen und kalkulieren, sodass ihre Vorwürfe ja irgendwie verständlich waren. Ich fühlte mich machtlos, überfordert, gefangen in einer Zelle namens Leben und war alles andere als zufrieden mit den Umständen. Die einzige Lösung dem zu entfliehen, schien mir das Geld zu sein. Mit Geld dachte ich mir, kann ich mir Zeit mit meinem Kind erkaufen, aber auch Ruhe von meiner Frau und irgendwie dadurch ja auch ein Stück Zufriedenheit. Und wer weiss, vielleicht hätte dies auch meine Sehnsüchte gestillt, denn insbesondere zu Reisen stand auf meinem Plan des Lebens, von dem ich zu diesem Zeitpunkt jedoch meilenweit entfernt war.

Mein Ziel hiess also Geld. Nun galt es mich zu fokussieren und einen Weg zu finden, der mich dahin führte, wo die vielen Scheine gestapelt auf mich warteten.

Ein Versuch mir mit Geld Glück zu erkaufen

1975

Ein guter Freund kam mit einer in der damaligen Zeit, irrsinnigen Idee auf mich zu und zwar, Drogen von Holland in die Schweiz zu importieren. Seine Erklärung über den Ablauf hörte sich simpel und der Gewinn vielversprechend an. Es galt nichts anderes zu tun, als nach Holland zu fahren, den Stoff einzuladen, dann in die Schweiz zurückzufahren, wo damals fast niemand an der Grenze kontrolliert wurde, und der Coup wäre geschafft gewesen. Selbst ein Abnehmer für den Stoff hatte mein Kumpel bereits organisiert. Leider machte ich mit, und leider funktionierte es. Dadurch hatte ich ein bisschen mehr Geld als zuvor, die Hürde war übersprungen und die Taschen etwas voller. Meine Rechnung schien zudem aufzugehen, denn die Streitereien mit meiner Frau nahmen durch die zusätzliche Geldeinnahme deutlich ab und ich konnte endlich mehr Zeit mit meinem Kind verbringen. Für einen kurzen Zeitpunkt war ich glücklich, so redete ich es mir zumindest ein. Als das Geld knapper wurde, stand bereits die nächste Tour an. Mein Lebensstandard begann sich zu erhöhen, doch meine Probleme blieben beständig, denn desto grösser Auto und Haus wurden, umso grösser der Unterhalt, umso grösser die benötigten Geldbeträge. Das Auto musste getankt, das Haus renoviert oder neu möbliert werden und die Rechnungen wiesen immer mal wieder, ein paar Zahlen mehr auf. So wurden aus dreistelligen schnell einmal vierstellige Beträge. «More money, more problems» wäre wohl die prägnanteste Betitelung dessen, was ich bitter lernen musste. Nebst dieser Problematik kam auch der Umstand dazu, dass ich nun offiziell kriminell war und somit stets auf der Hut sein musste, um nicht unnötig aufzufallen. Trotz jeglicher Vorsicht wurde ich dann nach einiger Zeit doch verhaftet, aber nicht etwa wegen eines eigenen Fehlers, sondern durch den meines damaligen Partners. Später habe ich in meinem Leben gelernt, dass man stets alles alleine durchziehen sollte, will man auf der sicheren Seite stehen, denn so mancher, der sich als knallhart und auf den Verbrecher- Codex schwörender Gauner darstellt, bricht schnell einmal ein, wenn der Staatsanwalt von Kooperation und Strafmilderung spricht, wobei es nichts anderes als Verrat und Verarsche ist, denn die Strafe bleibt meistens dieselbe. Jede Kette ist nur so stark, wie sein schwächstes Glied. Unser schwächstes Glied war ein Kumpel meines Kumpels, der verhaftet wurde und meinen Kumpel während der Strafuntersuchung verraten hatte, was schlussendlich dazu führte, dass auch ich verpfiffen wurde. Eine Kettenreaktion die nicht mehr zu bremsen war. Die Wut die man als Opfer von Verrat spürt, ist enorm. Mir war es unerklärlich wie man so falsch sein konnte, sich für die Aussicht auf zwanzig Prozent Strafmilderung den Judas Stempel aufdrücken zu lassen. Nein, sowas kann man in der Kriminalbranche nicht verstehen. Eines schwor ich mir zu dieser Zeit selbst; nie würde ich einen Menschen verraten, egal wie sehr ich unter Druck stehen würde, wie verlockend das Angebot eines Staatsanwaltes auch je sein könnte. Nie und nimmer!

Erste Verhaftung, ab ins Gefängnis

1976

So kam es, dass ich zum ersten Mal in Handschellen und hinter Gitter kam. Es waren andere und viel schrecklichere Umstände als heutzutage. Damals wurde ich in Alt Pfäffikon ZH inhaftiert. Dort steckte man mich in eine Zelle ohne Fernseher oder Radio, lediglich mit einem Krug, einem Glas, einem Bett und einer dünnen Matratze, die fürchterlich stank und nach deren Benutzung man am ganzen Körper Juckreiz bekam. Ungefähr so, wie heutzutage die Arrestzellen aussehen, war damals der allgemeine Zellenstandard. Das Schlimmste stand jedoch in der Zellenecke. Ein weisser Kübel mit einem Deckel drauf. Zustände wie im Mittelalter. Ich ging am ersten Tag davon aus, damit das Gesicht und die Füsse waschen zu können, doch als mir ein Aufseher erklärte, dass es sich dabei um die Toilette handelte, mit der netten Zwischenbemerkung, man könne es aber durchaus auch zum Waschen benutzen, musste ich mich beinahe übergeben. Um den Kübel zu entleeren, musste man sich morgendlich in einer Reihe anstellen, wobei einem der Gestank Tränen in Augen trieb. Auch die Spaziergänge waren damals keine Momente der freien Bewegung, sondern man trottete wortlos hintereinander her, beinahe schon wie in den alten Western Filmen, nur die Metallkugel, mit einer Kette am Fussgelenk fehlte. Auch die menschlichen Qualitäten der Aufseher waren sehr unterschiedlich. So gab es solche, die ihre Menschlichkeit während der Arbeit unter der Uniform anbehielten, wie beispielsweise Herr Widmer. Unvergessen bleiben aber auch die Vollpfosten von Aufsehern, die ihre Menschlichkeit vor dem

Überziehen der Uniform ablegten, wie damals zum Beispiel Herr Häberli. Ich erinnere mich, als wäre es erst gestern gewesen, als ich an meine Zellentür klopfte, da ich dringendst einen Brief abgeben musste. Aufseher Häberli knallte die Tür auf und schrie mich an, wie es nur selten zuvor ein Mensch gewagt hatte. Was mir denn einfalle und ich sei noch viel frecher als ihm der Bezirksanwalt vor dem Haftantritt beschrieben hätte. Die gute Seele Herr Widmer hingegen war anders. Nie vergesse ich ihm, wie er mir anbot, mit einer Gruppe Insassen in den Wald zum Holzhaken mitgehen zu können, was ich, ohne nur einen Moment des Überlegens zu verschwenden bejahte. So hoffte ich fortan immer wieder darauf, dass bald wieder Holz benötigt wurde, denn die Hoffnung stirbt ja bekanntlich zuletzt. Meine Frau kam mich jede Woche besuchen und die Zeit begann zu laufen, wenn auch stockend. Aus Platzmangel wurde ich nach einer Weile in eine Dreierzelle versetzt, wo ich mit einem alkoholsüchtigen Berufseinbrecher zusammengesetzt wurde. So war ich zumindest nicht mehr allein, und die Zeiger der Uhr begannen sich etwas weniger ruckartig, beinahe schon fliessend zu bewegen. Der Alkoholiker kannte nichts. Gut erinnere ich mich, wie er einmal den Auftrag bekam, mit Brennsprit die Fenster im Korridor zu reinigen. Nach zehn Minuten ging ihm der Brennsprit aus, so meldete er sich beim diensthabenden Aufseher, der dann schockiert darüber war, dass der Liter Brennsprit bereits aufgebraucht sei, schnell stellte sich heraus, dass kein Tropfen davon die Glasscheiben erreichte, sondern alles die Kehle runtergespült wurde. Ich musste lachen, zugleich aber auch damit beginnen, mein Rasierwasser in der Zelle zu verstecken, denn der Süffel schluckte wirklich alles, was nur ansatzweise Alkohol beinhalten konnte, selbst wenn man es im weissen Kübel gelagert hätte. Als ich ihn einmal auf sein Leben ansprach, ob er zum ersten Mal einsitzen würde, stellte sich heraus, dass er vierundzwanzig Vorstrafen auf dem Buckel hatte, was mich sprachlos machte.

Nach rund sechs Monaten in der Zürcher Guantanamo Hölle

kam ich endlich vor Gericht. Der Richter brummte mir eine Strafe von zweieinhalb Jahren auf, verbunden mit einer ambulanten Therapie, was so viel bedeutete, wie einmal wöchentlich bei einem Seelenklempner vorbeischauen zu müssen. Zudem wurde mir ein Bewährungshelfer aufgetragen, da meine Strafe auf Bewährung ausgesetzt wurde. Wäre ich in nächster Zeit wieder straffällig geworden, hätte ich die zweieinhalb Jahre noch absitzen müssen. Der Schock sass tief, als ich meine Füsse wieder auf dem Boden der Freiheit aufsetzte. Ich nahm mir vor, nie aber gar nie mehr, in diese Hölle zurückzukehren. Bald begann ich wieder zu arbeiten, ganz im guten Vorsatz, keinen Blödsinn mehr anzustellen. Ich war wieder dort, wo ich angefangen hatte, nämlich beim Überstunden schinden, um den Kühlschrank vollzukriegen. Trotz allem erschien mir dies nicht mehr so schlimm wie früher vor meiner Delinquenz, denn ich kannte nun ein Leben, das noch unerträglicher war, das Leben hinter Gittern.

Was nun geschah, war der absolute Super-GAU und etwas, was klar auf meinen Werdegang Einfluss hatte. Der Staatsanwalt, Herr Schmid, legte Berufung gegen mein Gerichtsurteil ein, denn ihm passte es nicht, dass ich meine Strafe nicht hinter Gittern verbüssen musste und auch die wöchentlichen Therapiesitzungen erschienen ihm als Witz. So ging er nicht nur in Berufung, nein, er kam damit sogar durch, sodass ich erneut aus meinem Leben gerissen und in die Hölle retourniert wurde, wo ich fortan nicht nur einen Teil, nein, gar die ganze Strafe abhocken musste. Staatsanwalt Schmid war es nicht recht, dass ich resozialisiert in die Welt zurückkehrte, den rechten Weg wiederaufnahm, indem ich für meine Familie mit ehrlicher Arbeit sorgte, offenbar war es ihm lieber, dass ich auf Kosten der Steuerzahler hinter Gittern schmorte. Kriminalisierung statt Resozialisierung, schien sein damaliges Motto zu sein. Wenn man eine Haftstrafe verbüssen muss, aufgrund eines frustrierten Staatsanwaltes, der mehr nach seinem persönlichen Befinden und seiner Antipathie dem Straftäter gegenüber handelt, als nach Menschenverstand und rechtlichen

Normen, entwickelt sich ein Hass auf die Justiz. Ein Hass, der sich anstaut, der sich während des Verbüssens der Strafe aber gerne auch ausweitet, beinahe wie ein Geschwür. Auch heute noch, rege ich mich über Schmids Handeln auf, gerade unter Betrachtung des heutigen Umstandes, wo jemand für dasselbe Urteil wie damals, gerade noch etwa drei Monate einsitzen müsste.

Zwischen mir und meiner Frau begann es mehr denn je zu kriseln. Zudem wurde meine Frau auch noch eifersüchtiger denn je. Mühsam versuchte ich, mein zerrüttetes Familienleben wieder wie ein Puzzle zusammenzubauen. Ich versuchte die Puzzleteile aneinanderzufügen, doch es wollte einfach nicht mehr gelingen. Es schienen Teile zu sein, die sich gar nicht mehr zu einem kompletten, einheitlichen Bild zusammenfügen liessen. Die Eifersucht meiner Frau wurde immer intensiver, erst recht, wenn mal eine alte Freundin oder einfach überhaupt eine Frau bei uns anrief und sich nach mir erkundigte, tickte meine Frau komplett aus, immer im Glauben, es wäre kein Zufall und ich hätte mich kurz zuvor mit der Anruferin getroffen. Es ging sogar so weit, dass wenn ich von Überstunden nach Hause kam, und es waren wirklich Überstunden (!), ich schon beinahe wie von den Aufsehern im Zürcher Guantanamo durchsucht und wie von Aufseher Häberli angeschrien wurde. Wo ich denn gewesen sei, mit wem ich mich getroffen und mit wem ich es getrieben hätte. Meine Lust auf Diskussionen neigte sich dem Ende zu, sodass ich meist nur noch mit einem schroffen «halt doch mal die Klappe» geantwortet habe. Als sich wieder mal so eine Situation ergab und ich so unwirsch reagierte, lief ich ins Badezimmer, liess mir ein Bad ein und legte mich zur Erholung in die Badewanne. Da kam meine Frau wie eine Furie herein, steckte den Stecker des Föhnkabels in die Steckdose und hielt mir den Föhn anschliessend drohend übers Wasser. Sie drohte mir, wenn ich nur noch ein Wort sage, würde sie den Föhn fallen lassen und so mein Leben auslöschen. Noch nie in meinem Leben bin ich so schnell aus einer Badewanne ausgestiegen, wie an diesem Tag. Die ganze Situation konsternierte und bedrückte mich immer mehr. Bald waren meine Energiereserven schneller aufgebraucht, als ich sie wieder aufladen konnte. Obschon ich zu der Zeit treu war, weit entfernt von dem Charmeur und Frauenheld der ich später noch werden sollte, unterstellte mir meine Frau Dinge, die sich lediglich in ihrer Fantasie abspielten, nicht aber im wahren Leben. Inwiefern ich zu ihrem Misstrauen beitrug, weiss ich nicht, vielleicht hatte ich mich während der Zeit im Gefängnis auch unbewusst verändert, wer weiss, jedenfalls braucht es meistens zwei für einen Streit. Es kam jedenfalls, wie es kommen musste, da ich nicht vorhatte gegen mein Naturell gewalttätig zu werden, landeten wir vor dem Scheidungsgericht. Erstaunlicherweise verzichtete meine Frau während des Scheidungsverfahrens auf die Zahlung von Alimente, da sie wohl irgendwie zur Besinnung kam und erkannte, dass ich wohl doch treu war und sie sich in ihrer Fantasie des Öfteren massiv verrannt hatte. Die Frechheit kam dann wieder mal von der Justiz, respektive ihre aktuelle Verkörperung, eben der Scheidungsrichter, der meine Frau noch vier Mal in Folge fragte, ob sie denn wirklich keine Alimente beantragen wolle, wobei ich nur dachte, «halt mal die Klappe, bevor sie es sich noch anders überlegt», was sie dann aber gottseidank nicht tat. Ich wurde geschieden und von der Verpflichtung der Alimenten Zahlungen verschont.

Aus dem Ehegefängnis ins Saxerriet

1978

So kam es also, dass ich zum erneuten Strafantritt, diesmal in die halboffene Strafanstalt Saxerriet musste. Eine Anstalt, die durch ihren halboffenen Status nicht besonders sicher und lediglich für Strafgefangene geeignet ist, bei denen weder von einer Fluchtgefahr noch einer Gefahr für die Öffentlichkeit ausgegangen wird. Es vergingen nur einige Tage als meine mittlerweile Ex-Frau mich in der Anstalt besuchen kam. Sie erklärte, dass die Scheidung ein Fehler gewesen sei, dass sie mich noch liebe und sie zu mir stehen wolle, in dieser schweren Zeit, so wie danach. Obschon ich mein Kapitel mit dieser Frau eigentlich abgeschlossen hatte, gab ich der Beziehung noch eine Chance, um ehrlich zu sein, einzig aus Liebe zu meiner Tochter, denn mir war es immer ein Anliegen, dass sie mit Mutter und Vater zusammen aufwachsen kann und keines dieser vielen Scheidungskinder werden muss, von denen es heutzutage leider viel zu viele gibt. Ich wollte kein Kind, dass zwischen den Elternteilen hin und hergeschoben wird und keines Falls wollte ich Termine vereinbaren müssen, wann und wo ich mein Kind für wie lange sehen darf. Die Beziehung zu meiner Exfrau hatte ich also wieder aufgenommen. Im Hafturlaub ging ich stets nach Hause und bei meinen Ausgängen kam sie zu mir in die Nähe. Ich gelangte somit anfänglich, trotz unsinniger Rückversetzung in Haft, wieder auf die geregelte Bahn, die eines normalen Bürgers, beinahe schon der eines Bünzlis. Zu meinem Pech jedoch, lernte ich im Saxerriet neue Koryphäen aus dem Milieu kennen, so zum Beispiel die Sihlposträuber und Rolf Brunner, einer der grössten und damals berüchtigtsten Drogendealer aus dem Kanton Zürich.

Rolf Brunner ist übrigens einer der wenigen, dem die Flucht vor einer neuen Untersuchungshaft gelang und bei dem mittlerweile alles verjährt ist, sodass er ohne Probleme zu bekommen, wieder in die Schweiz einreisen könnte. Was mich betrifft, wurde aus meiner eigentlichen Resozialisierung leider eine Kriminalisierung. Statt mit einem blauen Auge davonzukommen und wieder ins Berufsleben einzusteigen, steckte man mich ausgerechnet in die pompöse Verbrecheruniversität, das Gefängnis. Um dies richtig zu verstehen, gerade wenn man nie selbst in Haft war, muss man sich das so vorstellen. Man wird nicht von einem Tag auf den anderen kriminell. Kriminalität ist auch keine Krankheit, von der man angesteckt werden kann. Es ist etwas, dass meist im Kleinen beginnt, sich dann aber rasch ausbreitet, beinahe wie ein Geschwür, das wächst und wächst, bis es gefährlich wird. Ich musste damals schnell erkennen, dass wie im Übrigen auch heutzutage noch, die ehrlichen und guten Menschen, es am Schwersten haben, im Gefängnis noch mehr als in der Freiheit. Fragen sie ehrlich nach etwas, wird es ihnen meist verwehrt, lügen sie hingegen, kriegen sie meist das Doppelte von dem, was sie sich eigentlich vorgestellt haben. Der Genfer Drogenguru Rolf Brunner zum Beispiel machte sich an jeden Neuankömmling im Saxerriet ran, schickte ihn zum Arzt, wo der Insasse die von ihm befohlenen Symptome vorspielen musste, um genau die Medikamente zu erhalten, die Rolf benötigte. Ein Teil davon für den Eigenkonsum, der andere Teil für Geschäfteleien. Rolf war nicht nur sehr versiert im Umgang mit Medikamenten, er war auch ein cleverer Geschäftsmann, der es selbst im Gefängnis schaffte, mit den einfachsten Mitteln Geld zu machen. Dies imponierte mir zugegebener Weise nicht nur, sondern es begann mich von Tag zu Tag mehr zu reizen. Eine andere Anekdote ist die; als ein Insasse bereits seit Längerem seine Mandeln operieren lassen sollte, wurde er von Rolf mit einem Auftrag zum Arzt geschickt, wonach er wutentbrannt herauskam und beinahe auf Rolf einschlagen wollte, denn durch den Auftrag kam es soweit, dass er nun durch die vorgespielten Symptome nicht mehr darum herumkam, die Mandeln wirklich raus zu operieren. Solche Geschichten und Blödeleien verkürzten mir das Warten auf meine Entlassung. Nebst solchen Anekdoten gab es natürlich auch viele traurige Geschichten, gerade von Insassen, die durch einen schweren Schicksalsschlag hinter die Mauern kamen, oder die dadurch alles verloren; Haus, Frau, Kinder, Arbeit und wer weiss was noch mehr.

Als ich etwa drei Monate vor meiner endgültigen Entlassung im Urlaub nach Hause kam, fielen mir diverse Neurungen im Haushalt auf. So stand plötzlich eine mir unbekannte Stereoanlage zu Hause, aber auch neue Möbelstücke schienen die alten abgelöst zu haben. Als ich mich bei meiner Frau erkundigte, kam sie mir mit einer fadenscheinigen Erklärung, von wegen, die Sachen seien von einer Freundin ausgeliehen, da diese momentan in ihrer Wohnung zu wenig Platz hätte. Eine Woche vor meiner Entlassung erhielt ich nochmals einen Ausgang, den ich wie gewohnt mit meiner Frau nutzte. Wir mieteten wie so oft zuvor ein Hotelzimmer in der Nähe, da für den Weg nach Hause zu wenig Zeit gewesen wäre. Nach dem Sex, als ich mich gerade entspannte und mir eine Zigarette anmachte und für einen kurzen Moment zufrieden war, denn das Ende der Haft nahte, mein Kind und meine Frau erwarteten mich in unserem Haus und der Knast würde als dunkles Kapitel in meinem Leben abgeschlossen werden, etwas, über das ich nie wieder nachdenken wollte, geschweige denn wo ich nie wieder landen wollte, kam etwas unerwartetes. Gerade als ich den zweiten Zug Nikotin mit einem verschmitzten Lächeln herunterzog, detonierte eine Bombe in meinem Leben.

«Nach deiner Haft kannst du nicht nach Hause kommen», sagte meine Frau, zu meinem Erstaunen, denn es passte weder zum Moment noch zu meinem Plan des Lebens.

«Wieso soll ich nicht nach Hause kommen?», fragte ich irritiert, während ich die noch fast ganze Zigarette im Aschenbecher auf dem Nachtisch neben mir ausdrückte.

«Ich habe einen neuen Freund.»

Diese Worte kamen überraschend, sie knallten wie eine Explosion.

«Wie bitte?», flüsterte ich schon beinahe.

«Ich wollte es dir nicht während der Haft sagen, aber jetzt wo es dem Ende zu geht.»

Ich war baff. Aber so etwas von baff. Im Nachhinein tröste ich mich gerne mit dem Gedanken, dass ich wohl wenigstens besser im Bett war als ihr Neuer, doch um ehrlich zu sein, ein Trost war es nicht wirklich. Nicht nur, dass mein Leben und meine Pläne den Bach runter gingen. Nein, augenblicklich erkannte ich auch, wie naiv, wie leichtgläubig, blauäugig, wie dumm ich doch war. Die neue Stereoanlage, die neuen Möbel, die fadenscheinige Erklärung, alles erschien mir nun als Zeichen. Als ein Zeichen, das ich nicht erkannte, einfach nicht deuten und wahrhaben konnte oder eventuell auch nicht wollte? Wer weiss.

Von diesem Moment an, schwor ich mir, so etwas nie mehr mit mir machen zu lassen. Zudem schwor ich mir auch, nie mehr eine Beziehung die zu Ende war, von Neuem zu beginnen. Eine zweite Chance in einer Beziehung gab es für mich ab sofort und für immer nicht mehr. Ich fühlte mich einfach nur verarscht und stand nun quasi davor auf der Strasse zu landen, denn in einer Woche wurde ich entlassen, doch wohin stand offen, denn mein Heim war nun seins, meine Frau ebenso, mein Kind blieb mir noch für gewisse Zeiten, meine alte Stereoanlage und Möbelstücke lagen wohl irgendwo auf dem Kehricht und mein Herz war gebrochen, von Narben übersäht. Meine neuen Prioritäten tätowierten sich in meine Seele ein, tief gestochen, für die Ewigkeit.

Meine Entlassung in die Einsamkeit

1980

Was ich nach der Haft mache, interessierte weder das Gefängnis noch die Justizbehörde, ganz im Gegensatz zur heutigen Zeit, wo es sich so krass verändert hat, dass der alte Zustand gerade als angenehm empfunden werden könnte, denn heutzutage muss man beinahe schon einen Business Plan fürs Leben vorlegen, um überhaupt entlassen zu werden.

Da stand ich nun, mit meinem Geld, das ich mir mit Gefängnisarbeit hart erarbeitet hatte. Dieses Geld nun für Hotelzimmer zu verschwenden war keine Option, schon gar nicht auf die Dauer. Ich konnte glücklicherweise zuerst bei einer Nachbarsfamilie unterkommen, in der Gegend wo ich früher aufgewachsen bin, bei netten Menschen, mit denen ich sogar ein besseres Verhältnis hatte, als mit meiner Familie, für die bereits die Bezeichnung als solche nicht mehr gerecht war. Nach einer Weile konnte ich die Wohnung eines Freundes als Nachmieter übernehmen. Die Wohnung war bereits teilmöbliert, sodass ich beim Einzug, seit langem endlich mal wieder meine eigenen vier Wände hatte, aber auch etwas das noch viel wertvoller war, etwas Ruhe. Obschon ich durch die Gefängnisuniversität nun geschult war und so manche Kniffe kannte, wie ich meine Taschen schnell füllen und meinen Lebensstandard verbessern konnte, nahm ich mir klar vor, immer auf der rechten Bahn zu bleiben. Kein Abdriften mehr, keine kriminellen Dinge und kein schnelles Geld. Wie gross die Verführung auch war, ich widerstand ihr tapfer und begann als Maler zu arbeiten. Auf dieser Bahn des ehrlichen, hart arbeitenden Bürgers lernte ich eine neue Frau kennen, mit der ich schnell zusammenkam. Sie hiess Margrit Mathis. Während unserer Beziehung musste ich für einen Monat nach Spanien, wo ich als Allrounder für einen Kollegen an der Renovation eines Hauses arbeitete. Nach meiner Rückkehr wirkte Mägi auf mich verändert, doch fand ich keine Erklärung dafür. Als wir kurz nach meiner Ankunft ins Tessin fuhren und sie mir hinten auf der Harley-Davidson bei einer Geschwindigkeit von etwa 150 Km/h beinahe einschlief, wurde ich skeptischer. Unseren Urlaub, der für eine Woche geplant war, mussten wir nach drei Tagen bereits abbrechen, da Mägi an fürchterlichem Fieber litt und sie sich vor Schmerzen krümmte. Da hat sie mir gebeichtet, dass sie heroinsüchtig geworden sei. Während meiner Abwesenheit in Spanien hatte sie angefangen sich Heroin zu spritzen. Wieso sie es machte, war mir ein Rätsel und auch sie fand keine Worte, mir dies zu erklären. Ich hatte zuvor noch nie mit der Droge zu tun. Heroin war mir lediglich aus TV-Dokumentationen und aus den Zeitungen bekannt. Die Folgen waren mir jedoch klar. Umso mehr weckte es in mir enormes Mitleid. Wie konnte ein so nettes, so unscheinbar junges Mädel sich nur auf so eine selbstzerstörerische, teuflische Droge einlassen? Von da an versuchte ich verzweifelt alles, und ich meine wirklich alles, um Mägi von diesem Teufelszeug wegzubringen. Doch vergebens. Irgendwann blieb mir nur noch die Trennung, wollte ich mit meiner wirkungslosen Hilfe nicht selbst zu Grunde gehen. Hätte ich mich nicht getrennt, wer weiss, eventuell hätte ich mich aus Verzweiflung einst auch noch auf das Zeugs eingelassen und mein Leben ebenso frühzeitig vernichtet wie sie ihres. Nach der Beziehung mit Mägi lernte ich das eine oder andere Mädel kennen, bei keiner entwickelte sich jedoch etwas Ernsthaftes, bis Chrigi in mein Leben trat. Eine wunderschöne Frau, die gerade ihre Lehre im KV absolvierte, aber erst achtzehn Jahre jung war. Meine Ex-Frau, man mag es kaum glauben, startete gerade in dieser Zeit einen erneuten Versuch, ob ich es nicht nochmal mit ihr versuchen wolle, scheinbar war ihr Neuer weg, ob die Stereoanlage und die

Möbel es auch waren, ich kann mich nicht erinnern. Diesmal blieb ich allerdings standhaft, folgte meinen Prioritäten, meinem Seelen-Tattoo und wies sie ab. Beinahe jämmerlich wirkte dann das Argument, als sie begann davon zu sprechen, ich solle meiner Tochter zu liebe zurückkehren, denn sie würde mich doch so sehr vermissen. Doch genau auch meiner Tochter zu liebe, hätte ich erst recht keinen dritten Versuch gestartet. Das Kind hätte doch die Welt gar nicht mehr verstanden, würde ich zu Hause andauernd wieder ein- und ausziehen, würde mal ich, mal irgendein Typ mit Stereoanlage und Möbel dort hausen, je nachdem was Madame sich gerade wieder vornahm. Ich war keine Marionette – jedenfalls jetzt keine mehr. Und eines war ebenso klar: nie mehr, aber niemals, würde ich je wieder eine sein!

Liebesglück, Geldnot und goldiger Hasch

1980–1981

Gerade wieder dem Glück und der Zufriedenheit nahe, kam bereits der nächste Hammer und dies einmal mehr von der Justiz. Gerade als ich im bürgerlichen Leben wieder Fuss fassen konnte, in der Beziehung, wie auch beruflich, flatterte eine Rechnung vom Obergericht in der Höhe von über 30'000 Franken ins Haus. Dieses Stück Papier, mit einer Hiobsbotschaft sondergleichen, zog mir nicht nur den Boden unter den Füssen weg, sondern es liess all meine neu geschmiedeten Pläne, weit weg von Kriminalität und Unsinn zerplatzen, wie Luftballons die sich in der Luft zerrissen und nach dem Knall nichts mehr waren, als ein Häufchen Gummifetzen. Wieder einmal erkannte ich, wie bereits zuvor im Gefängnis, dass der Ehrliche, der Typ Mensch, der es gut meint, der alles richtigmachen will, nie zur Ruhe kommen wird, dass er immer gezwungenermassen dem Geld nachjagen muss, um seine Existenz zu sichern, um seine Pflichten, aber auch die Erwartungen zu erfüllen. Und als wäre dies alles nicht genug, gibt es auch solche wie mich, die noch die Geier von der Justiz im Nacken haben, die einem finanziell aussaugen wollen, wie Dracula das Blut am Halse seiner Opfer.

Ich war also erneut an einem Tiefpunkt angelangt, mein Weg wurde in eine Bahn von Abzahlung, Einschränkungen gezerrt, wo sämtliche zukünftigen Perspektiven aus Muss-Traktanden bestanden hätten. Nicht nur der Druck, das Geld irgendwann einzahlen zu müssen, stand nun im Raum, nein, laut Rechnung blieben mir gerade mal dreissig Tage Zeit um die Unsumme zu tilgen, was beinahe schon ein Wunder erforderte. Rational betrachtet, bedeutete meine

Perspektive, nicht um eine Betreibung herumzukommen, dann vom Existenzminimum leben zu müssen, sowie vom Sozialamt abhängig zu werden. Dies in einer Zeit, in der man mit Betreibungen oder als Sozialhilfeempfänger, wie ein arbeitsscheuer Lump angesehen wurde. Schulden wurden verachtet, genauso wie die, welche sie auf ihren Schultern trugen. In meiner Verzweiflung suchte ich nach Ablenkung, indem ich durch die Zürcher Strassen schlenderte, dabei hin und wieder in einem der Lokale einkehrte. Ich benötigte frische Luft, Ablenkung und etwas Kühles für die Kehle. Bei diesem Rundgang traf ich auf einen alten Freund aus meiner «Studienzeit» hinter Gittern. Es war der Zürcher Drogendealer Rolf. Er schien mir auf den ersten Blick anzusehen, dass es mir in der grossen freien Welt gerade nicht so gut ging und ich wohl im Knast noch zufriedener dreingeschaut hatte. Wir begannen uns zu unterhalten. Bei meiner Erzählung wurde Rolfs Lächeln nach jedem Satz breiter. Dann begann er auf mich einzureden, mich aufzuklären, mir die Augen zu öffnen, mich davon zu überzeugen, dass es nur eine Lösung geben würde, um aus dem Schlammassel herauszukommen.

«Reini, ich kenne deine Situation nur zu gut. Doch ich versichere dir, wenn du es weiter auf dem rechtschaffenen Weg versuchst, wirst du stets in der Kreide bleiben. Dein Start in ein unabhängiges Leben hast du bereits verspielt.»

Ich hörte zu, widersprechen konnte ich nicht, denn seine Argumentation traf den Nagel auf den Kopf.

«Reini, ich sage dir jetzt, wie wir das machen. Ich gebe dir zwanzig Kilo Haschisch auf Kommi (Kommission) und du verkaufst es, händigst mir meinen Anteil aus und mit deinem Anteil bezahlst du diese Rechnung von 30'000.–.»

Rolfs Gerede klang verlockend. Es schien mir die ersehnte Lösung und der einzige Weg, zurück auf eine Bahn voller Chancen zu gelangen. Raus aus der Misere. Raus aus den Schulden. Ich willigte Rolfs Vorschlag zu und begann fortan mir einen Kundenkreis aufzubauen. Ironischerweise wurde ich damals eigentlich nur erneut kriminell, um wieder ins bürgerliche Leben, ohne Schulden, ohne Gesichtsverlust, zurückzukehren.

Nach kurzer Zeit hatte ich mir in Zürich bereits einen Namen gemacht. Ich wurde ein bekannter Haschdealer, im Milieu bereits eine Nummer. Ich kam aus den Schulden raus, doch anstatt die kriminelle Tätigkeit einzustellen, kam der Drang nach mehr und mehr. Denn wenn es ja möglich war die Schulden auf null zu setzen, konnte man ja auch gleich seine Taschen etwas auffüllen, nur um eine Reserve zu haben, für schlechte Zeiten, als Absicherung quasi. So redet man es sich ein, bis man es selber glaubt, während sich die Taschen füllten und füllten. Irgendwann nach unzähligen Deals stand ich mit vollen Taschen da, mehr als ich je besessen hatte, und zum ersten Mal verfügte ich über die glückliche Option einer Wahl. Einer Wahl darüber was ich machen wollte, denn mit Geld öffnen sich Türen, es eröffnet einem Chancen, es ermöglichte mir nicht nur zu träumen, sondern auch meine Träume zu leben. So beschloss ich, in die Gastronomie einzusteigen und erwarb zusammen mit Bryan, Mike und Alois ein grosses Gebäude. Dazu gehörte ein kleines Restaurant, das «Piccolo Giardino» (Kleines Gärtchen), mit einer schönen Gartenterrasse, das rund hundert Meter von der Zürcher Langstrasse entfernt lag. Ich besass ab da eine Zentrale für meine Deals, man wusste wo man mich fand, und man hatte eine Gartenterrasse, auf der man zugleich auch noch kiffen durfte. Der Andrang nach der Eröffnung war so gewaltig, dass wir anfänglich sogar auf einen Türsteher angewiesen waren, der uns die wartenden Gäste im Zaum hielt. In den ersten Monaten hatten wir zudem eine Razzia nach der andern. Zu verdanken hatten wir dies höchst wahrscheinlich der Konkurrenz, die aus vielen Neidern bestand, denen unser gutlaufendes Lokal, das im Nu aus dem Boden gestampft wurde, nicht passte. Das Motto: «Leben und leben lassen», dem ich gerne folge, schien meiner Konkurrenz nicht viel zu sagen. Sie schienen sich lieber mit ihrem Drumherum zu streiten, sich um den Garten anderer, statt um den eigenen zu kümmern. Nach einer gewissen Zeit verleidete es den Nachbarn wie der Polizei und sie begannen uns in Ruhe zu lassen, uns anzuerkennen. Meine damalige Freundin Chrigi führte für mich die Buchhaltung für das Lokal, den legalen Teil, wie auch für die illegalen Geschäfte, separiert versteht sich. Unser Geschäft florierte, das illegale um ein Vielfaches mehr als das legale, trotz unzähliger Gäste. Immer mehr kamen Grossverteiler zu mir, die mir Hasch daliessen, um es für sie an den Mann zu bringen. Ich sagte selten nein, nahm die Ware an und Peng, nach einem kurzen Moment war bereits alles verteilt. Sämtliche Sorten gingen durch unser Netzwerk, vom goldigen Libanesen, über feinen marokkanischen, schwarzen Jarras, Zero Zero, gepresster Blütenstaub, grünem Türken, bis hin zum roten Hasch, dem man nachsagte, er solle enorm «spitz» machen. Oft wusste ich nicht mal selbst, was ich gerade alles in meiner Schatztruhe gebunkert hatte, oft klärten mich meine Kunden darüber auf, was für Schätze bei mir lagerten. Der Fachkundige war ich nie, sondern der Ein- und Verkäufer, mir lag der Handel, oh ja, der lag mir. Ich selbst frass nie einen Narren an dem Zeugs, klar kiffte ich mal mit, dabei blieb es jedoch immer bei zwei bis drei Zügen. Ein ganzer Joint hätte ich nicht mal in jungen Jahren geschafft. Die Zeit des Piccolo Giardino war nicht nur eine Zeit der Geschäfte, nein, es war auch eine Zeit der Partys und der Mädels. Aus allen Schichten kamen die Kunden zu uns. Es herrschte eine lockere Stimmung und nur selten gab es ernsthafte Probleme. Nicht wie heute, bei denen es bald an jeder Party zu Pöbeleien, Schlägereien oder Messerstechereien kommt. Mit meinen Gästen ergaben sich auch viele Verknüpfungen, es entstanden Beziehungen, seien es kollegiale wie geschäftliche. Meine Geschäftskontakte weiteten sich aus, zuerst über Kantone, dann über das Land hinaus.

Der unbekannte Deutsche im Zinnsarg

Einer meiner damals treusten und besten Mitarbeiter, war der Fritz. Zum einen hat er für mich Hasch vertickt, zum andern aber auch allerlei andere Sachen für mich erledigt. Er war mein Allrounder, auf den ich mich stets verlassen konnte. Eines Tages kam Fritz zu mir, mit einem Lächeln im Gesicht, dass daherkam, dass er einen neuen Abnehmer an Land gezogen hatte. Ein Deutscher der angeblich vier Kilo von meinem feinsten Hasch kaufen wolle. Der Deal sei bereits arrangiert, festgelegt sei er an einer Unterführung, nahe des Bahnhofs Uerikon. Mir war der Treffpunkt recht, denn ich wohnte damals in Stäfa und fremde Leute wollte ich eh nie bei mir zu Hause, geschweige denn, in dem Dorf treffen, wo ich wohnte. Da kam mir das Nachbarskaff mit seinem winzigen Bahnhof gerade recht. Fritz kam am Tag des Deals zu mir, holte die Ware ab und machte sich auf zum Bahnhof, während ich mit Chrigi zu Hause blieb und auf die Kohle wartete. Fritz traf wie vereinbart bei der Unterführung auf den Deutschen, händigte ihm den Stoff aus und der Deutsche ihm die Kohle. Gerade als der Deal zum Abschluss kam, erkannte Fritz von Weitem zwei Gestalten die mit äusserst unfreundlichen Gesichtern auf den Deutschen zu gerannt kamen. Als der Deutsche sich umdrehte und die zwei auf ihn zu rennenden Männer erkannte, warf er den Hasch zurück in die Arme von Fritz, obschon der das Geld schon hatte. Die Panik schien den Deutschen überkommen zu haben.

«Verschwinde schnell! Die wollen mich überfallen. Weg, los, weg, schnell …», rief der Deutsche völlig gestresst.

Fritz lief los, lief und lief. Nach einigen Metern blickte er nochmals zurück. Alles was er sehen konnte, war, wie der Deutsche von den zwei düsteren Gestalten niedergestochen wurde, was die Adrenalinausschüttung von Fritz erhöhte, seinen Beinen einen Energieschub versetzte, sodass er massiv an Geschwindigkeit gewann. In meinem Büro angekommen, stürmte er komplett verschwitzt herein, warf den Koffer auf meinen Schreibtisch und dazu die Knete.

«Oh mein Gott. In welche Scheisse bin ich da reingeraten?», fragte Fritz in den Raum, der Schock war ihm ins Gesicht gezeichnet. «Beruhige dich Fritz», unterbrach ich ihn, «was ist denn genau passiert?»

Fritz erzählte mir die kuriose Geschichte, die selbst meine gewagteste Erwartung übertraf. Als ich mich dann erkundigte, weshalb er dem Deutschen nicht zu Hilfe geeilt sei, meinte Fritz leise mit blassem Gesicht: «Ich glaube nicht, dass ich ihm noch hätte helfen können, er sah bereits ziemlich tot aus. Zudem wollte ich nicht riskieren, ebenso vorzeitig das Zeitliche zu segnen, für ein paar Kilo Hasch.»

Anschliessend bat ich Chrigi, mit dem Motorrad zum Bahnhof Uerikon zu fahren. Sie sollte sich dort vor Ort über die Geschehnisse ein Bild machen. Als Chrigi dort ankam, war bereits der gesamte Bahnhof abgesperrt, unzählige Polizisten anwesend und es existierte keine Möglichkeit mehr, nur in die Nähe des Toten zu gelangen. Sie sah nur noch von weitem, wie man umständlich einen Zinnsarg in einen Kastenwagen schob. Bis zum heutigen Tag wurden diese Mörder nicht gefasst, auch die genauen Hintergründe blieben im Dunkeln. Ob die beiden Angreifer sich den Deutschen zufällig oder bewusst ausgewählt hatten? Man weiss es nicht. Aber nicht, dass die Polizei nicht gründlich ermittelt hätte, nein, das hatte sie. Und wie konnte es anders kommen, als dass auch ich noch verdächtigt wurde.

Es klopfte an der Tür. Als ich öffnete, standen am Eingang zwei Polizisten mit einem Vorführungsbefehl in der Hand.

«Jetzt sitze ich wirklich das erste Mal unschuldig in einem Polizeiwagen», ulkte ich noch, als man mich auf dem Rücksitz platzierte.

Es stellte sich bei der Befragung im Nachhinein heraus, dass irgendjemand im Restaurant Brückenwaage in Stäfa herumerzählt hatte, dass der Deutsche mir noch Geld schuldig gewesen wäre, wofür ich eine Abreibung angeordnet hätte, die am Ende aber aus dem Ruder gelaufen sei und so in einem Mord endete. Schlussendlich war dies nur eine Lügenthese eines besoffenen Stammtisch-Märchenerzählers und ich konnte die Wache wieder verlassen und nach Hause gehen. Die ganze Geschichte hatte am Ende einen Vorteil für mich, denn sie verbreitete sich auf der Strasse wie ein Lauffeuer. Plötzlich wurden alle Schulden bezahlt, selbst solche die noch hätten warten können. Der Irrglaube der Kunden, ich hätte dem Deutschen eine Abreibung beschert, schien sie so sehr eingeschüchtert zu haben, dass sie lieber vorzeitig bezahlten, als dasselbe Schicksal zu riskieren. Im Milieu sagt man ja gerne: egal ob von dir gesprochen wird, sei es positiv oder negativ spielt keine Rolle, Hauptsache man spricht den Namen richtig aus, so bleibt es gratis Werbung.

AJZ die einstige Hochburg der Junkies

Das AJZ war ein Gebäude, das auf dem heutigen Carparkplatz nahe des Zürcher Hauptbahnhofes stand. Vom Ambiente her könnte man es mit den sogenannten Gammel Häusern an der Neufrankengasse bei der Langstrasse vergleichen. Es wurden im AJZ viele Zimmer besetzt. Man konnte dieses Haus und das Areal davor mit einer Tragtasche gefüllt mit hundert «Lappen Piece» betreten und benötigte meist keine Viertelstunde, um alles an den Mann zu bringen. An einem regnerischen Tag jedoch wurden von der Polizei genau dort bei dem schnellen Deal zwei meiner Dealer verhaftet. Sie wurden mit zwei unterschiedlichen Kastenwagen abgeführt, damit sie sich nicht mehr absprechen konnte. Wie erwartet, erzählten beide bei der Einvernahme unterschiedliche Geschichten. Die Polizei konfrontierte die beiden mit dieser Feststellung und forderte die Wahrheit. Einer der beiden auf dem Verhörstuhl war Wieni. Wieni war der gewiefteste Dealer, den ich je kennengelernt habe.

«Was hat ihnen denn der Miguel erzählt?» erkundigte sich Wieni ohne eine Miene zu verziehen.

Der Polizist begann ihm die Version des anderen zu erzählen, wobei Wieni beinahe schmunzeln musste, denn die Version seines Kollegen war wirklich diametral zu seiner. Als der Polizist fertig gesprochen hatte, meinte Wieni ganz cool:

«Ja, das ist die Wahrheit.»

«Was ist die Wahrheit?» erkundigte sich der Beamte.

«Die Geschichte von Miguel, so ist es gelaufen» präzisierte Wieni mit ernster Miene.

«Und wieso haben sie dann gestern gelogen?»

«Schauen Sie Herr Polizist. Gestern regnete es und heute scheint die Sonne. Somit sind es zwei verschiedene Tage und deshalb sind auch meine Aussagen so verschieden.»

Wieni war wirklich gewieft. Er konnte in Verhören ein Durcheinander anrichten, konnte Polizeibeamte verwirren, konnte Ablenken bis zum geht nicht mehr und dies so gut wie immer mit Erfolg gekrönt. Meistens waren seine Geschichten so unglaublich kreativ, dass sie beinahe wie ein Film wirkten, doch gelang es der Staatsanwaltschaft nie zu belegen, dass es nicht so gewesen sein könnte, wodurch er immer und immer wieder davonkam. Am Tag nach dem Verhör, gingen Wieni und Miguel bereits wieder für mich auf Tour.

Eine weitere Anekdote mit Wieni war die mit dem Dach. Einmal traf ich ihn mit einer Leiter und einem blauen Überanzug auf der Strasse an. Sein Auftritt irritierte mich. Als ich mich nach seinem Vorhaben erkundigte, musste ich laut lachen. Wieni hatte in dem Haus, indem er zuvor wohnte, auf dem Dach unter einem Ziegel ein Kilo Kokain als Notreserve versteckt, nun wollte er da mal vorbeischauen und das Zeugs abholen. Wie ich im Nachhinein erfuhr, erinnerte er sich nicht mehr ganz genau unter welchem Ziegel er den Stoff versteckt hatte, so entwendete er Ziegel für Ziegel und erst als mehr oder weniger das ganze Dach abgedeckt war, kam der Stoff zum Vorschein. Die Familie die in der obersten Wohnung wohnte, staunte nicht schlecht, als das halbe Dach abgedeckt war.

Das Drama um den «Goldenen Afghan»

Eine weitere Anekdote, die in diesem Buch nicht fehlen darf, ereignete sich an der Eichstrasse in Stäfa. Dort arbeitete ein Zöllner nebenbei für mich, der mir jeden Monat dreissig Kilogramm Haschisch von Indien, aus der Kaschmir Region organisierte. Diese Haschsorte galt in der damaligen Zeit als der beste Stoff. Die Lieferung bekam ich immer mit einem Goldsiegel, wie es bei Lieferungen aus bestimmten Regionen üblich war. Das Hasch in der dortigen Region musste ich stets frühzeitig vorbestellen, denn die Händler ernteten, respektive produzierten immer nur die Ware, die vorbestellt wurde. Etwas speziell, doch war das ihre Geschäftsphilosophie, die ich auch nie tiefer hinterfragte. Eines Tages, als ich eine dreissig Kilo Lieferung erhielt, gingen achtundzwanzig davon direkt weg, auf zwei blieb ich jedoch überraschenderweise kurz hocken. Da es Samstag war, liess ich den Stoff bei mir, verzichtete also darauf, deswegen extra ins Lager zu fahren, da ich es am Wochenende eh problemlos losgeworden wäre; dachte ich zumindest. Ich begab mich auf eine Einkaufstour, gönnte mir neue Kleidung, ging fein essen, schmiss für Freunde ein paar Runden und genoss das Leben. Am nächsten Morgen als ich aufgestanden war und mich ins Badezimmer begab, blickte ich, als ich mich auf den Thron setzen wollte, aus dem Fenster. Zu sehen war ein grosser Kran, das Nachbarsgebäude wurde renoviert. Als ich mich definitiv hinsetzen wollte, fiel mir ein Blitzlicht auf. Ich erhob mich näher ans Fenster, spähte nach unten und erlitt beim Anblick der Strasse beinahe einen Herzinfarkt. Unten auf der Strasse wimmelte es von Polizei. Unzählige Streifenwagen, rund herum Beamte die gerade die Strasse absperrten. «Fuck!», rief ich laut. Die kommen jeden Moment hoch, wurde mir bewusst und genau heute, wo ich noch rund zwei Kilo Material dabeihatte. Es durfte doch nicht wahr sein. Ich stürmte ins Schlafzimmer, weckte Chrigi auf und erklärte ihr in Kurzform die drastische Sachlage. Ich wies sie an, mir beim Verschwinden von allem belastenden Material zu helfen, was sie sofort tat. Ich selbst machte mich auf zum Aktenvernichter, um das eine oder andere Papier zu vernichten, das mir unschöne Konsequenzen hätte bescheren können. Während der Schredder bereits die ersten Papiere vernichtet hatte, zog ich mir meine Brille an, denn ich bin ja bekanntlich kurzsichtig, machte mich nochmals auf zum Fenster, und was ich dank Brille erkannte, war eine Erleichterung und ein Schock zugleich. Ich verstand nun die Sachlage richtig. Die Polizei war gar nicht wegen uns hier, sondern wegen der Hausbesitzerin von nebenan. Die ist in der Nacht auf den Kran geklettert, und hat sich anschliessend Kopf voran heruntergestürzt. Es war ein schlimmer Anblick und er stimmte uns höchst traurig. Unglaublich. Wie schlimm es dieser Frau wohl gegangen sein mochte, lässt sich nur erahnen. Chrigi und ich verfolgten an unserem Fenster das traurige Spektakel zu Ende und dankten einer höheren Macht, dass wir die Situation noch rechtzeitig deuten konnten und nicht erst, nachdem wir auch den Stoff vernichtet hatten.

Die neue Realität hiess: Kokain

1982

Ungefähr um das Jahr 1982 kam das erste Kokain nach Zürich. Als sich dieser Stoff neu etablierte, fand man es anfänglich auf sämtlichen Bürotischen, meist waren einzelne Linien auf einem Teller aufgereiht, sodass man sie nur noch schnupfen musste. Am Anfang war es das Pulver der Börsianer, der Reichen und Schönen, eine Art Luxusdroge könnte man sagen. Am Anfang rechtfertigte man den Konsum hauptsächlich durch seinen Effekt der Leistungssteigerung, sodass gerade die Top Manager von dem Zeugs angetan waren. Ich selbst war bereits am Anfang vorsichtig mit dem Konsum und beschränkte mich auf zwei bis drei Linien pro Jahr. Denn wenn man mit dem weissen Pulver Geld machen wollte, war der Ruin vorprogrammiert, würde man selbst sein bester Kunde werden. Somit galt es für mich stets, Distanz zu dem Teufelszeug zu halten. Rolf, der Genfer, brachte mich auf die Idee, selbst mit dem Stoff zu handeln. Sein guter Riecher war mir bekannt und so willigte ich schnell ein. Von da an begann ich leider mit dem weissen Schnee zu handeln, obschon ich «leider» eigentlich nur sage, wenn ich an die spätere Gefängnisstrafe denke, ansonsten war es rentabel und bescherte mir goldige Erlebnisse, die dem Namen «Schneekönig» tatsächlich eine Zeitlang gerecht wurden. Die Gewinne mit dem Schnee waren im Vergleich zum Haschisch um ein Vielfaches grösser, sodass sich mir die hohen Einnahmen viele neue Möglichkeiten eröffnet. Während ich in meinem alten Leben als Maler oder was auch immer in der unteren Schicht vor mich hinvegetiert hätte, konnte ich nun endlich meine Träume ausleben, musste mich nicht in einer eingeengten Bahn bewegen, nein, ich konnte mir sogar die Bahn aussuchen oder sie zwischendurch einmal wechseln. Ein unbeschreiblicher Luxus.

Der weisse Rolls Royce

1983 bis Mitte 1984

Rolli war ein guter Freund von mir und zugleich ein Mitglied des berühmtesten Motorrad-Clubs der Schweiz, der Hells Angels. Rolli stand auf die Fahrzeugmarke Rolls Royce und so bat er mich eines Tages, eine seiner neuen Errungenschaften auf meinen Namen einzulösen. Sein aktueller war grün und der neue, den er erwerben wollte, war weiss. Im Gegenzug durfte ich den grünen für eine längere Zeit selber fahren. Ich stimmte zu und begab mich mit Rolli zu einem Garagisten, der einen ganzen Koffer voll Bargeld für den weissen Rolls Royce erhielt. Der Schlitten war ein wuchtiges Geschoss, das überall für Aufsehen sorgte. Anschliessend habe ich die nötigen Papiere machen lassen und fuhr nun das auffällig grüne Monstrum, was dann nicht nur die Aufmerksamkeit von schönen Frauen und neidischen Männern auf mich zog, leider auch die der Polizei. Ich stand also im Fokus.

Eines Tages sollte ich in kürzester Zeit für das Piccolo Gardino eine grössere Lieferung aus Holland erhalten, Kokain und Hasch. Ich wollte die Lieferung stoppen, denn ein mulmiges Bauchgefühl warnte mich, dass etwas nicht ganz koscher ist. Da es damals keine Handys gab, gelang es mir nicht mehr, die Lieferung aufzuhalten, denn sie war unterwegs, und den Lieferanten zu erreichen, war ein Ding der Unmöglichkeit. So erhielt ich vom Chauffeur einen Anruf, dass er in der Gegend sei und eine Lieferadresse benötige. Alois, der Vizepräsident der Hells Angels und ich fuhren nach Bergdietikon zu Rolli, der dort eine Garage hatte, wo man die Fuhr abladen konnte. Wir wiesen den Chauffeur an, uns nachzufahren. Rolli selbst war nicht vor Ort, als wir ankamen, doch sein weisser Rolls Royce stand vor seiner Garage. Von seiner Freundin Gabi erhielten wir den Fahrzeugschlüssel, sodass wir das Ungetüm von der Garageneinfahrt wegfahren konnten, damit der Chauffeur sein beladenes Fahrzeug hinein parken konnte, wo in der Garage sofort mit dem Ausbau der Ware begonnen wurde. Ich fuhr anschliessend mit Alois und dem Kurier nach Zürich, wo wir gemeinsam abwarteten, bis alles vorbei war. Anschliessend nahm ich den alten Peugeot von Chrigi, da mein Mercedes sich in der Garage befand und machte mich auf den Weg zurück nach Bergdietikon, um nachzuschauen, ob alles erledigt sei. Kurz vor dem Ziel erkannte ich den weissen Rolls Royce von Rolli an der Strasse stehen, doch von Rolli gab es weit und breit keine Spur. Zudem standen überall zivile Autos kreuz und quer herum, was klar die Polizei zu sein schien.

Wenn man einen amerikanischen Spionagefilm sieht, in dem FBI und CIA Agenten in auffälligen schwarzen Anzügen und Sonnenbrillen herumstehen, denkt sich jeder Zuschauer, das ist doch Blödsinn, noch auffälliger geht es ja wirklich nicht. Aus Erfahrung kann ich sagen, dass es auch in der Realität oft nicht viel anders ist. Die Schweizer Zivilfahnder sind vieles, aber ganz sicher nicht unauffällig. Riechen kann man sie bereits aus fünfzig Kilometern Distanz. Wir erkannten die Zivilfahnder in Bergdietikon gottseidank bereits von Weitem, und nur dem Zufall oder Glück war es zu verdanken, dass mein Mercedes in der Garage war und ich gerade an diesem Tag im alten Peugeot von Chrigi unterwegs war, denn die Fahnder erwarteten meinen Mercedes. Ich bog mit dem Peugeot unauffällig ab. Nach einigen hundert Metern lud ich den Kurier ab, denn einen Holländer im Auto zu haben, machte in meiner Branche noch nie einen guten Eindruck, erst recht nicht, wenn man im Fokus der Uniformierten steht. Alois blieb bei mir im Wagen. Wir fuhren nach Zürich und kehrten in einer Gaststätte ein, wo wir die Zeit etwas vorwärtslaufen liessen. Nach einer Weile beschloss ich, den Holländer abzuholen. Alois wartete unterdessen in Zürich auf uns. Als ich am Waldrand ankam, wo ich den Kurier abgeladen hatte, konnte ich von Weitem gerade noch sehen, wie man ihm Handschellen anlegte. Schnell wendete ich die alte Klapperkiste und fuhr zurück zu Alois, um ihn über diesen unschönen Umstand zu informieren. Alois beschloss, trotz allen Risiken ins Piccolo Giardino zu gehen, um dort noch gewisse Dinge für unser Geschäft abzuwickeln. Zwar war es sinnvoll uns zu trennen, denn man suchte ja nach zwei Personen, doch an einen so riskanten Ort zu gehen, war mir definitiv zu heiss. Alois zu überreden, gelang mir nicht, so ging ich zu einem Kumpel nach Stäfa und Alois ins Piccolo Giardino. Bei diesem Freund konnten wir morgens um etwa 5 Uhr durch das Abhören des Polizeifunks gerade noch mitbekommen, wie man Alois im Piccolo Giardino verhaftet hatte. Nach dieser unschönen Wende wurde mir der Aufenthalt beim Kumpel zu heiss, sodass ich ihn bat, mich nach Rehtobel in St. Gallen zu fahren, wo ein guter Freund von mir eine Disco besass, mit einigen Zimmern oberhalb der Location, für Gäste die zu tief ins Glas geblickt hatten und die einen Ort zum ausnüchtern benötigten. So wurde ich dorthin chauffiert. Während der Fahrt lag ich auf dem Rücksitz, um das Risiko erkannt zu werden, so minim wie möglich zu halten. Dabei wurde mir bewusst, dass unser ganzes Netzwerk aufgeflogen war und dass ich nun auf der Flucht war, dass es für eine Weile kein Zurück in das bisherige Leben mehr geben wird.

Flucht durch die halbe Welt

In Rehtobel angekommen, habe ich mich direkt in einem der Zimmer einquartiert. Bambi von den Hells Angels kam jede Nacht zu mir und brachte mir die neusten Nachrichten. Jack, von der Rockergruppe Unikons, kam zu meinem Schutz dazu, er war immer mal wieder für meine Sicherheit in brenzligen Situationen zuständig. So auch in diesem Fall. Leider wurde er später auf tragische Weise in einer Tiefgarage erschossen, was aber eine andere Geschichte ist.

Was ich jedoch vertiefen möchte, ist der damalige Milieukrieg, von dem man hier nur am Rande in den Medien mitbekommen hat, wenn überhaupt. Denn zu dieser Zeit, als ich im Rehtobel untertauchte, herrschte im St. Gallischen Vorarlberg gerade der Zuhälter Krieg. Da wurde geschossen und gesprengt, für Schweizer Verhältnisse war es richtig schlimm. Vieles was sich damals ereignet hat, kam gar nie in den Medien, denn man wollte das Volk nicht verängstigen. Für die Schweizer Publicity wäre ein Schweizer Zuhälter Krieg höchst schädlich gewesen. Der 0815 Radio DRS Hörer wusste ja dazumal noch nicht einmal richtig, was ein Zuhälter war, geschweige denn, was sich im Milieu abspielte. Einer dieser Zuhälter blieb mir durch eine besonders prägende Anekdote in Erinnerung. Pauli aus Österreich, war einer dieser Zuhälter, der gerade jeden Schritt zwei Mal planen musste, da es von Feinden um ihn herum nur so wimmelte. Als er mich einmal in einem Golf vom Flughafen Graz abholte, musste ich unverhohlen lachen.

«Warum kommst du mit einer solchen Klapperkiste von VW Golf und nicht mit deinem Mercedes?», spottete ich.

«Lieber Reini, Sicherheit geht vor Bequemlichkeit. Momentan herrscht Krieg, nicht nur bei euch. Es gilt unauffällig und vorsichtig zu sein.»

Ich lachte und empfand seine Vorsichtsmassnahme als vollkommen übertrieben, doch wollte ich nicht unhöflich sein, so unterliess ich jeglichen weiteren Spott bezüglich dieser unwürdigen Metallkiste auf vier Rädern. Ich setzte mich auf den Beifahrersitz, holte eine Zigarette aus meiner Jackentasche und tastete nach meinem Feuerzeug. Als ich nicht fündig wurde, griff ich nach dem Feueranzünder, der im Auto eingebaut war, dieser liess sich jedoch nicht herausziehen, ohne es noch mit brachialer Gewalt zu versuchen, steckte ich die ungebrauchte Zigarette zurück. Pauli erzählte mir währenddessen das Neuste aus seinem Leben und gerade als wir kurz vor seinem Anwesen ankamen, fuhren wir direkt in eine Strassensperre der Polizei. Ein Beamter trat auf uns zu.

«Bitte öffnen Sie ganz vorsichtig die Tür», wies uns der Polizist an.

«Ganz vorsichtig, dann steigen Sie aus», ergänzte er.

Pauli blickte mich an. Sein Blick verriet mir, dass er die Situation ebenso wenig wie ich deuten konnte.

«Was wollen die Pauli?», frage ich leise, doch Pauli zuckte lediglich mit den Schultern.

Unterdessen näherten sich uns von der Seite weitere Beamte in Schutzanzügen.

«Wir haben eine Meldung erhalten, dass sich in diesem Golf eventuell eine Bombe befindet.»

Pauli und ich wurden schneeweiss.

Gerade noch hatte ich Pauli wegen seiner übervorsichtigen Vorkehrungen veräppelt und nun schien selbst dies nicht genug gewesen zu sein, denn wir sassen auf einer Autobombe, und nur dem Glück war es zu verdanken, dass wir nicht das Zeitliche gesegnet hatten. Im Nachhinein stellte sich heraus, dass tatsächlich eine Autobombe eingebaut war, ja sogar, dass das Ding hochgegangen wäre, hätte ich den

Feueranzünder herausgezogen. Wer immer das Ding montiert hatte, schien Paulis Rauchgewohnheit zu kennen. Im Nachhinein, als wir uns von dem Schock wieder erholt hatten, scherzte ich: «Pauli, das Auto wechseln bringt nichts. Stell dir nur vor wir wären heute draufgegangen. Das wäre ja das Eine, aber in einem VW Golf draufzugehen, statt in einem Mercedes, das wäre dann echt das Letzte gewesen.»

Zurück zum Rehtobel, wo ich mich auf meiner Flucht immer noch im Zimmer oberhalb der Diskothek versteckt hielt. Dort kam nach einigen Tagen ein weiterer untergetauchter Typ namens Max dazu. Ein seltsamer Vogel, der wegen einer Kleinigkeit untertauchen musste. Ich befreundete mich etwas mit ihm, so hatte ich zumindest jemanden zum Reden, und so konnte ich die Langeweile in der Zeit 'auf der Matratze' leichter ertragen.

Mein Freund von der Mafia

Mein damals bester Freund Renzo kam mich im Rehtobel besuchen. Renzo war der Bruder von Roberto, mit dem ich ebenfalls befreundet war, im Gegensatz zu seinem Bruder, entpuppte sich dieser leider bald als Verräter, aber dazu kommen wir später. Als Renzo bei mir war, unterhielten wir uns zuerst über meine missliche Lage, dann übers Geschäft. Endlich begannen wir etwas herumzualbern, was uns jedoch schnell langweilig wurde.

«Also Reini, ich kenne dich normal als besseren Gastgeber. Ist ja voll öde hier. Kannst du nicht für etwas Stimmung sorgen?»

Renzo neckte mich, irgendwie fand ich dummerweise, dass er recht hatte und so bestellte ich über eine Escort Firma ein paar Mädels, damit etwas Leben in die Bude kam.

Gelockert durch die Stimmung wurde ich unvorsichtig, so bestellte ich die Frauen ganz cool unter meinem richtigen Namen. Ich konnte ja nicht wissen, dass der Escort Service, bei dem ich erstmals Girls bestellte, ebenfalls abgehört wurde. So geriet ich in den Fokus der Polizei, die nicht nur ein Signal von mir mitbekam, sondern auch gleich meinen Aufenthaltsort auf dem Silbertablett serviert erhielt. Die Polizei griff jedoch nicht direkt zu, entweder wollten sie mich zuerst beobachten, oder die Information gelangte nicht direkt durchs Abhören an sie, sondern durch einen Informanten am nächsten Tag. Wie auch immer. Jedenfalls verbrachten wir die Nacht mit den Escort Ladies. Am nächsten Morgen verabschiedete sich Renzo. Ich fuhr mit dem Hotelbesitzer und Max nach St. Gallen, wo ich mir dringendst neue Kontaktlinsen besorgen musste. Dort angelangt, bekam der Besitzer der Diskothek einen Anruf seiner Serviertochter, dass ein Überfallkommando der St. Galler und Appenzeller Polizei gerade das ganze Gebäude umstellt hätte. Während des Anrufs, hörte man im Hintergrund, wie die Tür eingerammt wurde, und das plötzliche Verstummen der Serviertochter am anderen Ende der Leitung lies vermuten, dass gerade einige Maschinenpistolen auf sie gerichtet wurden. Somit war klar, das Versteck war aufgeflogen und ein Zurück würde es nicht mehr geben. Ich dachte über ein neues Versteck nach und da kam mir ein alter Bekannter in den Sinn: Luciano de Maria.

Luciano hatte ich einige Jahre zuvor kennengelernt. Er war ein Mafioso wie man ihn aus den Filmen kennt, ein Gangster ganz nach alter Schule. Wir haben einige Geschäfte zusammen abgewickelt, doch ein Erlebnis blieb mir immer besonders im Gedächtnis haften. Es war kurz nachdem sich der grosse Brinks Goldraub am Flughafen in London ereignete. Es ging dabei um dreieinhalb Tonnen Gold, 6800 Goldbarren, die in London Heathrow gestohlen wurden. Obwohl einige der Komplizen verhaftet werden konnten, ist der Verbleib des Goldes bis heute ungeklärt. Kurz danach rief mich Luciano an, um sich mit mir zu treffen. Er berichtete mir, dass wir nach Genf zu einem Haus fahren müssten, da sich das gestohlene Gold dort befinde. Luciano sei beauftragt worden, einen Käufer für den «Schatz» zu organisieren. Wir fuhren sogleich nach Genf, zu einer riesigen Villa, die von einigen bewaffneten Gestalten bewacht wurde. Der Anblick des ganzen Goldes, war einfach überwältigend. 6800 Barren! Wer hat je eine so grosse Menge live gesehen? Vielleicht in Zeitschriften oder in Fernsehdokus, doch es real zu sehen, ist um ein Vielfaches beeindruckender. Unbeschreiblich. Luciano hatte bereits unterwegs telefonisch einen Käufer organisiert und so kam bereits kurz nach unserer Ankunft ein Einkäufer der SBG, also der heutigen UBS Bank zu uns in die Villa, um das Gold zu begutachten. Der Name des Bankmitarbeiters war Dr. König, das weiss ich noch genau. Am Ende bekam ich noch mit, dass Dr. König das Gold im Namen der Bank gekauft hatte und es darauf in einer Schmelzerei im Tessin schmelzen liess. So wurde aus gestohlenem Gold wieder reines, unbeflecktes Schweizer Gold. Luciano war wirklich ein anderes Kaliber eines Kriminellen. Er war ein Typ Mensch, der über jegliche Kontakte verfügte, dem man aber auch gleich auf den ersten Blick ansah, was er auf dem Kerbholz hatte.

Auf der Flucht kam mir endlich der Gedanke, nachdem das Rehtobel-Versteck aufgeflogen war, dass es für mich nur eine Unterkunft gab und zwar eine mir bekannte, konspirative Wohnung von Luciano. Max begleitete mich dorthin, denn für ihn war die Rückkehr in unser Versteck ja auch nicht mehr möglich.

Leider war Luciano weder telefonisch zu erreichen, noch war er vor Ort anzutreffen. Ich hatte keine andere Wahl, als durch das Küchenfenster einzubrechen, im Wissen, dass mir Luciano nicht böse sein würde. Als ich mit Max durch das Fenster eingestiegen war, lief ich im Dunkeln durch die Küche in Richtung Wohnzimmer, wo seltsamerweise eine Lampe leuchtete. Auf dem Sofa erblickten wir zwei Aktenkoffer, einer davon geöffnet. Aus dem Koffer ragten unzählige Dollar Blüten hervor, grob geschätzt sechs Millionen Dollar. Gerade als mir bewusst wurde, mit Max wohl nicht allein hier zu sein, betraten zwei Gestalten im Nadelstreifenanzug das Wohnzimmer und noch bevor ich ein Wort sagen konnte, hatte ich zwei Pistolenläufe mit Schalldämpfer an meiner Brust.

«Was machen Sie hier und wer seid ihr?», fragte mich einer der Mafiosi in knurrendem, fast zähnefletschendem Ton.

Max machte sich beinahe in die Hose. Er bereute gerade eindeutig, mir auf der Flucht gefolgt zu sein, er sah sicher soeben sein letztes Stündchen schlagen. Max begann plötzlich zu jammern und erinnerte dabei an einen kleinen Jungen, der um Verzeihung fleht.

Ich blieb ruhig, denn ich wusste, bei der Nennung des Codeworts «Luciano» würde alles gut werden. Und genauso kam es auch. Die Waffen senkten sich und einer der beiden Mafiosi rief Luciano an, der nach wenigen Minuten in der Wohnung eintraf und die Situation klärte. Die beiden Mafiosi wurden in ein anderes Versteck geordert. Danach erklärte ich Luciano meine prekäre Lage. Zudem bat ich ihn darum, mir einen Pass zu organisieren, der natürlich auf einen anderen Namen lauten musste. Luciano stimmte zu, bat mich um ein Passfoto, was ich natürlich in der ganzen Hetze nicht bedacht hatte. Also ging ich im Mantel und mit Sonnenbrille – etwas auffällig, beinahe wie die Zivilfahnder, die ich zuvor in diesem Buch noch hochgenommen habe – zum Bahnhof, wo ich die Fotos an einem der Automaten machen wollte. Dumm war nur, in meinen Taschen befanden sich keine Münzen, nur Scheine. Der Automat jedoch, wollte eindeutig nur Münzen. So war ich gezwungen, irgendwo Geld zu wechseln. Als könnte es nicht noch riskanter laufen, kamen mir zwei Polizeibeamte entgegengelaufen. Wahrscheinlich war es ihr routinemässiger Kontrollgang, doch schienen sie mich bereits fixiert zu haben. Ich entschied mich für ein heikles Unterfangen, setzte alles auf eine Karte, lief den Polizisten entgegen und sprach sie an.

«Guten Abend miteinander. Können Sie mir eventuell behilflich sein und mir Kleingeld wechseln?»

Zuerst schwiegen die Beamten, dann antwortete einer im typischen Beamtenton.

«Wir haben leider kein Kleingeld. Versuchen sie es doch am Kiosk gleich hier um die Ecke. Die werden Ihnen bestimmt helfen können.»

«Vielen Dank», sagte ich freundlich und lief in Richtung Kiosk.

Hätte ich die zwei Polizisten nicht direkt angesprochen, so bin ich heute noch überzeugt, hätten sie mich kontrolliert und schnell in Handschellen gelegt. Genau in solchen Situationen muss man cool bleiben, und kreativ sein. Unter Kriminellen sagt man ja gerne, Entscheidungen müssen wie ein Schuss aus einer Pistole geschossen, respektive, getroffen werden. Dazu braucht man aber Cojones, Hoden, oder einfach Chuzpe und dies ist nun mal nicht jedermanns Sache. Zugegeben, oft ist auch der Faktor Glück entscheidend, denn ich hätte trotz des direkten Ansprechens ebenso gut kontrolliert werden können, doch minimierte sich dieses Risiko durch mein Handeln massiv.

Die Fotos hatte ich also nachgeholt, und alles war bereit, um mir eine neue Identität zu verschaffen. Frühmorgens reiste Luciano mit dem Flugzeug ab nach Mailand und bereits am Abend kehrte er wieder zurück. Meine Erwartungen erfüllte der aus Italien organisierte Pass jedoch bei weitem nicht. Erstens war es ein holländischer Pass auf den Namen Hogerforst und zweitens war die Qualität der Fälschung ziemlich miserabel, erst recht mit dem Wissen, dass Italien damals für die besten Fälschungen in ganz Europa bekannt war. Als ich Luciano darauf ansprach, verstand er mich und erklärte, dass der Fälscher gerade nicht vor Ort gewesen sei und da ich ja unter Zeitdruck stehen würde, hätte er sich mit dem begnügen müssen, was dort herumlag. Mir war ziemlich unwohl was meine Flucht betraf, doch blieb mir keine Zeit, um Alternativen auszuarbeiten. Luciano rief einen Bekannten beim italienischen Zoll an und organisierte dort, dass man mich am nächsten Tag durchwinken würde. Immerhin kam ich nun schon mal sicher aus der Schweiz. Was Max betrifft, wurde ihm die ganze Flucht zu heiss, zudem war er ja, wie anfänglich erwähnt, wegen einer ziemlichen Lappalie auf der Flucht, sodass er es wohl für sicherer hielt, hier abzubrechen, zurückzukehren und sich freiwillig zu stellen. Für einige Monate in einer Zelle zu hocken, erschien ihm weniger gefährlich, als mit mir durch die Welt zu ziehen. Vielleicht war es tatsächlich die bessere Lösung, denn wer weiss, wie die nachfolgende Zeit für ihn geendet hätte.

Zeitungsartikel um die SBG, erstellt von Thomas Illi

In letzter Zeit trifft es gehäuft die SBG

Pizza-Connection, Lutz, Medellín-Kartell, DDR-Millionen: Bereits vier grosse Geldwäschereiaffären

eits in vier grossen Geldwäsche- ffären spielen die Schweizeri- Bankgesellschaft (SBG) und Tochtergesellschaften eine e: Nebst den Fällen Pizza-Con- ion, Lutz und Kolumbien führen im Fall der veruntreuten DDR- onen Spuren zu einer SBG- ıtergesellschaft. Ein «bedauerli- Zufall», meint die Bank zu die- uffälligen Häufung.

ON THOMAS ILLI

usammenhang mit der Suche nach ntreutem DDR-Vermögen hat die her Bezirksanwaltschaft auch Mitar- r der SBG-Tochtergesellschaft Can- einvernommen. Dies erklärte Be- anwalt Dieter Jann-Corrodi gestern stag gegenüber dem TA. Schon vor er Zeit waren bei der Bank Konten errt worden. Diese Massnahme e inzwischen wieder aufgehoben. formelles Strafverfahren sei bislang gegen Mitarbeiter der Bank Austria nals Bankfinanz) eröffnet worden, rte Jann-Corrodi weiter. Ermittelt wegen Geldwäscherei und mangeln- Sorgfaltspflicht. Weitere Verfahren aut Jann-Corrodi «in Prüfung». Vor- wurden die Cantrade-Leute als soge- te Auskunftspersonen in die Ermitt- en einbezogen.

Zürcher Banken involviert

Behörden gehen davon aus, dass 400 Mio. Fr. der österreichischen Novum über die Zürcher Banken rade, Coutts & Co. und Austria ge- en sind. Ein Teil dieses Geldes te inzwischen bei sechs Wiener Ban- eortet werden. Insgesamt wurden in rund 270 Mio. Fr. blockiert.

Über die Bank Cantrade in Zürich flossen Gelder der Pizza-Connection und der ehemaligen DDR. (Bild Beat Marti)

Die Firma Novum gilt als Ableger der ehemaligen DDR-Staatspartei SED, was von der Wiener Novum-Geschäftsführerin Rudolfine («Finni») Steindling bestritten wird. Laut Steindling soll es sich um eine Gesellschaft der Kommunistischen Partei Österreichs (KPÖ) gehandelt haben. Die Berliner Treuhandanstalt hat in dieser Sache beim Bezirksgericht Zürich auch mehrere Zivilprozesse gegen Steindling anhängig gemacht.

Vier grosse «SBG-Fälle»

Nebst der DDR-Connection spielten die SBG selber oder ihre Tochterbanken noch in drei weiteren spektakulären Geldwäschereifällen eine Rolle: Im Oktober 1990 waren ebenfalls bei der Bank Cantrade rund 10 Mio. $ beschlagnahmt worden, die aus der Pizza-Connection stammten.

Das Geld war 1986 nach Zürich zur Cantrade gekommen. Später wurde es abgehoben und über eine mit der Bank wirtschaftlich verbundene Treuhandfirma wiederum bei der Cantrade angelegt. Mangels Strafbarkeit – der Geldwäschereiartikel trat erst am 1. August 1990 in Kraft – blieben die involvierten Cantrade-Leute jedoch unbehelligt.

Im Frühling 1992 wurde bekannt, dass Gelder des Drogenhändlers Reinhard Lutz in einstelliger Millionenhöhe über Konten bei einer anderen SBG-Tochterbank, der inzwischen liquidierten PBZ Privatbank Zürich, geflossen waren. In diesem Fall laufen bei der Bezirksanwaltschaften Zürich und Winterthur immer noch Ermittlungen wegen Verdachts auf Geldwäscherei. Involviert sind mehrere ehemalige Bankmitarbeiter.

Mit dem jüngst eröffneten Verfahren gegen einen SBG-Vizedirektor im Zusammenhang mit den 150 Mio. $ aus Kreisen des kolumbianischen Medellín-Kartells sorgte die grösste Schweizer Bank sogar weltweit für Schlagzeilen.

«Bedauerlicher Zufall»

Für SBG-Pressesprecherin Gertrud Erismann ist diese Häufung von Fällen «ein bedauerlicher Zufall». Man müsse davon ausgehen, so Erismann, «dass auf jeder internationalen Bank in der Schweiz und im Ausland solche Gelder liegen». Das könne mit allen internen und externen Massnahmen nicht verhindert werden.

Auch Bezirksanwalt Dieter Jann-Corrodi – mittlerweile wohl ein profunder Kenner der Bank – will der SBG keinen Strick daraus drehen: «Angesichts der Grösse des Bankkonzerns ist die Wahrscheinlichkeit, dass die Spuren von solchen Affären auch zur SBG führen, rein schon statistisch gegeben.»

Tatsächlich nehmen sich die Beträge, um die es bei den bekanntgewordenen Fällen geht, im Vergleich zu den vom SBG-Konzern verwalteten Geldern bescheiden aus: Gemäss einer Schätzung des «Institutional Investors» verwaltet die grösste Schweizer Bank Kundendepots im Umfang von 273 Mrd. $ (rund 396 Mrd. Fr.). Dazu kommen noch die bilanzwirksamen Kundengelder (Konten, Kassenobligationen etc.), die per Ende 1993 179 Mrd. Fr. betrugen.

Weitere Bilder und Zeitungsberichte finden Sie unter www.der-schneekoenig.ch

Das schöne Brasilien und der miese Pass

1984

Als ich mit Luciano in Mailand am Flughafen ankam und meinen Pass am Schalter vorlegte, dachte ich meine Flucht sei vorzeitig zu Ende. Denn die beiden Frauen am Schalter der Varig Airlines schüttelten beim Blick auf meine Papiere den Kopf. Dann verschwanden sie kurz.

«Siehst du Luciano. Die erkennen, dass es Fälschungen sind. Nicht einmal hier in Italien komme ich damit durch.»

Luciano antwortete nicht.

Die beiden Frauen kamen zurück, eine der beiden, die hübschere, erklärte mir dann ihre Bedenken.

«Herr Hogerforst, sie haben nur ein Hin- und kein Rückflugticket verlangt, das geht so nicht. Wissen Sie, viele reisen nach Rio de Janeiro, verprassen dort ihr Geld und stehen dann mit leeren Taschen da und können sich das Rückflugticket nicht mehr leisten.»

Mein Schock lies nach, denn ich verstand nun, dass sich die beiden Frauen lediglich Sorgen machten, es wahrscheinlich sogar eine Vorschrift war, mir dies mitzuteilen. So öffnete ich meine kleine Tasche, die ich dabeihatte, worin sich 30'000 Schweizer Franken befanden.

In Rio kam ich problemlos durch den Zoll. Auch meinen Visaantrag füllte ich aus, ohne jegliche Komplikationen. Erst bei der Passkontrolle winkten mich zwei Bundespolizisten raus.

«Bitten folgen Sie uns ins Büro», wies man mich an.

Jetzt ist es vorbei, definitiv, schoss es mir durch den Kopf. Nun hatte ich den Duft der Stadt bereits in der Nase, musste nur noch die

Füsse hinein bewegen und Peng, drohte ein vorzeitiges Ende. Während ich den beiden Beamten folgte, suchte ich unauffällig nach einer Fluchtmöglichkeit, doch schien es keine zu geben. Das Risiko war zu hoch, denn in Rio rennt man als Polizist nicht lange hinterher, sondern man lässt gleich Kugeln die Verfolgung aufnehmen. Und die sind schnell, schneller als Du. Im Büro angelangt, wollte ich direkt einen Bestechungsversuch wagen, wurde aber zum Glück vorzeitig unterbrochen.

«Sie haben einen Fehler beim Ausfüllen des Visaantrages gemacht», erklärte mir der Beamte, wobei mir ein Stein vom Herzen fiel.

Es war eine simple Korrektur, die ich vornehmen musste, bei der ich erst noch Hilfe bekam. Weder Fingerabdrücke noch unangenehme Fragen musste ich über mich ergehen lassen. Einige Minuten später betrat ich definitiv den Boden von Rio. Die Sonne schien mir ins Gesicht, vor mir ragten die Palmen in den Himmel, mein Puls schlug wieder in einem gesunden Rhythmus, und hätte ich meinen Gefühlszustand beschreiben müssen, so wäre pudelwohl wohl der passende Ausdruck gewesen. Meine erste Destination war eine Wohnung mitten in der Stadt, die ich zusammen mit Freunden ein paar Jahre zuvor gekauft hatte. So konnte die Wohnung jeder von uns, jederzeit benutzen. Zudem war der Nachbar dort ein guter Freund von mir. Ein Schweizer, der bereits über zwanzig Jahre glücklich in Rio lebte. In der Wohnung einquartiert, begann ich das Leben zu geniessen. Kurz nach meiner Ankunft erhielt ich eine Einladung für das Formel 1 Rennen in Rio *Jacarepaguá*, wo ich mit drei Kollegen die Show geniessen ging. Wir konnten an diesem Tag sogar die Boxengasse besuchen und es gelang mir erst noch, ein Foto zusammen mit Alain Prost und Nelson Piquet zu machen. An das Risiko, irgendwie durch eine Kamera aufzufliegen, weil man mich so überall auf der Welt erkennen konnte, dachte ich nicht.

Rio wurde bald meine zweite Heimat, so sehr, dass es schon damals mein festes Ziel geworden ist, hier den Rest meines Lebens zu verbringen.

Schöne Frauen und Aktenzeichen XY

Kaum in Rio eingelebt, wurde auch mein Herz fündig. Meine neue Flamme hiess Sandra. Sie war Chefärztin im lokalen Spital. Das einzige Hindernis war, sie hatte einen Freund und so konnten wir unsere Beziehung noch nicht wirklich vertiefen. Genau zu dieser Zeit kamen vier Milieubosse aus Österreich und Deutschland nach Rio. Wir trafen uns und machten vier Tage und Nächte lang Party, als gäbe es kein Morgen mehr. Es wurde getrunken, gegessen, getanzt und gefeiert ohne Pause. Zudem besuchten wir das Musikfestival Rock in Rio, wo rund 300'000 Besucher anwesend waren. Ein gewaltiges Festival. Das Highlight für mich war der Auftritt der Band Queen, die Rio wirklich zum Beben brachte.

Als die Partytage mit den Bossen vorüber und diese gerade wieder abgereist waren, stand Sandra bei mir zu Hause unangemeldet auf der Matte.

«Mit meinem Freund ist nun definitiv Schluss», schluchzte sie mir am Eingang entgegen, ergänzte es dann noch mit:

«Kann ich heute bei dir schlafen?»

Ich war nie der Typ Mann, der einfach Nein sagen konnte, und wie sehr ich Sandra auch mochte und begehrte, so gerne hätte ich ihr jetzt abgesagt, denn die vier Nächte pausenlosen Feierns hatten mir sehr zugesetzt. Doch schwach wie ich als Mann halt war, spielte ich den energievollen Tröster, im Wissen, dass die Formulierung von «bei dir schlafen» eher als «mit mir schlafen» zu verstehen war. Doch nach einem noch einigermassen gelungenen Vorspiel musste ich schnell erkennen, dass ich mich schwer überschätzt hatte, und wie sehr ich mich auch bemühte, meinen Mann konnte ich unmöglich stehen.

Sandra schien dies persönlich zu nehmen, unter dem Motto: «Babe, du bist nicht mein Typ», so zog sie sich wütend an und warf mir den Ausdruck «Brocha» (Schlappschwanz/Bürste) an den Kopf, was in Brasilien so ziemlich der schlimmste Ausdruck ist, um einen Mann zu beleidigen. Die pure Demütigung, und das wohl übelste Gerücht, das man über einen verbreiten konnte. Als Sandra verschwand, erkundigte ich mich nochmals vorsichtshalber über die Bezeichnung «Brocha», die man mir dann wie folgt erklärte: Jemand der von Sex redet und wenn es darauf ankommt, nichts zu bieten hat ausser warmer Luft. Die Erklärung machte nichts besser, bestätigte lediglich, dass ich ein Problem hatte. Leider traf meine Befürchtung bald ein. Das Gerücht verbreitete sich, was gewaltig an meinem Ego kratzte. Einige Tage später traf ich auf der Gasse Christine, Sandras beste Kollegin, die mich ebenfalls direkt mit dem unschönen Wort neckte.

«Lass uns ein Zimmer nehmen, lass uns etwas Spass haben und prüfen, ob das Gerücht deiner Freundin stimmt.»

Ich pokerte hoch mit diesem unmoralischen Versuch zur Rettung meiner Ehre, doch mit Erfolg. Ausgeschlafen und willens schob ich mit Christine eine Nummer, als wäre ich nach jahrelangem Sexentzug gerade aus der Haft entlassen worden. Den Ruf eines Brochas hatte ich mir abgearbeitet, also meinen Ruf sozusagen wieder sauber gebumst. Wie es der Zufall wollte, trafen wir kurz darauf auf der Strasse Sandra, welche die Situation sofort deuten konnte, wodurch ich eine saftige Ohrfeige erhielt, da ich es mit ihrer Freundin getrieben hatte und es erst noch wagte, danach mit ihr durch die Strassen zu spazieren. Die Wogen glätteten sich jedoch bereits nach wenigen Minuten wieder. Wir mussten alle darüber lachen und machten uns gemeinsam auf, durch die Strassen zu ziehen. Die Strassen Rios, wo gelebt wird, wo man sich weit entfernt von der Schweiz, von Ernsthaftigkeit und grimmigen Gesichtern, sich nicht durch eine Geschichte wie diese den Tag verderben lässt, sondern man Feuer entfacht, dann Wasser darüber schüttet, bis nur noch Dampf in die

Höhe steigt und man schnellst möglich wieder gemeinsam lachen kann, am nächsten Tag erwacht, ohne nur einmal noch einen Gedanken an den gestrigen Disput zu verschwenden, denn man lebt den Moment und lässt die Vergangenheit ruhen, wie kurz zurück sie auch liegen mag.

Ungefähr zwei Tage nach diesem kleinen Macho-Theater kam ein Anruf aus der Schweiz. Es war meine Ex-Frau mit üblen Nachrichten. «Hast du Aktenzeichen XY gesehen?», fragte sie hektisch. «Ich bin in Rio, da schau ich wohl kaum Schweizer Fernsehsender», spottete ich und fragte nach, wer von meinen Bekannten denn darin vorgekommen sei.

«Du!»

«Ich?»

Tatsächlich stellte sich heraus, dass ich durch Aktenzeichen XY gesucht wurde. Man stellte mich in einem Kurzfilm als höchst gefährlichen Gangster dar, der unter anderem wegen Drogenhandel gesucht sei. Das Erste was mich interessierte, war, ob meine Tochter Simone das alles auch gesehen hätte. Gottseidank war dem nicht so. Sie ging kurz vor Beginn der Sendung ins Bett, wo sie um diese Zeit auch hingehörte.

Ich musste ab sofort noch mehr auf der Hut sein, als bereits zuvor, denn Touristen aus der Schweiz gab es auch hier in Rio. Aktenzeichen XY galt damals als eine der Topsendungen mit einer unheimlich hohen Erfolgsquote, durch sie wurden viele Fälle gelöst. Als wäre das neue, erhöhte Risiko für mich nicht genug, ging mir auch langsam noch die Knete aus. So kontaktierte ich Fritz in Stäfa und bat ihn, mir 50'000 Franken nachzuschicken, denn ab jetzt wurde jede Bewegung teurer, es mussten eventuell Mäuler an den Grenzen gestopft, respektive bestochen werden und wer weiss, was sich noch für Hürden auf meinem Weg ergeben würden.

Fritz machte sofort den Check klar, der dann auf den Namen meines Nachbarn in Rio laufen sollte. Die Bank war vorinformiert und meldete sich bei Fritz, dass er am Freitag vorbeikommen solle. Leider wurde sein Telefon abgehört, genau wie das seiner Frau, und als Fritz bei seiner Frau den Bankbesuch erwähnte, war die Polizei alarmierte und stellte sich gemütlich am besagten Tag, auf die Lauer. Als Fritz bei der Bank eintraf, wurde er an Ort verhaftet. So auffällig die Schweizer Zivilfahnder zuvor waren, so dumm waren die hiesigen Polizisten. Denn anstatt Fritz zuerst die Sache mit dem Check abwickeln zu lassen, verhafteten sie ihn davor und verpassten so die Chance, meinen Aufenthaltsort zu erfahren. Fritz landete auf einem Stuhl im Verhörraum der Polizei.

«Wo ist Lutz? Wo sollte das Geld hin?», wurde er unzählige Male gefragt.

Ausgepresst wie eine Zitrone. Fritz schwieg eisern. Auch über das guter Cop – böser Cop Spiel konnte er lediglich lachen.

Meine Situation in Brasilien war alles andere als rosig. Mein portugiesisch war damals noch mager, in der einen Hosentasche herrschte bald Leere und in der anderen steckte ein schlecht gemachter Pass. Mit Sandra hatte ich unterdessen definitiv den Kontakt abgebrochen. Wie sehr sie mir auch gefiel, von meiner wahren Identität als Lutz liess ich sie nichts wissen. Sie hielt mich für Hogerforst und als den sollte sie mich auch in Erinnerung behalten, genau wie Christine auch.

In dieser Zeit erhielt ich einen Anruf aus der Schweiz. Werni, ein treuer Kumpel, wurde gerade aus der Untersuchungshaft entlassen und versprach mir, zur meiner Unterstützung nach Rio zu kommen. Werni war einst mein Mitarbeiter im Piccolo Giardino, wo er für mich als Koch arbeitete und sich mit der Zeit immer mehr zu einem guten Freund entwickelte. Als er bei mir ankam, waren meine Probleme zwar noch da, doch fiel mir alles leichter, denn ich hatte nun einen Weggefährten, der mir auf meiner weiteren Flucht zur Seite stehen würde.

Nazi Bruno und die argentinischen Casinos

Während der Zeit mit Werni traf ich auf einen Mann namens Bruno Heinzl, den ich bereits lange Zeit zuvor kennengelernt hatte. Bruno war eine seltsame Gestalt, zudem schien er irgendwie immer noch zwischen 1939 und 1945 zu leben, wenn Sie wissen, was ich meine. Einst als Kampfpilot im zweiten Weltkrieg, war er heute immer noch ein überzeugter Nazi, wie er es damals hoch oben in den Lüften war. Bruno kam mir gerade recht, denn es galt nun endlich mein Geldproblem zu lösen und dazu passte, was er in seiner Jackentasche verstaut hielt.

Um meine Hosentasche vor der Leere zu bewahren, griff ich zu einer Methode, über die nun viele gleich schmunzeln werden und zwar auf die des Glückspiels. Denn im Gefängnis Saxerriet hat mir ein 72-jähriger Greis Jahre zuvor ein sensationelles Roulette System beigebracht, das mich nun vor dem Ruin retten sollte. Der alte Mann arbeitete im Saxerriet in einem Betrieb, wo Schlafsäcke repariert wurden. Er war sehr verschlossen und eigentlich nur darin auffällig, dass seine Frau ihn regelmässig mit einem Rolls Royce besuchen kam. Eines Tages kam ein Aufseher in den Betrieb, wo der Greis arbeitete und fragte nach, wo denn die anderen drei Insassen seien, die ebenfalls Schlafsäcke hätten reparieren müssen. Ohne gross nachzudenken antwortete der alte Mann.

«Die schlafen dahinten.»

Als der Aufseher nach einem Zusammenschiss für die drei «Schlafsäcke» den Raum verliess, waren die so aufgebracht, dass sie den alten Mann verprügeln wollten. Zufällig kam ich da gerade dazu und konnte den Mann von den Prügeln seines Lebens bewahren. Nach der Rettung versprach mir der alte Mann, mir ein Geschenk fürs Leben mitzugeben. Er lud mich in seine Zelle ein, deren Wände komplett mit Permanenzen verhängt waren. Permanenzen sind offizielle Zahlen, die in verschiedenen Casinos bereits gespielt wurden. Der alte Mann hatte also ein komplettes Roulette System erlernt, das er mir beizubringen begann. Anfänglich war es für mich nur ein Zeitvertreib, denn meine Skepsis demgegenüber war gross. Nach meiner Entlassung nahm ich bei der Pro-Kredit Bank einen Privatkredit von fünfzehntausend Franken auf. Damit erwarb ich einen Fiat 124 sowie einen billigen Anzug. Mit dieser Ausstattung begab ich mich jeden Tag nach der Arbeit ins Kasino in Konstanz, dieser Zeit gab es bei uns solche Zockerpaläste zu noch nicht. Das Roulette-System taugte tatsächlich, auch wenn ich es anfänglich für einen Zufall hielt. Nach kurzer Zeit hatte ich meinen gesamten Kredit vorzeitig zurückbezahlt und mir erst noch eine Kawasaki geleistet. Das System funktionierte lange, bis ich eines Tages 8'000 Franken verlor. So begann ich den Fehler zu eruieren, und arbeitete lange an der Verbesserung des Algorithmus, doch bekam ich nie die Möglichkeit, diesen praktisch zu testen. Bis in Rio, wo ich jetzt nur noch dieses Ass im Ärmel hatte. Ein System, das ich verbessert, aber noch nie ausprobiert hatte.

Ich machte mich also auf die Suche nach Casinos, wobei ich schnell erfuhr, dass es solche, genau wie in der Schweiz, zu dieser Zeit in Brasilien gar nicht gab. Die einzige Möglichkeit bestand im Nachbarland Argentinien. Ich musste somit unbedingt nach Buenos Aires kommen. Dort befand sich das «Mara de Plata», und da wollte ich hin. Zur Deckung der Reisekosten verscherbelte ich meine Rolex in den Strassen von Rio für ein Flugticket.

Bruno Heinzl sollte mich neben Werni begleiten, denn der hatte in seiner Jackentasche den roten UNO-Diplomatenpass, und da mir mein holländischer Hogerforst-Pass immer noch regelmässig Bauchschmerzen bereitete, konnte der Diplomat durchaus hilfreich sein.

Kaum in Buenos Aires angelangt, bestiegen wir ein Taxi, aufgeregt wie junge Teenager auf ihrem ersten Urlaub ohne Eltern.

«Ab ins Mara de Plata!», schrien wir synchron zum Fahrersitz.

Der Taxichauffeur konfrontierte uns aber mit der harten Realität, indem er uns aufklärte, dass es bis dorthin eine sechs stündige Autofahrt sein würde. So mussten wir unseren Plan verschieben und noch eine Nacht im Hotel verbringen. Eine Nacht der Ruhe vor dem Sturm, vor dem Dreh des Roulette Tellers, vor dem gestapelten Geld oder der anderen unschönen Möglichkeit – des endgültigen Ruins.

Am nächsten Tag begaben wir uns mit dem Bus auf die lange Fahrt. Endlich am richtigen Ort angelangt, stiegen wir erneut in ein Taxi.

«Ab ins Mara de Plata!», schrien wir wieder synchron.

«Das wird gerade umgebaut», sagte der Taxifahrer.

«Umgebaut?», fragte ich aus tiefster Kehle.

«Ja, Señores. Sie haben jedoch Glück, morgen ist bereits die Neueröffnung und es darf sogar ohne Limit gespielt werden.»

Mein Puls senkte sich wieder in etwa auf die Hälfte und so landeten wir erneut in einem Hotelzimmer, wo wir nochmals einen Tag warteten.

Am nächsten Tag war es dann endgültig soweit, auch wenn die Information des Taxifahrers falsch war, was das No Limit betraf, denn es gab ein einhundert Dollar Limit. Von vierzehn bis zwei Uhr morgens wurde durchgespielt, und von da an ging dies tagelang so weiter. Es wurde gezockt, gezockt und wieder gezockt. Nach rund drei Wochen hatten wir die umgerechnet rund 70'000 Franken zusammen, die wir benötigten, um mit Reserven nach Rio zurückkehren zu können. Ratzfatz sind drei Wochen um, betrachtet man das Ergebnis, für das andere in der Schweiz ein Jahr hart gearbeitet hätten und wovon sie erst noch achtzig Prozent für Rechnungen verbraucht hätten. Dann kam der Moment, als Bruno sich von uns verabschiedete, denn er benötigte etwas Ruhe, schliesslich war er auch nicht mehr der Jüngste.

Werni lernte eine Frau kennen und reiste mit ihr nach Espirito Santo. Als er weg war, lernte auch ich eine neue brasilianische Lady kennen.

Meine neue Flamme war der Hammer, jedoch äusserst eifersüchtig. Und wer Latinas kennt, der weiss, dass deren Eifersucht nicht mit der von europäischen Frauen verglichen werden kann. Bei ihnen ergibt Eifersucht kein Feuer, sondern einen Flächenbrand. Ein Blick in die Augen einer anderen Frau oder auf irgendwelche auffälligen Rundungen und Peng wäre eine Flasche auf deren Kopf zersplittert. So eine war meine Neue. Ein bisschen irre und knallhart. Oder schlimmer! Ich begann mich wieder über meine Rückkehr in Rio zu freuen und amüsierte mich mit ihr. Einige Tage später inmitten eines kleinen Strassenfestes griff ich meiner irren Freundin in die Handtasche, um ein Feuerzeug zu suchen, und was ich dort in meinen Fingern spürte, war ganz sicher nicht die Art von Feuererzeuger nach der ich gesucht hatte.

«Warum trägst du eine Waffe bei dir?», erkundigte ich mich schockiert über meinen Fund.

«Zur Sicherheit. Naja, eigentlich dürfte ich keine Waffe bei mir tragen, denn ich hatte damals meinen Exfreund in São Paolo erschossen. Man hat mir dann was am Hirn operiert, das ist aber noch immer nicht so gut.»

Das muss man sich mal vorstellen. Man weiss, dass sein Betthase etwas irre ist, nimmt es jedoch in Kauf, bis man zur Erkenntnis gelangt, dass sie nicht nur eine Irre, sondern auch eine bewaffnete Irre ist. Da wird auch einem Schneekönig mulmig zu Mute. Nicht besser machten es die zusätzlichen Geschichten, die sie mir in ihrem Wortrausch dann noch zu erzählen begann, wie zum Beispiel, dass irgendwer sie am Kopf operiert hätte, wodurch sie ab und zu ihre Emotionen nicht ganz im Griff hätte.

Auf und davon! war mein Vorsatz, den ich schnell umsetzte, in der Hoffnung diese Psychopathin nie mehr sehen zu müssen.

Einige Wochen später kehrte Werni zurück. Jedoch ohne Anhang, denn diesen hatte er in Espírito Santo zurückgelassen. Ich freute mich ihn wiederzusehen. Werni quartierte sich in meiner Wohnung ein.

Am nächsten Tag, als ich gerade aufgestanden und auf dem Weg zum Frühstückstisch war, hörte ich bereits von Weitem, dass Werni eine weibliche Besucherin zu haben schien. Ihr Gespräch war bereits vom Wohnungskorridor her zu hören. Als ich näherkam, mir gerade nochmal die Augen wach rieb, traf mich beinahe der Schock. Werni hatte doch tatsächlich die irre Psychopathin abgeschleppt. Es durfte nicht wahr sein, da brachte er mir ausgerechnet diese menschliche Zeitbombe zurück in meine vier Wände.

«Werni, das ist eine Psychopathin. Ich kenne sie. Sie hat eine Waffe und vor kurzem ihren Freund erschossen. Die ist unberechenbar, glaub mir!», warnte ich meinen Freund auf Deutsch, so dass die Irre nichts davon mitbekam.

Ihr Blick verriet mir während meiner Rede, dass sie gar nicht an Werni interessiert war, sondern ihn lediglich benutzte, um mir nahe zu sein. Oh je, wo war ich da wieder reingeraten?

Schnell musste ich erkennen, dass Werni, ja, wie ich ein Mann war und somit schwach, wenn es um Frauen, Kurven, Liebe und erst recht um Sex ging. Meine Worte prallten also an eine Wand, jedes weitere wäre schade um die Spuke gewesen. Unterlassen und abwarten war angesagt.

Als Werni am Abend einschlief, schlich sich die Irre zu mir rüber ins Schlafzimmer, zog sich aus und legte sich zu mir ins Bett.

«Du weisst mein Schatz, ich liebe nur dich.»

Mich überkam ein Schauer, wie in einem Horrorfilm, wenn eine plötzlich zum Leben erwachte Marionette seinen Besitzer anspricht, in einem Ton, der zwischen den Zeilen sagt, ich bin dein Mörder. Ich versuchte die Irre so nett wie möglich abzuwimmeln, was mir auch gelang. In der nächsten Nacht startete sie jedoch den zweiten Versuch. Nach dem dritten Versuch konfrontierte ich Werni mit der Wahrheit, im Wissen, dass es kein einfacher Schritt werden würde. Das Resultat war höchst enttäuschend, denn statt mir zu glauben, verfiel er in eine durch Liebe geblendete Paranoia, in der er mir unterstellte, ich wolle einzig seine Beziehung zu der Irren zerstören, um selbst wieder bei ihr andocken zu können. Nicht einmal ihre Annäherungsversuche wollte Werni mir glauben, nein, er verspottete mich gar wegen meinen Behauptungen. In der gleichen Nacht dockte die Irre wieder in meinem Hafen an, wo ich sie diesmal jedoch nicht abwies. Im Gegenteil. Das Schiff durfte anlegen, die Löschung konnte starten. Ich hatte langen und intensiven wilden Sex mit ihr, nur damit sie am Ende schweissgebadet in meinem Bett lag und nach Luft hechelte. In diesem Moment täuschte ich einen Gang ins Badezimmer vor. In Wahrheit weckte ich Werni und führte ihn in mein Schlafzimmer, wo er dann endlich mit der bitteren Realität konfrontiert wurde. Werni war schockiert, begann dabei zu weinen wie ein kleines Kind, der gerade sein Lieblingsspielzeug im Meer verloren hatte. Zwei Wochen lang sprach er kein Wort mehr mit mir. Bis er sich dann endlich wieder eingekriegt hatte.

Zu dieser Zeit lernte ich Ronnie, Ronald Arthur Biggs, kennen. Wer sich mit spektakulären und bekannten Verbrechen auskennt, dem sollte der Name ein Begriff sein. Ronnie war einer der Postzugräuber aus England (8. August 1963), die rund 2,6 Millionen Pfund (nach heutigem Wert fast 60 Millionen Euro) erbeuteten. Sein Anteil betrug nach heutigem Wert nur etwa 3 Millionen, die er in Brasilien verprasste. Als er alt und krank wurde, hat er sich 2001 selbst gestellt. Als ich ihn Mitte der 80er Jahre in Rio traf, war er gerade am Boden zerstört und sass mit leeren Taschen am Strand. Er ass regelmässig im «Suppentopf», einem von Deutschen geführten Restaurant an der Princes Isabel. Nebenbei verdiente er sein Geld, indem er sich mit Touristen ablichten liess, die ihn oft erkannten. Damals war sein Gesicht auf der ganzen Welt bekannt. Eine Art prominenter Krimineller sozusagen, oder wie Martin Alioth es schrieb; Biggs war eine Celebrity vor der Erfindung des Konzepts. Roland hatte einen kleinen Sohn und malte mit ihm zusammen viele Bilder, die er zusätzlich noch als Brötchenverdienst verkaufte. Als Mensch war er hoch sympathisch und alles andere als dumm. Ich traf mich oft mit ihm, und lud ihn öfter mal zum Essen ein, was er immer gerne annahm. Bei vielen dieser Treffen erzählte er mir von seinen guten alten Zeiten, wobei immer wieder deutlich wurde, wie sehr er dieser Zeit nachtrauerte. Das eine oder andere Mal, wenn ihn die Depression deswegen heimsuchte, klopfte er mitten in der Nacht bei mir zu Hause an die Tür und fragte:

«Hogerforst, hast du Lust auf einen Ausflug ins Help?»

Für alle die in Rio nicht kundig sind. Das Help ist das grösste Puff der Stadt und liegt im Zentrum der Copacabana. Über dreitausend Frauen schafften dort täglich an, zudem beinhaltet das Gebäude im unteren Teil eine Diskothek, in der man natürlich sämtliche Bedienstete auch anderweitig buchen konnte.

Die Partys im Help waren großartig, aber am legendärsten waren die eigenen bei mir zu Hause. In Rio gingen bei mir täglich oft mehr Frauen ein und aus, als es Wochentage gibt. Bei meinen Partys standen die Frauen Schlange, und die Portiers des Wohngebäudes verdrehten jedes Mal die Augen, beim Anblick all der Schönheiten, die meine Partys besuchten. Zudem waren meine Gäste auch spendabel. Ein Portier verriet mir einmal, dass sie an meinen Feiern oft mehr

Trinkgeld erhielten, als sie mit sechs Monaten Arbeit als Lohn verdient hätten.

Eines Tages drohte dann all dies gefährlich zu werden. Lange bemerkte ich nicht, dass ich dadurch immer auffälliger wurde. Mit meiner wachsenden Bekanntheit stieg, auch das Risiko, irgendwann entdeckt oder verraten zu werden. An einem Morgen, nach einer durchzechten Nacht, rief mich einer der Portiers von unten an. Er meldete einen Besuch an, wie es seine Aufgabe war. Statt eines Besuchs für Hogerforst, als der ich in Rio wohnte, wurde einer für Reinhard Lutz angemeldet. In meinem Magen begann es zu rumoren. Das Adrenalin pumpte durch meinen Körper. Der Schweiss nässte meine Stirn. Nun war es soweit, ich war aufgeflogen und das Gebäude wahrscheinlich bereits umstellt, die Korridore abgeriegelt und vor meiner Tür bereits ein Einsatzkommando.

«Hier gibt es keinen Reinhard Lutz», log ich in den Hörer hinein, mit meinem gespielten holländischen Dialekt.

Dann knallte ich den Hörer zurück auf den Telefonapparat und blieb für einen Moment wie erstarrt stehen. Nun lief der Countdown. Alles musste schnell gehen. Und zwar sehr schnell. Das Überbleibsel der letzten Nacht, eine nackte Frau in meinem Bett, wurde von mir durch einen beinahe schon militärischen Drill geweckt.

«Wach auf, schnell. Wir müssen weg, gleich kann es hier sehr ungemütlich werden», schrie ich sie an.

Ohne gross nachzufragen, schien sie sofort zu begreifen und folgte meinen Anweisungen. Ich zog mich ebenfalls an, packte meine sieben Sachen und gerade als wir das Zimmer verlassen wollten, klingelte das Interphone zum zweiten Mal. Ich nahm nochmals den Hörer ab, doch gelang es mir nicht wirklich, den schnell sprechenden Portier auf Portugiesisch zu verstehen. Ich bat ihn um einen Moment Geduld, holte meinen Nachbarn Christian, der mir dolmetschte. Es stellte sich heraus, dass es sich nicht um eine Person handelte, die unten auf Reinhard Lutz wartete, sondern um ein Packet, das auf diesen Namen abgegeben wurde. Das war leicht durchschaubar, denn auch in Brasilien sind die Polizisten nicht gerade die Schlausten und so heckte ich binnen eines Blitzmomentes einen Plan aus.

«Christian, geh nach unten und nimm in meinem Namen das Paket in Empfang», wies ich den hilfsbereiten Nachbarn an.

«Und du?», fragte er, sichtlich weiss im Gesicht.

«Ich begebe mich in den zweiten Personenlift und fahre am Parterre vorbei, direkt in die Tiefgarage. Bis die erkennen, wer du bist, sollte ich verduftet sein.»

«Und ich?», mischte sich nun mein Betthase ein.

«Du kommst am besten mit mir», schlug ich vor, um sie vor einem möglichen Verhör zu bewahren.

Der Plan funktionierte. Ich gelangte mit meinem Anhang hinunter in die Tiefgarage, stieg dort in mein Fahrzeug, liess die Reifen quietschen und fuhr so schnell heraus, dass es den Wagen bei der Ausfahrtsschwelle sogar kurz in die Lüfte hob. Draussen gelang mir dann ein eleganter Dreher, sodass ich direkt entgegengesetzt zum Apartment losfahren und den Bullen entweichen konnte. Leider sind nicht nur die Polizisten auf der ganzen Welt nicht die Schlausten, sondern auch wir Kriminellen machen immer wieder absolut dämliche Fehler, so auch ich in diesem Moment. Denn mein beinahe filmreifer Auftritt, der Motorenlärm, die erhöhte Geschwindigkeit und der elegante Dreher entging auch nicht den Ganoven aller Ganoven, der Policia Federal, die sich auf der Strasse angesammelt hatten. Wäre ich in normalem, unauffälligem Tempo herausgefahren, so hätte ich ohne Aufsehen zu erregen, gemütlich davonfahren können, ohne Konsequenzen. Im Rückspiegel erkannte ich nun jedoch, wie sich einige Beamten auf der Strasse hinknieten, ihre Waffen dabei anhoben und im selben Moment als ich es wahrnahm, feuerten sie mir bereits Schüsse nach. Meine Begleiterin schrie aus tiefster Kehle, während gleichzeitig die Heckscheibe durch eine Kugel zersprang.

Ein Schuss nach dem anderen wurde abgefeuert. Eine Kugel nach der anderen zischte an unseren Köpfen vorbei. Es war ein Wunder, dass keiner von uns getroffen wurde. Mühsam versuchte ich den Kopf meiner Beifahrerin nach unten zu drücken, denn durch den Schock war sie komplett unfähig zu reagieren, während dem ich mich selbst so gut wie eben möglich, zu ducken versuchte, wobei ich das Gaspedal durchdrückte, um dem Kugelhagel zu entkommen. Nach einigen hundert Meter kam die Rettung. Eine Kurve, in die ich mit heissen Reifen einlenkte, wodurch auch der Kugelhagel abrupt aufhörte. Wie wir später feststellen mussten, war das Fahrzeug komplett durchlöchert, nur dem Glück, Gott, oder dem Zufall war es zu verdanken, dass wir noch am Leben waren. Das Geräusch der zischenden Kugeln blieb mir danach tagelang in Erinnerung, bei jedem Gedanken daran, schauderte es mich immer wieder von neuem. Ein Geräusch, das ein Mensch nur selten zu hören bekommt und wenn doch, dann war es oft das Letzte was er im Leben hörte. Meine Begleiterin zitterte am ganzen Körper. Trotz allem war es Zeit, sie irgendwo abzuladen und mich auf und davon zu machen. So lud ich sie auf einem Parkplatz der Copacabana ab, wo man früher noch parkieren konnte, drückte ihr tausend Dollar in die Hand und liess sie ohne Erklärung dort zurück. Was aus ihr geworden ist, weiss ich ehrlich gesagt nicht. Unterwegs schmiedete ich einen Plan, der Plan hiess Tanja. Sie war eine meiner Liebschaften in Rio und wohnte nicht unweit von meinem aktuellen Standort entfernt. Bei ihr konnte ich untertauchen. Als ich mich von der ganzen Action erholt hatte, so gut dies zumindest möglich war, machte ich mich abends auf den Weg zu Bruno Heinzl.

Bruno staunte nicht schlecht über den Schlammassel, in den ich da reingeraten war. Es mussten neue Pässe her, da waren wir uns einig, doch um an diese zu kommen, erklärte Bruno, mussten wir nach Paraguay reisen. Dort habe er Kontakte. Richtige Fälscher, die ihr

Handwerk verstünden und mir nicht so einen Mist andrehen würden, wie den Hogerforst-Pass. Soweit klang alles gut, was mich dabei irritierte, war seine Beschreibung dieser Leute. Er nannte sie «ehemalige SS Soldaten». Doch um weitere Details in Erfahrung zu bringen, fehlte mir die Geduld und so machten wir uns am nächsten Tag mit dem Bus auf und fuhren die rund tausend Kilometer nach Foz de Iguaçu. Eine schöne Gegend, bekannt für ihre riesigen Wasserfälle. Nicht weit von einem solchen Naturwunder entfernt gelangten wir an eine Brücke, die quasi den Zoll darstellte und die wir überqueren mussten, um dann direkt nach Porto Stroessner, also Paraguay zu gelangen. Wie abenteuerlich diese Reise auch klingen mag, sie war alles andere als das, bis dahin lief alles wie geschmiert, ohne Zwischenfälle oder Hindernisse.

Dr. Mengele und die sauberen Pässe

1985

In Paraguay angekommen, fuhren wir nach Asunción, der Hauptstadt des Landes, wo wir einen gewissen Dr. Werner trafen. Dieser führte uns in seine prachtvolle Villa, die beinahe wie ein Palast inmitten des Paradieses wirkte. Obschon ich unseren Gastgeber nicht kannte, im Gegensatz zu Bruno, wurde ich behandelt, als würde ich zur Familie gehören. Eine so ehrliche und herzliche Gastfreundschaft müsste man sogar in der Schweiz lange suchen. Es wurde mir gleich ein eigenes Gästezimmer zugewiesen.

Ausgeschlafen und fit streckte ich mich am Morgen noch einmal durch, als gerade Bruno mein Zimmer betrat.

«Eine Sekretärin des Generals wird dich heute zur Fremdenpolizei begleiten, dort wird man dir einen neuen und zugleich echten Pass ausstellen.»

«Echt?», fragte ich überrascht nach.

«Ja, einen originalen Pass», präzisierte Bruno.

Vor dem Pass Büro angelangt wartete eine Schlange von Menschen auf Einlass. Anzustehen blieb mir dank der Sekretärin des Generals erspart, mit der ich nämlich gemütlich an den Wartenden vorbeigehen konnte. Im Innern fertigte man von mir neue Fotos an, nahm meine Personalien auf und begann mit der Erstellung meines neuen, paraguayischen Passes. Am nächsten Tag erhielt ich bereits den Pass. Der Zucker an der ganzen Sache war aber, dass es nicht ein normaler Pass war, sondern ein CD, also ein Diplomatenpass. Als Bonus erhielt ich noch eine ID und den Führerausweis dazu, das all inclusive Paket. Zugegeben war das Paket auch alles andere als billig, da es aber alles Originale waren, konnte man nichts daran aussetzen. Wir begaben uns in Dr. Werners Reich zurück, wo mir ein alter Nazi nach dem anderen vorgestellt wurde. In diese Runde wurden mir viele interessante Geschichten erzählt, von denen ich überzeugt bin, dass ein Grossteil in keinem Geschichtsbuch enthalten ist. Aber wie sagt man so schön: Die Geschichte schreiben die Gewinner.

In dieser geselligen Runde lernte ich einen Richter kennen, der die grössten Ohren besass, die ich je im Leben gesehen hatte. Der Richter war ein angenehmer Geselle und nach einigem Small Talk lud er mich zu sich nach Hause ein. Ich willigte ein und folgte ihm gespannt. Sein Anwesen war überwältigend. Seine Leidenschaft war eine übergrosse Orchideen Sammlung, die selbst mich, der über keinen grünen Daumen verfügt, faszinierte.

Dr. Werner lud mich ein, einige Tage in diesem Gebiet zu verbringen, was ich gerne annahm, da es mir sehr gelegen kam, um hier einen neuen Plan für die Fortsetzung meiner Flucht zu schmieden. Beinahe unheimlich wurde es, als der Geburtstag Hitlers anstand. Dr. Werner organisierte zu diesem Anlass ein gewaltiges Fest zu Ehren ihres ehemaligen Führers. Alle alten Nazis der Umgebung, dazu sind viele von weit her angereist, feierten hier ihr Idol. Um Mitternacht wurde das Licht ausgeschaltet, wobei alle Anwesenden die Arme in die Luft emporstreckten, um den Hitler Gruss zu zeigen. Anschliessend wurden über eine grosse Musikanlage alte Reden von Adolf Hitler abgespielt. Die Gesichter der Männer zeigten mir Trauer. Trauer über die Opfer des Krieges, aber auch über ihre Niederlage. Die Stimmung wurde von Stunde zu Stunde melancholischer, ein wahrlich sonderbares Fest, nicht zu vergleichen mit anderen Feiern, an denen ich sonst teilnahm, geschweige denn jenen die ich selbst organisierte. Plötzlich kam dann wieder etwas Schwung herein, als einige alte Lieder angestimmt wurden. Es wurde gesungen und geschunkelt. Zugeben, ich liess mich von diesem Gesang und Geschaukel mitreissen, ohne irgendwie ein Nazi zu sein. Was nicht fehlen durfte dazu, war das deutsche Bier, von dem es genug gab. Trotz allem fragte ich mich immer wieder, was ich hier eigentlich machte. Im Nachhinein war es jedoch eine interessante Erfahrung. Denn ich erlebte diese Veteranen nicht als «Nazis», sondern als «Menschen». Es zeigte mir, dass die Nazis nicht nur rein die Monster waren, mit denen wir sie assoziieren, sondern dass es politisch geformte Bürger waren, die ohne ihre Uniform, ohne ihre Befehle, auch nichts anderes waren, als alle anderen; Menschen aus Fleisch und Blut. Menschen die Familien hatten. Menschen die Trauer und Fröhlichkeit empfinden konnten. Menschen wie du und ich. Menschen die in der falschen Zeit, am falschen Ort geboren wurden, wo sie zu etwas geformt wurden, das sie anschliessend zu Monstern abstempelte, was sie gewiss selbst gar nie sein wollten.

Ein Tag nach diesem Fest sprach ich mit Bruno Heinzl über das am Vortag Erlebte. Dabei konnte ich mir die Frage nicht verkneifen, was er tun würde, wenn Hitler noch leben würde, und ob er nochmals für den Führer in den Krieg ziehen würde.

«Jederzeit. Ich würde alles für ihn tun und jederzeit mein Leben für seins hergeben.»

Die Antwort überraschte und schockierte mich zugleich. Nach diesem etwas unheimlichen Kurzgespräch führte mich Bruno in sein eigenes Anwesen. Unterhalb seines Hauses befand sich ein altes Verliess, das man durch eine Gittertür betreten konnte. Darin lag ein Haufen von Aufzeichnungen herum, Bilder und Bücher rund um die Nazis. Ganz oben, also über diesem Haufen, befand sich ein Bild von Dr. Mengele. Einen Augenblick später verstand ich erst, worin ich hier stand. Denn die Sammlung im Verlies, war die Sammlung von Dr. Mengele himself. Denke ich heute zurück, muss die ganze Sammlung einen Millionenwert gehabt haben. Ich nutzte die Gelegenheit und schaute mir so viel wie möglich an. Viele der Bücher waren allerdings noch in Altdeutsch geschrieben, was mir das Lesen nicht gerade einfach machte. Als ich Bruno fragte, was denn mit Dr. Mengele passiert sei und wo er sich befinde, kullerte ihm eine Träne herunter.

«Er ist in Brasilien ...», war die einzige, karge Information, die er mir anvertraute.

Bruno schien sich immer noch zum Schweigen verpflichtet und niemandem zu trauen, wenn es um dieses Thema ging, nicht einmal mir. Danach wurde es einen Moment lang still. Gespenstisch still.

Paraguayische Nazis und eine alte Messerschmitt

Eines Morgens kam mich Bruno Heinzl wecken, voller Freude, wie ein Kind beim Auspacken seiner Weihnachtsgeschenke. Der Grund war wirklich eine Art Geschenk, das er vom General erhielt und das er mir unbedingt heute und jetzt zeigen wollte.

«Reini, zieh dich an, wir steigen heute in hohe Lüfte.»

«Hab keinen Bock auf deine Spässe, was willst du von mir?», meckerte ich mürrisch, wollte in Ruhe meinen geliebten Morgenkaffee geniessen.

«Wenn du nicht mitkommst, wirst du es sicher bereuen.»

Da er den letzten Satz wie einen militärischen Befehl formulierte, sprang ich spontan aus dem Bett und liess mich überraschen, was ich gleich erleben würde. Kurz überlegte ich mir, zum Scherz mit «Jawohl Herr Oberst» zu antworten, unterliess es dann aber doch lieber. Bevor wir losgingen, bestand ich darauf, ein kleines Frühstück zu bekommen, was ich später schwer bereuen sollte. Als mir Bruno sein Geschenk vorführte, staunte ich nicht schlecht. Der General hatte ihm nämlich einen Messerschmitt Kampfjet für einen Tag lang frei zur Verfügung gestellt. Eine wunderschöne silberne Maschine aus dem zweiten Weltkrieg stand nun also vor uns auf dem Rollfeld. Die Sonne schien direkt auf den silbernen Lack, sodass die Maschine beinahe schon wie etwas Übermächtiges auf uns wirkte. Vor dem Flieger angelangt, stellte sich Bruno stramm hin, vollzog den Hitler Gruss und begann damit, alles an der Messerschmitt zu überprüfen. Das fliegende Ungetüm schien bereit, nochmals wie in alten Zeiten in die Lüfte zu steigen, doch bei Bruno war ich mir unsicher, immerhin war er mittlerweile schon zweiundsiebzig Jahre alt.

«Denkst du, du schaffst das noch? Du bist …»

«Was glaubst du? Einer wie ich, der so viele Kampfeinsätze geflogen hat, verlernt das Fliegen nie. Selbst mit verbundenen Augen würde ich uns wieder heil auf den Boden zurückbringen.»

Irgendwie überzeugte mich die Aussage noch nicht ganz, so begann ich präziser zu fragen.

«Wann genau bist du zum letzten Mal mit so einer Maschine geflogen?»

«Das war am …», Bruno schien nach einem Datum zu suchen, «…an dem Tag als die Alliierten den Himmel schwarz färbten, weil sie mit so vielen Maschinen in Deutschland eingeflogen sind.»

Sehr lange flog er nicht mehr mit so einer Maschine, konnte ich daraus unschwer schliessen.

Trotz aller Bedenken konnte ich Bruno die Möglichkeit nicht versauen, zugleich reizte mich das Abenteuer selbst zu sehr, als dass ich hätte Nein sagen können. Als ich in der Messerschmitt Platz genommen und mich gerade fertig angeschnallt hatte, überkamen mich ernsthafte Zweifel. Erst jetzt, als mein Hintern auf dem Teufelsding platziert war, wurde mir so richtig bewusst, auf was ich mich da unbedacht eingelassen hatte.

Hoch oben in der Luft vollführte Bruno ein Manöver nach dem anderen. Und mir wurde dabei so übel, dass ich mich nicht einmal hätte übergeben können. Immer wenn der Brechreiz überhand zu nehmen drohte, schoss die Messerschmitt wieder beinahe kerzengerade nach oben, wodurch alles wieder nach unten rutschte. Oh, wie sehr bereute ich mein Frühstück, ja ich bereute es ungeheuerlich. Nach der Landung torkelte ich wie ein betrunkener Junggeselle an der Copacabana. Es dauerte einige Minuten, bis ich mir über den Boden unter den Füssen wieder gewiss war und ich mich einigermassen wohl und sicher fühlte. Bruno, der die Messerschmitt bis in den nächsten Tag hinein nutzen durfte, fragte mich, ob ich morgen früh noch einmal mitfliegen wolle. Was ich dann aber einem anderen überliess, jemandem der sicher auch Freude daran hatte. Und ehrlich gesagt, hätte ich mich auch kein zweites Mal getraut. Man muss das Schicksal ja nicht allzu sehr provozieren.

Statt dieser, nahm ich für den nächsten Tag eine Einladung von Dr. Werner an. Er wollte mit mir eine Tour in den Chaggo (Dschungel) machen und mir dort einige Dinge zeigen, was es sein würde, liess er offen.

Am nächsten Tag im Dschungel angelangt, erlebte ich eines der atemberaubendsten Naturschauspiele, die ich je gesehen hatte. Ein Anblick, den ich mir auch heute immer wieder gerne in Erinnerung rufe. Ein Erlebnis, das sich tief in mein Herz gebrannt hat. Die Luft inmitten dieser gigantischen Bäume surrte von Vogelstimmen, Affen kreischten, Frösche und andere Tiere gaben gar merkwürdige Töne von sich. Diese unendliche Farbenpracht dieser Vegetation, und neben diesen optischen und akustischen, noch die Überfülle und Vielfalt an olfaktorischen Eindrücken, ein wahrer Rausch der Gerüche; das alles versetzte mich in einen Zustand unbeschreiblicher Verzückung. Jeden Augenblick sog ich dankbar in mich auf. Auch die Schrecksekunde, als mich Dr. Werner auf eine etliche Meter lange Anakonda aufmerksam machte, die sich kurz vor uns von einem dicken Ast in Zeitlupe ins Gestrüpp hinunter verkroch.

Um zwanzig Uhr mussten wir spätestens zurück sein. Damals verordnete der Präsident Stroessner oft eine Ausgangssperre ab dieser Zeit, so war es auch am heutigen Tag. Wir machten uns früh genug auf den Rückweg. Doch brachte uns eine Reifenpanne in Schwierigkeiten, zum einen wegen des Defektes selbst, zum anderen wegen der Zeit, denn es war bereits halb acht Uhr abends. Als die Zeit während unseres Herumschraubens am Rad immer knapper wurde, schlug ich vor, uns ein Haus in der Nähe zu suchen, wo wir bis zum Ende der Ausgangssperre verweilen könnten. Denn eines wollte ich bestimmt nicht; wegen einer so dämlichen Sache Ärger auf mich ziehen und im schlimmsten Fall noch das Ende meiner Flucht riskieren, indem ich mit dem Oberhaupt des Landes in Konflikt komme. Dr. Werner hingegen schien wenig beunruhigt durch unsere doch recht brenzlige Situation. Seelenruhig schraubte er am Rad weiter, als gäbe es nichts, was uns Sorgen bereiten sollte. Mein mieses Bauchgefühl entpuppte sich nach kurzem als eine Vorahnung, denn es kam uns urplötzlich ein Militärlastwagen entgegen. Als das Gefährt zum Stillstand kam, stiegen hinten mehrere Soldaten mit weissen Helmen auf dem Kopf und ein ziemlich grimmig dreinschauender Kommandant aus. Wir wurden von der Truppe umzingelt. Der Offizier schrie einen Befehl. Mehrere Gewehrläufe wurden auf uns gerichtet. Dr. Werner blieb vollkommen unbeeindruckt am Radwechsel, drehte sich dann gelassen zu dem Offizier und sprach ihn auf Spanisch an, griff in seine Tasche und holte ein schwarzes Etui hervor, das er vor den Augen des Offiziers öffnete. Beim Anblick des Dokuments darin schien der Offizier in Ehrfurcht zu erstarren, indem er stramm salutierte. Und irgendwie wirkte der Offizier in diesem Moment nicht mehr wie der Befehlshaber, sondern eher als Untertan von Dr. Werner. Ich verstand die Situation überhaupt nicht und war so verwirrt, wie lange nicht mehr. Es folgte ein Befehl des Kommandanten. Die Soldaten senkten ihre Gewehre. Was dann geschah, ergab für mich keinen Sinn mehr. Aber gar keinen! Die Soldaten liefen im Gleichschritt zum Militärlastwagen zurück, holten daraus ein Reserverad hervor, kehrten zurück und wechselten uns das Rad aus. Anschliessend eskortierte man uns gar noch zurück in die Stadt.

«Was hast du dem Offizier in dem Etui gezeigt, dass sich die Situation so plötzlich zu unseren Gunsten gewendet hat?», erkundigte ich mich, ohne nur den Hauch einer Ahnung zu haben.

«Weisst du Reini, ich bin ein recht grosses Tier im hiesigen Geheimdienst und gehe mal davon aus, dass du dies für dich behalten kannst.»

Ich war baff. Aber sowas von baff. Mit allem hatte ich gerechnet, aber nicht mit einem James Bond an meiner Seite.

Die Zeit bei den Nazis ging zu Ende. Es wurde Zeit, dass ich mit Bruno weiterzog und so machten wir uns auf, zurück nach Rio. Nun konnte ich den brasilianischen Boden ja wieder ohne Gefahr betreten, denn ich hatte nicht nur einen sicheren Pass, nein, über einen der sichersten den man sich als Krimineller auf der Flucht nur wünschen konnte. Und irgendwie, wie seltsam es nun klingen mag, vermisste ich diese Nazis eine Weile. Sie hatten mich stets hoch anständig behandelt und mich fast wie in ihre Familie adoptiert, auch wenn ich nie deren Gesinnung geteilt hatte. Merkwürdig, aber es war so.

Suarez und sein Mäuseproblem

In Rio zurückgekehrt, fühlte ich mich wieder daheim. Bruno kehrte in sein eigenes, dortiges Reich zurück und ich zog mich in Princes Isabel in meine eigene Wohnung zurück, wo auch Werni bald wieder mal dazukam. Ich lebte mein Leben wie gewohnt leichtfüssig und oft auch unbewusst sehr riskant. Genau zu dieser Zeit trat auf der ganzen Welt das AIDS-Virus in die Schlagzeilen. Trotz der ernsten Lage und all den unzähligen Warnungen, nahm ich das Thema nie wirklich ernst. Genau wie bisher dachte ich auch während dieses weltweiten Themas nicht daran, mir je ein Kondom überzuziehen. Heute muss ich eingestehen, dass dies sehr naiv war. Auch hier bin ich wiedermal aus purem Glück nicht ins Verderben gelaufen. So lebte ich mein Playboy-Leben weiter und kam dabei inmitten der Copacabana mit einer hoch interessanten Persönlichkeit in Kontakt. Nicht einer Frau, sondern einem Mann. Ein Mann namens Roberto Suarez, der nach Pablo Escobar als einer der absolut grössten Kokainhändler galt. Bruno Heinzl stellte ihn mir im Copacabana Palace Hotel vor. Suarez und ich verstanden uns sofort sehr gut. Vom ersten Treffen an blieben wir in Kontakt, bis er mich bald einmal zu sich nach Hause einlud. Sein Anwesen befand sich in Bolivien. Wie es sich für einen Drogenbaron wie ihn gehört, liess er mich mit seinem Privatjet in Rio abholen und flog mich so nach Bolivien. Nach der Landung stiegen wir in einen Helikopter um, der uns tief in den bolivianischen Dschungel flog. Roberto erwartete mich bereits und zeigte mir voller Stolz seine Produktionsstätte, wo hunderte Kilos des weissen Goldes lagerten. Es war der Ort, an dem das ganze Kokain hergestellt wurde. Die Indios stampften das Zeugs wie die Wilden.

Eine kurze Anekdote zwischendurch. Ich hatte mich bei diesem Besuch immer gefragt, weshalb die dort alle so weisse Zähne hatten. Wie sich später herausstellte lag das daran, dass die Indios kein Geld für Zahnpasta hatten, so putzten sie sich ihre Zähne stets mit der Asche aus dem Lagerfeuer, die mit der Lauge der Produktion versehen war. Die Produktionsstätte von Roberto Suarez inmitten des grünen Flecks, fern der Zivilisation, glich sehr einer Militärbasis. Wie man es aus Filmen kennt, standen unzählige bewaffnete Bewacher herum, mit denen man leicht einen Privatkrieg hätte führen können. Wie man mir erklärte, handelte es sich bei den meisten um richtige Soldaten, die in sämtlichen Guerilla Taktiken ausgebildet waren. Dazu verfügten sie erst noch über die gröbsten Waffen und das modernste Equipment. Nach der Sightseeing-Tour der besonderen Art, fuhren wir zu der etwas weiter entfernten Ranch von Suarez. Eine prachtvolle private Ranch mit Rindern und allem was dazugehörte. Suarez führte mich durch das Innere, wo wir schlussendlich über eine Wendeltreppe im Keller landeten, wo es mir nach dem Durchqueren eines nur sanft beleuchtenden Ganges einmal mehr in meinem Leben die Sprache verschlug. Ich hatte in der Vergangenheit einmal die Ehre einen riesigen Haufen Gold zu sehen, wir erinnern uns an meinen Ausflug mit Luciano nach Genf. Aber was ich hier in Bolivien sah, kann man nur mit einem «Wow» beschreiben. In dem grossen, gewölbten Kellerraum befanden sich unzählige Paletten gefüllt mit Dollarnoten. Der Anblick versetzte mich beinahe in Schockstarre. Da zeigte Suarez mit seinem Finger in eine Ecke, wo ein Stapel zerfetzter Dollarscheine lag. Er griff sich einige der Scheine und hielt sie vor mein Gesicht.

«Weisst du Reini, das ist mein einziges, aber echtes Problem. Das Kokain zu lagern ist nicht schwierig, nur das Geld macht mir Sorgen. Denn hier wimmelt es von Mäusen, die andauernd an meinem Geld herumknabbern. Wenn es ganz dumm kommt, fressen die mir bis zu drei Millionen weg. Es ist zum Verzweifeln.»

Was für Probleme, dachte ich, als ich ihn ungläubig anblickte, ob er nicht doch einen Scherz mit mir machte, was er aber eindeutig nicht tat. Suarez behielt mich danach für rund einen Monat bei sich in Bolivien. Unsere Freundschaft vertiefte sich, so auch mein Einblick in diese extreme Form des Geschäfts, also in die High Class des Kokainhandels. Schnell musste ich erkennen, dass es nebst der atemberaubenden Seite auch eine sehr dunkle gab. So musste ich auch die Bestrafung von Verrätern mitansehen, was ich hier aber nicht weiter vertiefen möchte, denn was in den Filmen noch als «cool» wirken mag, ist es in der Realität nicht im Geringsten. Was mir aber trotz der Grausamkeit durch den Kopf ging, war, dass es keiner mehr wagen würde, je jemanden zu verraten, wenn man diese Art Bestrafung nur einmal in der Schweiz anwenden würde.

Wild West Rio

Als ich bereits wieder eine Weile in Rio lebte, kam mich mein Freund Renzo besuchen. Wir flogen von Rio aus zusammen nach Salvador de Bahia, um einen Freund von mir namens Reto zu treffen. Der Flug war schrecklich und übertraf sogar noch den Manöverflug mit Bruno Heinzl inmitten des paraguayischen Dschungels. Denn während des Fluges fielen die Motoren aus. Der Flieger ging in Sinkflug. Die Notbeleuchtung schaltete sich ein und die Sauerstoffmasken fielen vor uns herunter. Die Stewardessen legten sich zu Boden und wir Passagiere, sahen gerade alle unser letztes Stündchen schlagen. Die pure Panik beherrschte den Flieger. Renzo hatte sich jedoch seltsam verhalten. Er steckte sich sein Geld und seinen Pass tief in die Hose hinein, was mir trotz Panik auffiel und mich einen Moment lang irritierte. Dem Piloten gelang es nach wenigen Minuten die Maschine wieder aufzufangen, und in einen Schwebeflug zu bringen. Dann starteten die Motoren wieder einzeln nacheinander. Es konnte weitergehen, als wäre nichts geschehen.

«Was sollte das eben mit dem Pass und dem Geld? Warum hast du dir das so tief in die Hosen geschoben?», fragte ich Renzo, nachdem wir uns wieder beruhigt hatten.

«Na ist doch klar, wenn sie mich finden, müssen sie wissen wer ich bin und wohin sie das Geld schicken müssen. Denn das Geld soll ja schliesslich zu meiner Familie kommen.»

Ich musste schmunzeln ab so einer detaillierten Antwort. Es war erstaunlich wie sehr Renzo sich schon vorher einen Plan im Falle eines Absturzes zusammengestellt haben musste. Nun waren wir bei Reto angekommen. Reto besass ein schönes Haus, noch interessanter war aber seine Nachbarschaft, denn sein Nachbar war Otto Weisser, einer der damals bekanntesten Playboy Fotografen. So mag es auch nicht erstaunen, dass die Playboyhäschen bei ihm ein- und ausgingen, wie einst die Partyluder bei meinen Partys.

Reto hatte was seinen Nachbarn betrifft, eindeutig den Jackpot geknackt und wer weiss, wieviel an Wertsteigerung seine Immobilie dadurch erhielt. Wie man sich denken kann, hatte er einen hervorragenden Draht zu seinen Nachbarn. So kamen auch die partyhungrigen Bunnys gerne zu ihm herüber, was Reto ebenso genoss, wie wir glücklichen Gäste; was für einen Hugh Hefner so alltäglich ist, wie für uns Normalsterbliche der morgendliche Kaffee. Bei meinem Besuch gab es leider kleine Unstimmigkeiten mit Otto Weisser, wie schon mal zuvor, denn Weisser hatte es wieder einmal satt, wenn seine Models, von einer durchzechten Nacht in der Nachbarschaft gezeichnet, vor seine Kamera traten und er das Shooting abbrechen und den ganzen Tag umorganisieren musste. Nach einigen Tagen Party bei Reto hiess es wieder aufbrechen.

Wieder ins heimische Paradies zurückgekehrt, traf ich mich am nächsten Tag mit Renzo und Werni mitten in Rio, das werde ich nie im Leben vergessen. Da ich kurz etwas erledigen musste, liess ich die beiden zurück in meiner Wohnung, ging hinunter und lief die Strasse entlang. Plötzlich hörte ich ein Geräusch, mit dem ich zuvor in meinem Leben schon einmal zu tun hatte. Nur war es diesmal weniger ein Zischen, sondern eher ein Knallen. Auch die Abstände dazwischen waren kürzer, beinahe wie man es aus den Kriegsfilmen kennt. Bis heute habe ich keinen Schimmer, wer gegen wen Krieg führte, was der Grund war und weshalb zum Geier es genau an diesem Ort passieren musste. Ich versteckte mich hinter einer Kolonne von parkierten Autos, horchte den Schüssen, versuchte dabei meine zitternden Hände ruhig zu halten, während mir der Schweiss von der Stirn herunter über die Nasenspitze auf den Boden tropfte. Wie sehr wünschte ich mir für einen kurzen Augenblick, statt an diesem Ort, bei Bruno Heinzl in der Messerschmitt zu sitzen. Lieber ein paar Flugmanöver durchstehen, als hier zu sterben. Was für ein Tod wäre das gewesen, der Schneekönig erschossen als Opfer eines Bandenkrieges, an dem er nicht einmal beteiligt war. Da wäre mit Pauli durch eine Autobombe zu sterben, noch der bessere Tod gewesen, selbst in der damaligen Klapperkiste, die er fuhr, um nicht aufzufallen.

Irgendwann liess der Kugelhagel nach. Zur Sicherheit wartete ich einen Moment lang ab. Dann lief ich so schnell wie möglich die Strasse zurück nach Hause.

Die rivalisierenden Banden sind in Brasilien allgemein ein ernsthaftes Problem. Immer wieder brechen Schiessereien wie einst im Wilden Westen aus, immer wieder gibt es Opfer, darunter oft junge Männer und Frauen, die ihr ganzes Leben noch vor sich gehabt hätten. Allerdings muss ich sagen, dass mir Fälle von toten Touristen nicht bekannt sind, aber wenn es um Menschenleben geht, hat jedes seinen Wert und da spielt es auch keine Rolle, wer der Erschossene war, traurig ist jeder gewaltsame Tod.

Nach diesem unschönen Erlebnis kam ich komplett verschwitzt bei meinen beiden Kumpels an. Der Witz kam dann, als Werni plötzlich zu lachen begann, nachdem ich meine Geschichte berichtet hatte.

«Warum lachst du so?», fragte ich irritiert.

«Du weisst ja nicht, was für einen guten Freund du in Renzo hast. Als er die Schiesserei gehört hat, sagte er, man hätte dich bestimmt erschossen und fragte mich sogleich, ob ich wisse wo dein Geld gebunkert sei.»

Wie schwarz dieser Gag auch war, wir lachten alle drei Tränen. Fast wie Brasilianer, hatten wir die Vergangenheit, die nur Minuten zurücklag, bereits verbucht und uns über den Moment, das Leben und unsere Freundschaft gefreut.

Der Favela Boss Jubertinho

Irgendwann später lernte ich eine neue Flamme kennen. Sie war hübsch und kam aus einer besonderen Familie, was ich aber zuvor nicht wusste. Ihr Bruder war der oberste Boss der Favela, worüber ich nicht schlecht staunte, als sie ihn mir überraschend vorstellte. So erhielt ich von dem Favela-Paten namens Jubertinho eine Einladung, ihn zu besuchen. Seine Favela war von einer Mauer umgeben und trennte so sein Reich von der restlichen Stadt ab. Um hinein zu gelangen musste man durch ein riesiges Tor schreiten, das mir vorkam, als wäre es das Tor zur Hölle. Es reizte mich und ich war gewillt, meiner neuen Bekanntschaft durch das Höllentor zu folgen, ohne nur die leiseste Ahnung zu haben, was mich dahinter erwartete. Gerade als ich eintreten wollte, kamen zwei Polizisten angerannt.

«Hallo Sie, sind Sie lebensmüde?», schrie mich der Grössere der beiden an.

Die beiden Polizisten meinten es gut. Sie hielten mich für einen Touristen, der ahnungslos umherirre. Als ich den beiden jedoch erklärte, dass ich von Jubertinho persönlich eingeladen wurde und ihn somit kennen würde, liessen sie mich beruhigt passieren. Eindrücklich war, dass mir der Polizist, der mich warnte, dann erst noch die grosse Eingangstür offenhielt, beinahe wie ein Portier. Kaum eingetreten, schloss sich das Tor hinter mir rasch wieder zu. Vor mir standen fünf sehr junge Brasilianer mit schweren Gewehren in der Hand. Alle zielten auf mich, bereit ohne Skrupel den Abzug zu drücken, würde ich nur falsch zucken. Als ich jedoch den Namen Jubertinho nannte, senkten sich die Waffen und aus den fünf Killerjungs wurden fünf ganz symphytische, fröhliche Gestalten, die mich in die Favela hineinführten.

Im obersten Haus wohnte der Boss. Die Ironie an dieser Favela war, wie fast überall, dass der Boss in Saus und Braus haust, alles im Übermass besitzt, während die anderen Menschen in alten Hütten und Baracken wohnten, beinahe schon wie Tiere, zumindest aus der Sicht eines Schweizers. Der Bruder meiner Flamme freute sich mich zu sehen, präsentierte mir sein Heim und stellte mir einige seiner treusten «Krieger» vor, wie ich sie nenne. Danach lud er mich in eine Bar an der Copacabana ein, wo er gleichzeitig noch etwas erledigen musste. Das Lokal war mir bekannt, ebenso sein unschöner Ruf, doch war ich ja in guter Gesellschaft, zumindest in einer, die mich sicher beschützen konnte. Dort angelangt, befanden sich lauter düstere Gestalten, lauter Banditen um die Bar herum. Ich setzte mich an einen der kleinen Tische, bestellte mir einen Cafezinho, währen Jubertinho zum Bartresen lief. Am Tresen begann er mit einem der Gäste heftig zu diskutieren. Ich beobachtete das Ganze vom Tisch aus. Gerade als ich den ersten Schluck trinken wollte, durchdrang ein Schrei den Raum. Ich sah, wie Jubertinho seinem Kontrahenten ein Messer direkt ins Herz rammte. Vor all den anderen Gästen, als wäre es das Normalste der Welt. In der Bar wurde es still. Etwa eine halbe Minute hielt sich der Erstochene noch auf den Beinen, bis er dann wie ein nasser Sack auf den Boden prallte. Jubertinho spazierte gemütlich zu mir an den Tisch, während ich mit einer Serviette nervös den Kaffeefleck vom Tisch zu wischen versuchte, denn vor lauter Schreck hatte ich den Cafezinho verschüttet.

«Gehen wir essen?», fragte mich Jubertinho, als wäre gerade nichts geschehen.

Wo bin ich da wieder rein geraten, schoss es mir durch den Kopf. Und wer zum Geier ist dieser Typ nur?

«Wieso hast du das getan? Oder besser gesagt, was hat er getan, dass du das machen musstest?», fragte ich etwas beunruhigt.

«Er wurde mir einfach zu frech. Mach dir aber keine Sorgen, das wird keine Konsequenzen haben. Hier laufen die Dinge anders, als dort wo du herkommst.»

Ich liess mich dann trotz Appetitlosigkeit doch noch zum Abendessen in einem anderen Lokal überreden. Nach dem Essen meinte Jubertinho dann tatsächlich, er müsse nochmals zurück zur Bar, jemandem etwas mitteilen.

«Du willst dahin zurück, wo du vor rund zwei Stunden einen umgebracht hast? Denkst du nicht, dass dies etwas zu dreist ist, zumal sicher die Polizei dort ist?»

«Reini, die Sache ist bereits geklärt. Es ist alles wieder in Ordnung. Vertrau mir.»

Ich vertraute ihm, wenn auch mit einem sehr beunruhigten Gefühl. Als wir an die Strandbar zurückkehrten konnte ich nicht fassen, was ich sah. Ich sah Normalität. Der Laden war wieder aufgeräumt, die Gäste in bester Laune und dieselbe Kellnerin servierte mit demselben Lächeln wie Stunden zuvor, als wir das Lokal zum ersten Mal zusammen betraten. Selbst gegrüsst wurden wir von allen, beinahe schon mit einem Willkommens-Unterton. Keine Spur von der Leiche, kein Hinweis darauf, dass hier gerade eben noch ein fürchterliches Verbrechen begangen wurde. Wir setzten uns, erledigten Jubertinhos Angelegenheit und liessen den Abend ausklingen, als hätten wir einen ganz normalen Tag hinter uns, was auf mein Gegenüber im Gegensatz zu mir wahrscheinlich sogar zutraf.

Mit Jubertinho traf ich mich von da an öfter mal wieder. Es wurde nie langweilig mit ihm, soviel kann ich sagen.

Auftanken in Europa

Das Geld in Rio wurde langsam wieder rar, sodass es Zeit wurde wieder einmal den Atlantik zu überqueren, um all die Schulden einzutreiben, die sich mittlerweile am anderen Ende des Meeres angehäuft hatten. In Europa landete ich in Italien, von wo ich mich zum Gardasee aufmachte, nach San Remo, wo ich mich mit Chrigi traf, von der ich kurz nach unserem Wiedersehen erfuhr, dass sie nicht mehr Single sei, sondern mit einem Typen zusammen, den ich gut kennen würde und zwar mit Hans, dem Sihlposträuber, mit dem ich einst zuvor im Saxerriet einsass. Da ich in Rio selbst kein Kind von Traurigkeit war, konnte ich Chrigi nicht böse sein und versuchte demnach, mich für sie zu freuen. Chrigi und ich wurden von Roberto, dem Bruder von Renzo, sowie dessen Exfrau Lili abgeholt. Unterwegs erlitten wir einen kleineren Unfall, da ein Bus voller Inder ausgeschert hatte. So kam es, dass wir am Pannenstreifen auf die Carabinieri warten mussten, wodurch ich verständlicherweise ins Schwitzen kam, da ich ja unter anderem immer noch über das Aktenzeichen XY gesucht wurde. Zu meinem Glück wurde ich nicht erkannt und so konnte unsere Reise zu einem geschäftlichen Treffen weitergehen. Das Treffen bestand darin, einige Connections miteinander neu zu verknüpfen, sowie das Geld für meine Dienste einzusammeln, wonach ich gleich wieder nach Rio aufbrach.

Am Flughafen Mailand wurde ich wieder einmal von der Grenzpolizei zur Seite genommen und nach meinem Pass gefragt. Der Diplomatenpass erschien den Italienern kurios.

«Wieso haben Sie einen paraguayischen Diplomatenpass? Was

haben Sie mit der dortigen Regierung zu tun?», fragte mich der Zöllner, mit einem vorwurfsvollen Unterton.

«Zuckerrohr. Ich bin für das Zuckerrohr verantwortlich», antwortete ich, wie aus der Pistole geschossen, ohne dabei nur die geringste Miene zu verziehen.

Man nahm mir den Pass kurz weg, händigte ihn mir jedoch nach wenigen Minuten wieder aus und entschuldigte sich für die Unannehmlichkeiten.

In Rio angekommen beschloss ich, das zu tun, was jeder Mensch am liebsten tut: das Leben geniessen. Ich kaufte mir eine 500 Enduro und einen Ford RX, denn mit solch einem Auto gehörte man damals dort bereits zur Oberschicht. Genüsslich fuhr ich an der Strandpromenade von Rio herum, liess mir die kühle Meeresbrise durch die Haare wehen. Besonders genoss ich es, die doppelte Einbahnstrasse nach Petrópolis zu fahren, denn dies war das Gefühl der puren Freiheit. Ein Moment der Erfüllung.

Zu dieser Zeit wurde ich auch im Hippopotamus in Ipanema aufgenommen. Ein Millionärsclub der Extraklasse. Darunter mag man sich einen sanft beleuchteten Raum vorstellen, in dem edelstes Mobiliar steht, wo sich graumelierte ältere Herren auf pompösen Ledersesseln mit dicken Zigarren im Mund eloquent über Wirtschaft und Politik unterhalten und sich über Investmenttipps und Fusionen austauschen. In Europa hätte dies wahrscheinlich zugetroffen, doch in Rio war es etwas komplett anderes. In Rio handelt es sich beim Millionärsclub um eine der edelsten Diskotheken, die man sich nur vorstellen kann. Das Bankkonto wurde, um als Member aufgenommen zu werden, nicht geprüft, es zählte mehr der Ruf den man hatte. Man musste bekannt sein, sei es für sein Geld oder für seine Position. Ein Unbekannter blieb draussen bei der Security stehen und konnte höchstens den luxuriösen Eingang bestaunen. Es war ein Club, den ich über alles schätzte, ein Club, in dem auch ich mich problemlos gehen lassen konnte und dies auch gerne tat. An einem dieser Abende lernte ich eine wunderhübsche intelligente Frau namens Eliane kennen. Es funkte zwischen uns. Nach einigen Drinks und Flirtereien lud Eliane mich zu sich nach Hause ein. Meiner Verehrerin zu wiederstehen, wäre mir nicht gelungen, so liess ich mich gemütlich in den Wellen der Romantik treiben, indem ich das Angebot annahm, ohne nur einen Moment zu zögern. Mein Plan war es, vor dem Club den Portier anzuweisen, mir meinen Ford RX zu holen, womit ich Eliane beeindrucken wollte. Sie hingegen bestand darauf, mich mit ihrem Wagen zu fahren, was ich ihr nicht ausschlagen wollte. Als der Portier ihren Wagen vorfuhr, verschlug es mir die Sprache, denn anstelle Eliane zu beeindrucken, beeindruckte sie mich. Und wie! Vor mir stand ein Mercedes 500SL, der in Brasilien damals durch die ganzen Einfuhrbestimmungen und Homologien locker über eine Million kostete. Auch was nun folgte, übertraf alles was ich mir nur hätte vorstellen können. Denn wir fuhren auf den riesen Wolkenkratzer der Copacabana zu, der gerade erst neu erbaut wurde. Nicht schlecht staunte ich, als wir nicht nur in diesem Luxusgebäude landeten, wo eine normale Wohnung bereits ab einer Million aufwärts kostete, sondern gleich noch zuoberst im Penthouse. Langsam begann ich mich zu interessieren, von wem ich mich da verführen liess. Es stellte sich heraus, dass Elianes Vater einer der reichsten Geschäftsmänner von São Paulo war, der mehrere Büros und Fabriken besass. Der Wolkenkratzer gehörte ihm und die Penthouse Suite war ein Geschenk an seine Tochter. Oben angelangt, zeigte Eliane mir haufenweise Hochglanzmagazine, auf denen ihre Familie auf dem Titelblatt abgebildet war. Doch endlich war genug geredet und wir liessen uns von unseren Gefühlen hinreissen.

Rund zwei Wochen lang verbrachten wir jeden Tag zusammen, bis mir Eliane den Vorschlag machte, mit ihr nach Monte Carlo in Monaco zu fliegen, um dort ihre Familie kennen zu lernen. Gerne wäre ich mitgeflogen, doch nach reiflicher Überlegung, musste ich absagen, denn es wäre definitiv zu heiss gewesen, sich mit so einer berühmten Familie zu zeigen. Denn mit solchen Promis zu verkehren, hiess auch, immer wieder von Reportern umgeben zu sein. Ein Risiko, dass ich nicht eingehen wollte. Natürlich konnte ich ihr dies nicht erklären, so bedauerte ich, aus geschäftlichen Gründen nicht mitkommen zu können. Sie flog schlussendlich ohne mich nach Monaco ab, versprach mir jedoch, mit ihrem Vater in drei Wochen zurückzufliegen und dass wir uns dann auf seiner Ranch in São Paulo treffen könnten. Als es soweit war, musste ich erneut absagen, denn man erwartete mich in Mailand.

Fatale Reise nach Europa zum Geldwaschen

Nach Mailand musste ich, weil Luciano mich dort erwartete. Dieser hatte gerade falsche Dollarnoten im Wert von drei Millionen in seinen Besitz bekommen, die er durch mich in Rio wechseln lassen wollte. Dies besprach ich bei meiner Rückkehr nach Rio dann mit Bruno Heinzl, der gute Beziehungen zu Bankdirektoren pflegte. Dieser meinte, es wäre kein Problem, wenn die Blüten von guter Qualität seien, denn schlussendlich wolle jeder ein Stück vom Kuchen haben, wodurch es auch realisierbar sei.

Unterdessen kam Eliane von einer erneuten Monaco Reise zurück. Diesmal bestand sie darauf, dass ich endlich ihren Vater kennenlernte. Ihr Paps hatte mir sogar einen Lear-Jet schicken lassen, sodass ich wirklich nicht mehr nein sagen konnte, dafür bekam ich gerade noch ein paar Tage Aufschub. Ich ging mit Werni zu Bruno, und versprach ihm, am Folgetag ein Ticket für ihn zu kaufen, damit er so nach Mailand zu Luciano fliegen, ihn dort anrufen und anschliessend das Geld einstecken konnte. Bruno wollte direkt die Nummer von Luciano, die ich ihm jedoch nicht gab. Er sollte sie nach Plan direkt vor dem Abflug erhalten und da ich mich an Pläne hielt, wurde daran auch nicht gerüttelt. Zum Glück, wie sich im Nachhinein zeigte. Denn als ich nach unserem Gespräch auf den Lift wartete, öffnete sich die Schiebetür, woraus plötzlich ein Haufen Federales strömte. Meine Flucht war vorbei. Ich wurde verhaftet und in ein Gefängnis an der Praca Maua gebracht. Ein schrecklicher Ort. Nach meiner dortigen Ankunft wurde mein Pass überprüft, der sich dann aber zum Erstaunen der Federales als echt herausstellte, sodass sie mich beinahe schon wieder gehen lassen wollten, wären da nicht gerade dummerweise die Fingerabdrücke aus der Schweiz eingetroffen. Somit blieb ich in diesem Höllenloch von Gefängnis hocken. Nach einem Monat erhielt ich überraschend Besuch. Als ich den Besuchsraum betrat, ohne zu wissen wer mich überhaupt besuchte, erkannte ich keinen den ich kannte. Bis mir eine ominöse Frau zuwinkte, die sich erst bei genauerer Betrachtung als Eliane herausstellte, die sich unter einer Perücke und hinter einer riesigen Gucci Brille versteckte. Die Maskerade war verständlich, als prominente Millionärstochter hätte ein Besuch im Gefängnis einen derben Imageschaden verursachen können.

Eliane begann zu weinen und mich zu beschimpfen.

«Wieso nur, wieso hast du mich angelogen?», schluchzte sie mir entgegen.

Ich schwieg einen Moment, denn die Situation war mir unangenehm. Sie hatte das wirklich nicht verdient.

«Du hättest nur ehrlich sein müssen und mein Vater hätte dir eine neue brasilianische Identität besorgt. Aber das warst du nicht … leider nicht …»

Sie hatte recht, oh ja, und wie recht sie hatte.

Es war das letzte Mal, dass wir uns sahen, dies wussten wir, als wir uns zum Abschied einen Kuss gaben, den wir mit Bestimmtheit beide als Abschiedskuss verstanden.

In den folgenden Tagen erhielt ich noch einen weiteren Besuch und zwar vom Schweizer Konsul Fetz, der mir dann die erschütternde Nachricht übermittelte, nichts für mich tun zu können, mit dem herablassenden Schlusssatz, dass er sich für Schwerkriminelle eh nie gerne einsetzen würde.

Das Höllenloch Praca Maua

Da sass ich nun. In diesem absolut menschenunwürdigen Knast in Auslieferungshaft, wo ich auf meine Überstellung in die Schweiz wartete. Ich hoffte, was nun erstaunen mag, wenn man meine sonstige Liebe für Brasilien kennt, auf meine Abschiebung und freute mich geradezu darauf, endlich von einem Schweizer Gericht verurteilt zu werden. Hätte ich damals gewusst, wie schlimm die brasilianischen Gefängnisse sind, hätte ich mir das mit der Flucht wahrscheinlich zweimal überlegt. Gleich zu Beginn meiner Auslieferungshaft kam ich in den «Genuss» dieser Hölle und der Schikanen von des Teufels Dienern, die mich direkt für drei Stunden an ein Rohr banden, wo ich dann nicht durch die Hitze, sondern durch die unmögliche Position beinahe krepiert wäre. Nach diesen drei Stunden spürte ich die Handschellen noch tagelang, obschon sie gar nicht mehr um meine Gelenke befestigt waren. Nach dem unschönen Erlebnis mit dem Rohr, brachte man mich in eine Zelle, in der bereits an die dreissig andere Insassen – sassen. Die Räumlichkeit war gerade mal 28 Quadratmeter klein. Die Zelle war also so klein, dass sie in Schweizer Verhältnissen etwa für drei, maximal vier Personen gereicht hätte. Denn nach den Strassburger Menschenrechten, hatten Insassen das Anrecht auf zwölf Quadratmeter für sich alleine.

Kein Tisch oder Stuhl war in dieser Zelle vorhanden, lediglich 30 halb verhungerte Insassen, die mich anstarrten und musterten, beinahe wie Kannibalen auf einer Insel irgendwo im Nirgendwo. Für sechs Insassen gab es ein Bett, während die anderen auf dem Boden hocken mussten. Ein einziges Becken mit einem Loch als Abfluss befand sich in der Ecke des Raumes, darüber war ein Duschkopf befestigt. Musste man auf die Toilette, galt es mit dem Hilfsscheriff zu sprechen, der draussen im Gang zur Verstärkung Wache schob. Die Polizei und die Gefängnisse litten damals unter Personalmangel. Man konnte sein Geschäft nur durch vorherige Anmeldung verrichten, da das Wasser lediglich von aussen her an- und abgestellt werden konnte. Den Architekten dieses Höllenlochs hätte man echt erhängen sollen. Oft war der Hilfsscheriff dann aber gar nicht da, besonders die Nacht hindurch, sodass einem am Morgen der Gestank von Fäkalien Tränen in den Augen trieb. Auch die Sicherheitsmassnahmen waren masslos. Bei den Zahnbürsten wurde der Stiel weggeschnitten und als Kugelschreiber erhielt man lediglich die Mine selbst. Von Tageslicht durfte man träumen. Lediglich ein kleines Loch ganz oben, etwa fünf auf fünf Zentimeter gross, spendete zwischendurch einen kleinen Strahl Sonne, um den man sich dann meist mit der ganzen Meute streiten konnte. Das Schlimmste war der Mangel an Frischluft, sodass immer wieder mal einer meiner Mitinsassen zusammenbrach. Anschliessend schleifte das Personal diesen raus, bis er zur Besinnung kam, wonach er wieder zu uns zurückgebracht wurde.

Zum Frühstück gab es einen Kaffee und ein Stück Brot pro Mann. Wasser musste man sich vom Duschkopf hernehmen. Aus der Zisterne tröpfelte meist dunkles Wasser, wenn man es noch Wasser nennen konnte, es reichte, dass man seinen Becher auch zwischendurch mal etwas füllen und sich so den Mund befeuchten konnte. Das Essen war monoton. Reis und Bohnen tagtäglich, was ich bereits als Kind nicht ausstehen konnte und heute, nach dem Aufenthalt in dem Höllenloch, erst recht nicht mehr. Gegessen wurde aus einer kleinen Aluschale mit einem Löffel. Dies wurde einem vor dem Essen ausgehändigt, danach aber auch prompt wieder eingesammelt. Hob man den Deckel der Schale, erwartete einem täglich eine neue Überraschung. Von Kakerlaken über Kieselsteine, bis hin zu einem halben Zahn, fand ich alles in meinem Essen vor. Apropos Zahn. Zahnschmerzen war das Schlimmste was man dort haben konnte, denn von einem Zahnarzt durfte man dort nicht einmal träumen. Hätte man sich über Zahnschmerzen beklagt, wäre man so verprügelt worden, dass der Zahnschmerz neben den neuen Schmerzen kaum noch spürbar war. Um zu essen, entwickelte ich meine eigene Methode. Löffel voll rein und mit Wasser runterspülen, ohne zu kauen. Mit ungefähr siebenundneunzig Kilo kam ich in Brasilien in Haft und mit gerade noch zweiundsechzig Kilo wurde ich nach rund einem Jahr in die Schweiz überstellt. Dieses Jahr konnte ich nur überleben, dank meines damals doch kräftigen Körpers. Nebst meinen damals recht gestärkten Muskeln hatte ich noch Reserven, die ich dann auch benötigte.

Der Direktor hiess Dr. Schiller und er war sicher einer der schrecklichsten Menschen, denen ich je begegnet bin. Die ersten drei Monate haben sie mich dort richtig gehasst, was ich auch deutlich zu spüren bekam. Es gab drei Teams von Aufsehern, eines davon wartete immer ab, bis ich mich in einer der Massenzellen einigermassen mit den Leuten verstanden hatte, wonach sie mich gleich wieder versetzten. Ab und zu rettete mich das gute Aufseher Team, indem sie mich wieder zurückbrachten, dorthin, wo ich schon einige Leute kannte. Es war ein ewiges Hin und Her. Ein pausenloser Zickzack.

Schlafen mit Kakerlaken und Lacraias

Wenn man im brasilianischen Gefängnis endlich einmal eine Plastikmatratze fand, die man gut benutzen konnte, kamen die Aufseher sofort und tauschten sie gegen eine lebendige aus. Lebendig meine ich hier wortwörtlich, denn es befanden sich darin lauter Kakerlaken. Die dortige Sorte von Kakerlaken war etwa sechs Zentimeter lang und von denen hatte es unzählige rund zwanzig Zentimeter über dem Kopfteil der Matratze auch in den Mauern. In einem Nest, krabbelten etwa dreissig solcher Viecher eng aufeinander herum. So störend sie wirkten, so ungefährlich waren sie. Man konnte neben ihnen leben, ohne dass es irgendwie hätte gefährlich sein können. Weniger angenehm, waren hingegen die so gut wie durchsichtigen Lacraias, das sind rund sechs bis zwölf Zentimeter lange Tausendfüssler, nach deren Biss man in den nächsten zwei Stunden einen Arzt hätte aufsuchen müssen. Man konnte von ihren Bissen fürchterliche Entzündungen erleiden. Einer der schlimmsten Momente war, als ich eines Tages Opfer einer Lungenentzündung wurde. Der Arzt fragte mich, ob ich Geld für Medikamente hätte, was ich bejahte. Nach Tagen wusste ich, dass die Medikamente nie den Weg zu mir finden würden, doch ging es mir bereits wieder etwas besser. Ein Wunder, was wahrscheinlich dem Placebo Effekt zu verdanken war, denn der Glaube daran, dass die Medikamente eintreffen würden, schien mich geheilt zu haben.

Immer am Dienstag und am Donnerstag kam die Policia Federal vorbei. Einer verlas eine Liste mit den Namen jener Insassen, die ins grosse Gefängnis nach Rio versetzt wurden, das berüchtigte Água Santa. Anstelle sich zu freuen, weinten und schrien die Männer, wenn sie ihren Namen hörten, denn die Umstände im grossen Gefängnis galten als noch schrecklicher, als in diesem Höllenloch. Mir kam die Verlesung manchmal vor, als wäre es eine Todesliste. Der Sensenmann in der Gestalt eines Federales verkündete, wessen Zeit nun abgelaufen war. Kannte man die Zahlen des Água Santa, mochte es auch nicht erstaunen, denn pro Tag starben dort offiziell zwei Insassen.

Nach einem Jahr sah ich den Konsul Fetz erneut, der mich am Anfang besuchte, als er für die Auslieferung in die Schweiz am Flughafen dazukam. Sicher war der Konsul erleichtert, endlich meinen Namen von der Liste der bedrohten Schweizer im Lande streichen zu können.

Zurück in der Schweiz konnte ein Arzt durch ein Röntgenbild erkennen, dass ich in Brasilien tatsächlich an einer Lungenentzündung litt. Das definitive Wissen beunruhigte mich im Nachhinein noch mehr, denn ich hatte dazu noch eine unschöne Erinnerung. Nur wenige Monate zuvor schlief unter mir einer im brasilianischen Höllenloch ein, der ebenfalls an einer Lungenentzündung erkrankt war. Im Gegensatz zu mir, wachte er jedoch nicht mehr auf. Am Morgen mussten wir auf Kommando des Aufsehers seine Leiche vor die Gittertür schleifen. Die Leiche wurde durch die Gitterstäbe hindurch mit einem Stock angestupst.

Scheinbar wollte man sichergehen, dass der Insasse auch wirklich tot ist. Die Türe vergebens zu öffnen oder gar in eine Falle zu tappen, wollte man nicht riskieren. Als klar war, dass unser Mitinsasse verstorben war, teilten uns die Aufseher mit, dass sie die Leiche gleich nach dem Frühstück rausholen würden. So blieb der Tote noch eine Weile bei uns. Als er durch die Hitze bereits zu stinken begann, holte man ihn endlich heraus.

Zurück in der Schweiz wurde mir erst richtig bewusst, wieviel Glück ich hatte, nicht nur in die Schweiz überstellt worden zu sein, nein, überhaupt überlebt zu haben. Denn dieses Jahr beinhaltete wirklich alle Qualen, die man sich vorstellen kann. So bekam ich in dieser Zeit auch noch die Krätze. Beinahe habe ich mich zu Tode gekratzt. Mein ganzer Körper war übersäht mit Pusteln, die sich wie ein Schwarm roter Punkte über meinen Körper ausbreiteten. Immer wieder habe ich mich deswegen blutig gekratzt. All dies nur wegen der fehlenden Behandlung. Auch andere hatten fürchterliches Leid zu überstehen. So traf ich in der Auslieferungshaft unter anderem Benki, der das Buch Midnight Express geschrieben hat. Sein Buch handelte von den schlimmen Verhältnissen in den türkischen Gefängnissen. Was er in einem brasilianischen Gefängnis zu suchen hatte, wusste ich jedoch nicht. Benki litt jedenfalls während dieser Zeit an starken Blutungen beim Urinieren. Bis es soweit kam, dass er gar nicht mehr Wasser lassen konnte. Irgendwann, als es gar nicht mehr ging, wurde er abgeholt und bald mit einem Katheter zurückgebracht. Den durfte man aber nicht mehr als zwei Wochen lang drin lassen, da die Gefahr bestand, dass das Gewebe mit dem Teil verwachsen würde. Die Aufseher liessen den Katheder bei Benki rund vier Wochen drin. Und am Ende rissen sie ihm das Teil vor unser aller Augen einfach auf brutalste Weise wieder heraus. Ein grässlicher Anblick. Danach blutete er so stark, dass wir Insassen eine Woche lang mit allen Mitteln versuchten, die Blutung zu stoppen. Unsere Zelle war überall blutverschmiert, und der Gestank von getrocknetem Blut bescherte uns so manches Mal einen Brechreiz. Diese Situation beängstigte mich so sehr, dass ich telefonisch den Konsul Fez kontaktierte, um nachzuhaken, was den geschehen würde, wenn ich dasselbe Problem hätte.

«Sie würden die gleiche Behandlung erhalten wie alle anderen auch. Sterben lassen würde ich sie aber nicht», war die sarkastische Antwort, die ich mir anhören durfte.

Der Schweizer Konsul war wirklich das Allerletzte. Erst recht, wenn ich ihn mit den Konsuln von Deutschland oder Amerika verglich, die ihre Gefangenen nicht nur regelmässig besuchten, sondern auch alles taten, um ihnen zu helfen.

Düstere Geschichten aus der brasilianischen Haft

Die brutale Grausamkeit in dem Höllenloch schockierte mich immer wieder. Eines Tages wurde einer mit gebrochenen Beinen bei uns einquartiert, der einen Polizisten ermordete. Dieses Delikt löst in brasilianischen Gefängnissen diametrale Reaktionen aus. Vom Personal im Gefängnis wird man wie der letzte Dreck behandelt, von den Insassen hingegen als Vollbringer einer heroischen Tat geachtet. Als man ihn zu uns brachte, nahm man ihm seine Krücken weg und schubste ihn in den Raum. Dabei fiel der Neue so dumm hin, dass er sich zusätzlich zu den bereits vorhandenen Brüchen auch noch das Schienbein brach, was man unschwer erkennen konnte, da der Knochen aus seinem Bein herausragte.

Da lag der Polizistenmörder vor uns auf dem Boden. Keiner der Aufseher gedachte ihm zu helfen. Man überliess es lieber uns, die wir damit komplett überfordert waren. Der Typ am Boden schrie vor Schmerzen zuerst laut, dann etwas leiser, jedoch immer und immer wieder über eine längere Zeit. Schlafen war uns nicht mehr möglich. Ein amerikanischer Insasse setzte dem ganzen durch einen Fausthieb ein Ende, indem er den Polizistenmörder knockoutierte. So konnte er etwas Ruhe finden und wir auch. Am nächsten Tag schleifte man den bewusstlos am Boden liegenden Insassen hinaus. Wir gingen davon aus, dass er noch lebte. Es gab auch keine Information, dass es anders gewesen wäre. Es waren schreckliche Zustände. Emotional wurde man kälter und kälter, denn desto mehr man die dortigen Umstände an sich heranliess, umso schwerer wurde die Zeit. Man formte die Menschen in diesem Gefängnis zu emotionslosen Monstern.

Eines Tages kam ein zweiter Schweizer hinzu, einer der eigentlich dem gegnerischen Lager angehörte, denn er war Beamter der Berner Kantonspolizei. Der in der Schweiz mal als harter Bulle bekannte Berner, ging beinahe zugrunde und ich bemühte mich täglich, ihm vor dem Suizid zu bewahren, sowie ihn von seinem Geheule abzulenken. Es stellte sich heraus, dass er wegen Kreditkartenbetrugs gesucht wurde. Er nahm sich deshalb vor, in Brasilien unterzutauchen, was aber offenbar schiefging. Einst als harter Hund bekannt, verendete er nun beinahe als feige Memme im Knast. Nach einer Weile begann er sich dann etwas zu fangen. Im Gegensatz zu mir, erhielt er regelmässig Besuch vom Konsul. Zudem erhielt er auch Essenspakete und Weihnachtspäckchen, von denen ich nur träumen konnte. Dem Berner blieb sein Freund der Konsul erhalten und ich bekam mittlerweile der Ruf eines Sangue duro, was so viel bedeutet wie, einer mit hartem Blut. Egal welcher Nationalität man hier angehört und was man auch getan hatte, bis auf Polizistenmord natürlich, wenn man Stand hielt, erntete man mit der Zeit Respekt, selbst von den schlechten Aufsehern, wodurch auch ihre Schikanen zwar nicht ausblieben, aber zumindest etwas nachliessen.

Eine weitere Bekanntschaft war die mit Claudio Valechos, einem Argentinier aus dem schönen Patagonien. Ich kannte ihn bereits aus Zeitungen unter seinem Spitznamen Torturador, was so viel bedeutet wie Folterer. Valechos war einer der bekanntesten Folterer und Auftragsmörder. Man sagte ihm nach, bereits über fünfzig Auftragsmorde erledigt zu haben. Die fünfzig ermordeten Seelen erkannte man im Blick seiner Augen, in denen man nur eisigen Frost fand. Gletschereisaugen wäre wohl die passendste Bezeichnung. Einmal fragte ich ihn, wie man denn am besten einen Menschen töte. Er begann mit leuchtenden Augen zu antworten, voll in seinem Metier.

«Reini, man muss als Erstes trockene Hände haben, dann …», den Rest erspare ich Ihnen besser, da es keine wirklich angenehme Geschichte ist.

Interessant war aber seine Antwort, als ich ihn fragte, ob er nicht Angst habe, nie wieder das Tageslicht zu sehen.

«Wenn man wie ich, fünfzig Menschen im Auftrag umgebracht hat, muss man nicht fürchten in einem Gefängnis zu verrotten. Denn irgendwer hat die Aufträge ja gegeben, das kann ich versichern, darunter war auch der eine oder andere von der Regierung dabei.»

Ich wagte nicht, meine Zweifel anzubringen, insgeheim glaubte ich überhaupt nicht an seine beinahe schon naive Hoffnung. Als Valechos von Dr. Schiller, dem Direktor, vernommen wurde, sagte er etwas, das nachher die Runde machte: «Wenn Sie richtig liegen und ich die fünfzig Personen getötet habe, dann sind Sie der Einundfünfzigste.»

Der Direktor erschien nach diesem Verhör einige Wochen nicht mehr, zu sehr schien ihn die Drohung dieses Mannes mit dem so üblen Ruf zu verunsichern. Nach knapp einem Monat kam Valechos, man mag es kaum glauben, wieder auf freien Fuss, und kaum draussen, brannten die neuen Schlagzeilen um ihn mit Enthüllungen, die ihn als den einst schlimmsten Folterer in der argentinischen Militärdiktatur beschrieben.

Eine weitere interessante Begegnung war die mit den sechs US-Navy-SEALs. Es handelte sich um eine Sondereinheit, bestehend aus einem Arzt, einem Sprengstoffexperten, einem Nahkampfprofi und einem Piloten. Das Fachgebiet der beiden anderen ist mir nicht mehr im Gedächtnis. Noch am selben Abend als sie eintrafen, erhielten sie Besuch von ihrem Konsul. Die SEALs waren angenehme Gesellen und sie verstanden es, uns mit Stories über den Vietnam Krieg zu unterhalten, bei dem sie selbst dabei waren. Einige ihrer Geschichten stellten aber manches anders dar, als man es in den heutigen Geschichtsbüchern liest. Interessant war aber die Story, wie sie im Gefängnis landeten. Die SEALs hatten in Argentinien ein Schiff mit modernsten Waffen beladen. Die Fracht sollte dann mit ihnen nach Afrika reisen, wo es galt, mit einer Oppositionsgruppe eine Regierung zu zerschlagen. So war zumindest laut ihnen der Plan. Es gehörte jedoch nicht zu ihrem Plan, dass das Schiff noch in den brasilianischen Hoheitsgewässern einen Motorschatten erlitt, so mussten sie gezwungenermassen am Hafen in Rio anlegen. Die SEALs dachten, es sei vorbei, es gelte nun abzubrechen und «back to the USA». Doch der Oberbefehlshaber liess dies nicht zu und befahl ihnen den Motor sofort selbst zu reparieren. Gerade als sie den Versuch starten wollten, wurde am Hafen von Rio durch die Federales eine umfassende Razzia durchgeführt, wobei die SEALs aufflogen und in Haft gesteckt wurden.

Der Kampfsportexperte unter den sechs SEALs war wirklich beeindruckend. Zum Frühstück machte er kurzerhand seine ersten zweihundert Liegestützen. Einmal kam es dann zu einem heftigen Streit mit einer Nachbarzelle, aus der immer so viel Lärm kam. Irgendwann wurden die Gittertüren geöffnet und die Insassen aufeinander losgelassen, wonach endlich wieder Ruhe einkehren konnte. Dies war dann die Stunde der SEALs, insbesondere des Kampfsportexperten, der die Nachbarsmeute quasi im Alleingang aufmischte.

Irgendwann erschien ein Zeitungsartikel im Miami Herald, der davon sprach, dass in unserem Gefängnis sechs Missionare zu Unrecht gefangen gehalten wurden. Danach wurden die sechs SEALs urplötzlich ins offene Gefängnis Bangu versetzt, aus dem sie dann ganz offiziell flüchten durften.

Nach dieser US-Bekanntschaft kam bald ein Mann namens «Horst Köller» dazu, ein Deutscher wie bereits der Name vermuten lässt. Dieser Typ war mir besonders unheimlich, denn er war ein kompletter Soziopath, ohne Gefühle und zudem äusserst sadistisch veranlagt. Immer wenn der Federales kam, um die Todesliste zu verlesen, wer wieder ins noch schlimmere Gefängnis überstellt wird, freute sich dieser Horst über das Geschrei und die Verzweiflung der Betroffenen, lachte sie sogar noch aus. Das einzige Mal als ich so etwas wie ein Gefühl wahrnehmen konnte, war, als ihm das Karma seine Rechnung schickte. Denn plötzlich rief der Federales seinen Namen aus. Horst, der sich sicher war, dass er wie ich, niemals aufgerufen würde, wurde nun aufgerufen, weshalb auch immer. Horst wurde kreideweiss. Erst als es um sein eigenes Schicksal ging, schien es ihn zu berühren. Ich erfuhr noch, dass ihm vier Jahre Haft im brasilianischen Gefängnis bevorstanden. Ob er es überlebt hat, wer weiss. Meine Vermutung ist nein, denn zu viele hatte er ausgelacht, als sie transferiert wurden, zu viele erwarteten ihn deswegen freudig im Água Santa zur Abrechnung.

Highlights an Begegnungen

Eines der Highlights an Bekanntschaften im brasilianischen Gefängnis war der Deutschen Klaus Söchtig. Der Doppelbürger war Deutscher und Bolivianer. Ein Kokaindealer der obersten Liga, was man bereits unschwer daran erkennen konnte, dass sein Anwalt und dessen Sekretärin im Othon Palace wohnten, wo eine Nacht bekanntlich gut eintausend Dollar kostete. Der Anwalt wurde dort mit Anhang einquartiert, da er normal seine Kanzlei in São Paulo hatte, was dem Klaus aber zu weit weg war. Sein Anwalt sollte in der Nähe hausen, während er für ihn tätig war. Die Unkosten schienen ihm dabei egal zu sein. Einmal bat er darum, mir einen Termin mit meinem Anwalt einzufädeln, was ich nicht verstand, denn seiner gehörte zu den Top Ten des Landes. Wie sich anschliessend herausstellte, wollte er nur zum Plaudern aus der Zelle kommen, auch wenn ihn dies wieder Unsummen kostete. Klaus war ein Unikat. Seine Deals beliefen sich auf Tonnen und nicht auf Kilos. So kam es auch, dass ihn die DEA erwischte, indem sie einen Deal für dreihundert Kilo mit ihm organisieren wollten. Klaus gedachte das Geschäft wegen der für ihn zu geringen Menge abzulehnen, sagte dann aber doch zu, weil man ihm einen Folgeauftrag von zwei Tonnen versprach. Die DEA Undercover-Beamten verlangten eine Warenprobe und wurden von Klaus von Paraguay per Helikopter nach Bolivien gebracht, wo sie rund zehn Tonnen weisses Material zu Gesicht bekamen, was wohl selbst ihre kühnsten Erwartungen übertraf. Nach der Sightseeing-Tour im Dschungel wurde vereinbart, dass Klaus das Geld im Copacabana Palace Hotel erhalte, wo er nach der Geldüberprüfung Anweisungen an den Piloten schicken würde, der dann die Lieferung mit einem Lear Jet ausliefern würde. Der erste Teil funktionierte. Klaus erhielt das Geld im Hotelzimmer überreicht, was er aber nicht wusste, war, dass der ganze Raum verkabelt war und erst noch eine Videokamera vorgängig installiert wurde. Bei der Prüfung des Geldes fiel Klaus jedoch auf, dass die Geldbündel seltsam verschnürt waren. Anstelle der normalen Geldbändchen waren es einfache kleine Schnürchen. Er roch den Braten, spielte aber weiterhin den Unwissenden. Nach der Prüfung des Geldes verlangte der DEA Agent von Klaus, den Piloten wie vereinbart zu informieren.

«Ich telefoniere nie vom Hotelphone aus, nur vom Publicphone auf der Strasse», erklärte Klaus.

Natürlich gefiel dies den DEA-Leuten nicht, doch wollten sie so kurz vor der Beschlagnahmung der Ware auch nichts riskieren. Also stimmten sie dem Anruf auf der Strasse zu. Klaus rief den Piloten an, befahl ihm, alles auszuladen und mit einer leeren Maschine an den vereinbarten Ort zu fliegen. Sobald der Lear Jet gelandet war, gab sich die DEA offiziell zu erkennen. Als die Maschine dann durchsucht und nichts gefunden wurde, spottete Klaus laut.

«Da müsst ihr aber früher aufstehen, um einen alten Hasen wie mich zu erwischen.»

Nun sass Klaus also bei mir in Haft. Nach Deutschland wollte er nicht abgeschoben werden, sondern nach Bolivien. Zufälligerweise trafen aus diesem Land Auslieferungspapiere ein, da er dort angeblich wegen Mordes gesucht werde, was ja das schlimmere Delikt als Drogenhandel ist, wodurch er also nach Bolivien überstellt werden sollte. Dort angelangt wurde er dann durch Vitamin B innert Kürze wieder auf freien Fuss gesetzt. Verzweifelt versuchte das DEA vor einem brasilianischen Gericht all dies zu verhindern. Doch im Gegensatz zu anderen Ländern wie zum Beispiel der Schweiz, kann man in Brasilien nur für Dinge belangt werden, die auf dem Tisch liegen und somit hatte die DEA keine Chance durchzukommen, und das wenige was noch gegen Klaus vorhanden blieb, hätte nicht ausgereicht, um ihn Bolivien vorzuenthalten, wo er ja wegen eines Mordes (zumindest auf dem Papier) gesucht wurde.

Der grösste Witz ereignete sich vor Gericht, als der Richter die drei DEA Agenten vor die Richterbank zitierte und sich nach ihren Reisepässen erkundigte. Als die Agenten ihm diese brav zeigten, bemerkte der Richter, dass kein Einreisestempel von Bolivien vorhanden war, wonach der Richter die Agenten massiv kritisierte, denn schlussendlich waren sie nicht nur in einem Land ausserhalb ihres Zuständigkeitsbereichs tätig, sondern auch noch illegal eingereist, wodurch sie sich selbst strafbar gemacht hatten. Auch in der DEA intern hagelte es harsche Kritik über den Einsatz, so entstanden gewaltige Unkosten für null Ergebnis. Es musste nämlich auch der Lear Jet, den man zur Durchsuchung in Einzelteile zerlegt hatte, wieder zusammengebaut werden, was bestimmt das Teuerste an der ganzen ergebnislosen Aktion war.

Als Klaus mich zurückliess, drückte er mir einen Tausender als Abschiedsgeschenk in die Hand und das in einem brasilianischen Gefängnis. Nie habe ich diesen Mann wiedergesehen, ebenso wenig konnte ich ihn je vergessen.

Der mit Abstand gefährlichste Hund, der zu uns kam, war ein Chinese, ein Profikiller, der laut seinen eigenen Aussagen bereits Auftragsmorde für die CIA durchzog. Bis zum Hals hoch war er tätowiert, was von der Gesellschaft der Triaden herkam, der Gesellschaft der drei Harmonien, also der Mafia im Land der Drachen. Das bedeutete, je mehr Tattoos, umso höher der Rang. Zuletzt arbeitete er als Nahkampfausbilder für die chinesische Armee, indem er als einer der höchst dekorierten Soldaten den Nachwuchs ausbildete. Der Typ war so fit, der konnte während er mit einem redete, einarmige Klimmzüge machen. Während meines Haftjahres in Brasilien durfte ich genau zwei Mal raus zum Spazieren, das eine Mal davon war mit diesem Chinesen zusammen. Vier Bewaffnete der Policia Federal bewachten uns dabei und warteten nur darauf, dass wir versuchen würden über die Mauer zu klettern, um endlich mal wieder drauflosschiessen zu können. Während dieses Spazierganges begann der Chinese besorgt darüber zu reden, dass, würde man seine Identität erfahren, er direkt an die Amerikaner ausgeliefert würde. Daher müsse er schnellst möglich verduften, da er ansonsten lebenslang hinter Gittern schmoren müsste.

«Ich kill die vier Policias und wir machen die Fliege, was meinst du Reini? Gibst du mir Rückendeckung?», fragte der Chinese plötzlich, was mir kurz die Stimme verschlug.

Wenn ich einem Typen zugetraut hätte, vier Bullen ohne weiteres zu erledigen, selbst wenn diese bewaffnet waren und er nicht, dann diesem Kerl. Doch auf keinen Fall wollte ich mich auf so etwas einlassen. Denn als Polizistenmörder auf der Flucht zu sein, wäre der Super Gau, nicht auszudenken, wenn man dann erwischt wird. Nein, darauf konnte ich ohne überlegen zu müssen verzichten. Kurz darauf kam seine Identität an den Tag, wodurch die Gefängnisleitung sofort ein zehnköpfiges Spezialteam zusammenstellte, um den als extrem gefährlich eingestuften Chinesen schnellst möglich in ein Hochsicherheitsgefängnis zu verlegen. Wenn ich mich richtig erinnere, wurde er nach Brasilia, in die Hauptstadt Brasiliens verlegt. Ich hatte wirklich prägende Erlebnisse während meiner brasilianischen Haftzeit. Die Bekanntschaften waren zwar oft sehr interessant und gar abwechslungsreich, aber ich hätte auf viele davon ganz gerne verzichtet. Denn schlussendlich kann man beruhigter durchs Leben schreiten, wenn man gar nicht weiss, was für Monster sich sonst noch auf dieser Welt herumtreiben. Das Highlight unter meinen dortigen Erlebnissen, das mich für lange Zeit am meisten zum Nachdenken brachte, passierte 1985. Als ich mich in dieser Auslieferungshaft befand, drehte Gaddafi gerade mal wieder am Rad. Es war zudem die Zeit als die USA mit ihm auf Kriegsfuss war. Als er mitbekam, dass in unserem Gefängnis mehrere SEALs einsitzen würden, drohte er damit, dieses Gefängnis in die Luft zu sprengen. Wir bekamen davon ja nichts mit und hatten keine Ahnung, als urplötzlich, die Alarm-Sirenen zu heulen begannen.

«Bomba, Bomba ...», hörten wir die Aufseher durch das Geheule der Sirenen schreien.

Wir Insassen begaben uns alle an das Gittertor unserer Zellen. Verzweifelt versuchten wir mitzukriegen, was da draussen vor sich ging. Wir schnappten einige Worte auf, hörten unter anderem «Bombe», «Krieg» und «Gaddafi». Danach schrie einer der Oberaufseher dem Personal einen Befehl zu.

«Todas as pessoas d'aqui fora, fora rápido, rápido!»

Es wurde zur Evakuation aufgerufen. Die Hektik vergrösserte sich, und wie ein Schwarm Bienen flogen alle Uniformierten aus. Dann wurde es still. Aber so etwas von still. Eine Stille, eine äussere Ruhe, wie ich sie seit Monaten nicht mehr erlebte, nach der ich mich all die Monate so sehnte. Jetzt traf sie mich wie ein Stromschlag, eine lähmende Anspannung, die eine innere Unruhe auslöste. Es brach eine richtige Panik aus, es wurde wieder lauter und mit wilden Spekulationen nur so um sich geworfen. Die einen vermuteten, dass die Aufseher sich in den Notfall Bunker unterhalb des Gebäudes begaben, andere planten spontan die Flucht, falls man uns wegtransportieren sollte. Nach einer Weile realisierten wird jedoch, dass wohl niemand an uns Gefangene dachte, denn es herrschte immer noch Stille ausserhalb der Zelle und kein einziger Aufseher war noch zu sehen.

«Hallo, hallo ...!», riefen immer wieder verzweifelte Stimmen durch die Gitterstäbe hinaus, doch es geschah nichts.

Die Stimmen wurden leiser. Einzelne begannen sich niederzuknien und zu beten. Es folgten mehrere Stunden der Ungewissheit, ohne dass uns jemand in Kenntnis darüber setzte, was geschehen ist, oder geschehen sollte. Irgendwann, nach gefühlten zwei Tagen, kamen die Aufseher seelenruhig zurück, als wäre nichts geschehen.

Nach diesem Vorfall wurde uns allen bewusst, was uns bevorstände, würde nur schon ein Bürgerkrieg oder gar ein grosser Krieg ausbrechen. Wir wären verloren.

Gottseidank neigte sich meine Zeit in diesem brasilianischen Gefängnis endlich dem Ende zu. Man teilte mir mit, dass meine Papiere gerade ausgefertigt und mir in den nächsten Tagen zugestellt würden, was bedeutete, dass ich endlich in die Schweiz ausgeliefert werden konnte. Noch nie war ich glücklich darüber den Palmenstrand mit dem Alpenland einzutauschen, bis in diesem Moment. Selbst wenn mir dort ebenso die Sicht auf die Alpen durch Gitterstäbe vermiest würde, so hatte ich zumindest wieder irgendeine Sicht auf etwas, im Gegensatz zu diesem dunklen Loch, indem ich mich mittlerweile ein Jahr befand.

Raus aus dem Höllenloch

Am Tag meiner Auslieferung wurde ich von Pino, dem Chef der Policia Federal, persönlich zum Flughafen geführt. Er verzichtete beim Transport sogar auf die Handschellen, da wir uns mittlerweile ja auch eine Weile kannten und er ausschliessen konnte, dass ich Ärger machen würde. Was dann geschah war nicht nur menschlich, sondern eigentlich das komplette Gegenteil jener Unmenschlichkeit, die ich ein Jahr lang über mich ergehen lassen musste. Pino ging mit mir zuerst in ein Restaurant essen, wo ich endlich wieder einmal etwas anderes als Reis und Bohnen zwischen die Zähne bekam, und anschliessend führte er mich in ein Bordell, wo ich mir eine Frau aussuchen und eine Stunde mit ihr verbringen durfte. Wahrscheinlich, so erkläre ich mir dies im Nachhinein, wollte er mich nicht wie ein komplettes Wrack den Schweizer Polizisten übergeben. Auch wenn ein Essen im Restaurant und eine schnelle Nummer meine Gesundheit nicht gleich wiederherstellten, so brachte es immerhin wieder etwas Farbe in mein Gesicht.

Am Flughafen warteten zwei Zürcher Kantonspolizisten auf mich. Einer der beide hiess Spitznagel, daran kann ich mich gut erinnern. Beide Beamte waren in Anzüge gekleidet, was Pino irritierte.

«Laufen die bei euch alle so lustig herum?», fragte er mich, als wir meine neuen Begleiter von weitem sahen, während er selbst lediglich mit Jeans und T-Shirt unterwegs war.

Als mir die Zürcher Handschellen anlegen wollten, mischte sich Pino ein.

«Nein, das müssen Sie bei ihm nicht.»

Die beiden Zürcher schienen erstaunt, zugleich verwirrt. Dann erkundigten sie sich nach einer Zelle, wo man mich für eine Stunde unterbringen konnte, was Pino aber mit einem Achselzucken verneinte. Die Kantonspolizisten fanden diese Umstände unerhört, bestanden darauf, mit dem Chef der Policia Federal zu sprechen.

«Komm lass es. Ich will nicht, dass du wegen mir Ärger bekommst», versuchte ich Pino zu beruhigen.

«Was? Mal sehen wer hier den Ärger bekommt», antwortete dieser, sichtlich genervt über die Schweizer Kantonspolizisten.

Die Zürcher hatten wirklich reklamiert und der Flughafenchef der Polilicia Federal traf mit dem Konsul zusammen ein. Pino musterte den Federal mit einem strengen Blick.

«Hast du nichts Besseres zu tun?», sprach Pino seinen Federales an, der vor Ehrfurcht kaum antworten konnte, denn Pino war einige Dienstgrade über ihm.

«Ich ähm ...», versuchte er zu antworten.

«Ich enthebe dich deines Amtes. Morgen um acht Uhr stehst du in meinem Büro. Verstanden?», befahl Pino.

Dann richtete er seinen Fokus auf die Zürcher, denen es gerade nicht mehr so wohl zumute war.

«Nun zu Euch. Wir sind hier in Brasilien und nicht in der Schweiz. Hier bestimme ich wie es läuft. Wenn Sie nochmal meinen Sie müssten sich beschweren, landen Sie beide dort, wo Herr Lutz gerade herkommt. Verstanden?»

Die Zürcher schienen die Welt nicht mehr zu verstehen. Sie nickten mit einer Blässe im Gesicht, als hätten sie seit Wochen kein Sonnenlicht mehr abbekommen.

Dann nahte definitiv der Abschied. Pino schien irgendwie etwas bedrückt, sein Blick sagte mir: Sangue duro, wir werden dich hier vermissen.

Pino entwickelte sich zu einem Freund, mit dem ich auch nach meiner Entlassung immer noch in Kontakt stand.

Die Zürcher Kantonspolizisten begaben sich mit mir auf ein

Getränk ins Restaurant. Irgendwie waren sie aber noch beschämt über den Tadel, den sie zuvor erhalten hatten, wahrscheinlich fühlten sie sich etwas ihres Gesichtes beraubt, sogar mir gegenüber, der das ganze Schauspiel ja hautnah mitbekommen hatte. Als wir anschliessend ins Flugzeug steigen wollten, kam eine Polizistin hinzu, die den Zürchern ihre Policia Federal Marke entgegenstreckte.

«Halt einen Moment. Ich will mich bei Herr Lutz persönlich verabschieden», erklärte sie zur Verblüffung der Zürcher.

Es war Elisabeth, eine Federal, mit der ich mich oft durch die Gitterstäbe unterhalten durfte. Eine der wenigen guten Seelen dort, eine die ich sehr vermissen werde. Sie drückte mir symbolisch einen Kuss auf und verabschiedete sich so persönlich von mir. Die Zürcher Beamten schienen diese Herzlichkeit einem ehemaligen Strafgefangenen gegenüber nicht nachvollziehen zu können.

Viele wissen nicht, dass in Brasilien allgemein ein sehr grosser Respekt vor den Gesetzeshütern herrscht. Es gilt alles andere als «cool» einen Gesetzeshüter zu bespucken oder gar anzugreifen. Und gerne hätte ich auch etwas mehr Respekt vor den Polizisten aus meiner Heimat, der Schweiz, gehabt, aber die hätten mich auch nie, wie im Gegensatz zu brasilianischen Federales, zum Essen eingeladen, geschweige denn mir eine Nutte bezahlt.

Die Überstellung in die Schweiz war ein mühsamer Weg mit diversen bürokratischen Hürden dazwischen, halt ganz der Pingeligkeit meiner Heimat entsprechend. Auch die zwei Zürcher konnte man sich so vorstellen. Zwei, die wäre es zur Sache gegangen, wohl kaum je einen Gefangenen hätten überwältigen können. Da ist ein Federale schon ein ganz anderes Kaliber an Gesetzeshüter. Nie vergesse ich das Erlebnis, als ich einmal an der Copacabana, im Gartenrestaurant Maps an der Bar sass und mitten in eine Schiesserei geriet. Zwei Männer, einer hinter einem Auto links vom Lokal und der andere rechts vom Lokal ebenfalls hinter einem Auto, begannen sich auf Distanz heftig zu streiten. Der eine warf dem anderen vor, seine

Frau gebumst zu haben, was der andere bestritt, mit der Begründung, es sei ja nicht mehr seine Frau. Plötzlich begannen die beiden aufeinander zu schiessen, mitten durch das dazwischenliegende Lokal Maps, indem ich gerade vor einer Cola sass. Ich konnte gerade noch realisieren, wie die Colaflasche vor mir zersplitterte, als ich reflexartig unter dem Tisch Schutz suchte, wie all die anderen Gäste auch.

«Federales, Federales …!», hörte ich einen der Gäste schreien.

In diesem Moment fuhr ein schwarzer Federales Jeeps vor, mit dem bekannten goldenen Signet auf der Seite. Das schrille Quietschen von Autoreifen zerriss die sonst schon gespannte Geräuschkulisse. Die beiden Kontrahenten liessen sofort ihre Waffen fallen und hoben die Hände in die Höhe. Die zwei Federales sprangen aus dem Jeep, legten ihre Gewehre an, und peng, peng, folgten zwei Kopfschüsse. Danach stiegen die Federales in ihr Fahrzeug, fuhren zu den Leichen, schmissen diese in ihren Kofferraum und fuhren davon. Das ganze unschöne Spektakel dauerte rund drei Minuten. Von da an war mir definitiv klar, dass mit der Policia Federal hier nicht zu spassen ist.

Die gefürchtetste Zürcher STA – Frau Dr. Olbrecht

In Zürich angelangt wurde ich gleich in einen Kastenwagen verfrachtet und abgeführt. Man brachte mich in das Büro von Frau Dr. Olbrecht, der damaligen Bezirksanwältin. Als ich ihren Büroraum betrat, stand ich zwischen einer Ansammlung von Aktenbergen. Die Akten türmten sich da bis knapp zur Decke. Plötzlich kroch etwas am Boden zwischen den Akten hin und her, was ich zuerst als Putzfrau wahrnahm.

«Entschuldigen Sie. Wo ist denn bitte Frau Dr. Olbrecht?», erkundigte ich mich bei der vermeintlichen Putzfrau.

«Das bin ich. Ich bin Frau Dr. Olbrecht.»

Der Start war mir wahrlich misslungen. Auch sie zeigte sich gleich von ihrer besten Seite, indem sie mir direkt eines meiner Verbrechen vorhielt.

«Ich habe dazu nichts zu sagen», erklärte ich kurz und bündig, mit einem Auge auf den Papierberg vor mir starrend, in der leichten Panik, dieser könnte kippen und mich unter sich begraben.

«Wissen Sie Herr Lutz. Auf diesem Stuhl in meinem Büro sind schon sehr grosse und starke Männer mit unzähligen Tattoos gesessen, die auch nicht zu reden gedachten, dann aber nach einer Weile weinend darum flehten, auspacken zu dürfen.»

Nach dieser versteckten Drohung verfrachtete sie mich ins Bezirksgefängnis Zürich (BGZ). Der Arzt im BGZ stufte mich dort als unterernährt ein und ordnete an, dass man mir zwei Wochen lang so viel Essen zu geben habe, wie ich nur wollte. Eine Weisung, mit der ich gut leben konnte und die ich sehr begrüsste, zumal mir das Essen im BGZ wie ein 5-Sterne Gericht erschien, im Gegensatz zur brasilianischen Pampe aus Reis und den Bohnen, die immer noch zusätzliches Zeug enthielt, auf das man gerne verzichtet hätte. Nun sass ich zwei Jahre lang im BGZ fest. Gerade mal zwei Einvernahmen bei Frau Dr. Olbrecht gab es in dieser ganzen Zeit, sonst geschah nichts. Aber gar nichts. Nada.

Frau Dr. Olbrecht notierte während den Einvernahmen alles noch selbst auf ihrer damals schon antiken Schreibmaschine, die immer wieder verklemmte. Sie griff zum Schraubenzieher und vor den Anwesenden schraubte sie an ihrer Hermes herum. Da ich aber nichts zu sagen hatte, standen immer wieder Beobachtungen in ihren Protokollen wie: 'Der Angeklagte fuhr sich mit der rechten Hand durch das Haar / Der Angeklagte gähnt und schaut zum Fenster raus...' Niemand arbeitete gerne mit Frau Dr. Olbrecht zusammen. Und im Nachhinein erklärte mir dieser Umstand auch die Bemerkung des einen Kantonspolizisten, der mich in Rio abholte, als er zu seinem Kollegen meinte:

«Oh, der Arme hat Frau Dr. Olbrecht erwischt.»

Trotz den zwei Jahren, lief die Zeit in der Schweiz. Ich hatte ja jetzt eine Zahnbürste mit Stiel, einen Fernseher, gutes Essen und erst noch frische Luft. Im Gegensatz zu Brasilien war ich jetzt im Hilton untergebracht. Durch das Radio erhielt ich viele Grüsse, denn auf DRS gab es zu dieser Zeit eine Sendung, in der man über den Moderator Grüsse verschicken konnte.

«Und wieder kommt gerade ein Gruss für Reini Lutz rein», hiess es immer mal wieder, worüber ich mich sehr freute.

Nach zwei Jahren musste das Obergericht Frau Dr. Olbrecht zwei Mal auffordern, das Verfahren endlich abzuschliessen, ansonsten wäre es wohl nie zu einem Ende gekommen, so ein Chaos wie diese Frau in ihrem Büro hatte, so sah es auch in ihren Fällen aus.

Schlussendlich erhielt ich fünfeinhalb Jahre Strafe. Ich wurde in die halboffene Strafanstalt Saxerriet versetzt, wo ein neues Kapitel in meinem Leben begann.

Angebot und Nachfrage

Was man als Insasse oft nicht nachvollziehen kann, ist die völlig unterschiedliche Behandlung gewisser Straftäter im Gegensatz zu anderen. Manchmal erscheint es einem und manchmal ist es auch so, dass die schlimmen Monster besser behandelt werden, als die kleinen Ganoven. Gerade Sexualstraftäter und Serienkiller sind für mein Empfinden eine eigene, grausame Kategorie, und das schlimmste Übel auf dieser Welt. Und doch kommt es immer wieder vor, dass solche Unmenschen besser davonkommen als solche wie ich. Ich habe nie jemandem das Leben genommen, niemanden misshandelt, niemanden in den Ruin getrieben. Ich habe nur eine Nachfrage befriedigt. Man hat mich um Hilfe gebeten, Gesetze zu umgehen, um anständig leben zu können – die Partner und ich auch. Weshalb diese gnadenlose Härte gegen unseresgleichen? Das frage ich mich bis heute. Zugegeben, Kokain ist eine eher harte Droge. In Südamerika ist das Kokain jedoch ein Teil der dortigen Kultur. Und in unserer eigenen Geschichte wird immer wieder erwähnt, wie Heiler und Dorfälteste zu solchen Drogen griffen, um sich in Trance oder näher an Gott zu begeben. Man sieht also, dass es an anderen Orten oder gar zu anderen Zeiten ganz legitim war, teils noch ist, etwas in dieser Art zu konsumieren. Oder anders gesagt, was in anderen Kulturen ein Teil der Tradition ist, wird bei uns gar hart bestraft. Das gewisse Menschen gerne zu Mitteln greifen, die ihre Leistungsfähigkeit erhöhen, muss wohl hier nicht erklärt werden, dass es aber ihre eigene Entscheidung ist, wird oft viel zu wenig beachtet. Solange es eine Nachfrage gibt, wird es immer Personen geben, die diese Nachfrage durch ein Angebot zu stillen versuchen, wobei sie sich auch gleich die

Taschen füllen, wie es auch unzählige Pharmariesen tun. Immer wieder weiss der Geier wieso, versucht man durch noch härtere Strafen, durch noch schärfere Urteile Abschreckung zu erzielen. Dabei bestraft man immer nur uns, die eine grosse Nachfrage befriedigen, ohne das wahre Problem in Angriff zu nehmen. Das Problem ist das Elend des Einzelnen in dieser gnadenlosen, immer nur fordernden Leistungsgesellschaft, die von jedem alles verlangt, ohne Rücksicht auf Gefühle, auf normale Menschlichkeit, sei es in der Schule, im Beruf oder im Alltag. Darum greifen so viele Leute zu Drogen, weil sie allein gelassen werden von diesem ach so sozialen Staat.

Früher wurden Drogen konsumiert, um in Trance zu verfallen, um eine neue Spiritualität zu finden, nachdem die alte Religion durch eine neue namens Konsumismus abgelöst wurde. Damals, noch in den Flower-Power Zeiten, war es eine ganz andere Motivation Drogen zu konsumieren. Man war auf der Suche nach neuen Lebensformen, die uns zufriedener und glücklicher machen sollten. Der Konsumismus führte in diese kalte Welt, in der man ohne Geld vom Leben getrennt und in die Einsamkeit, in die Depression gestossen wird, aus der die Betäubungsmittel einen einfachen, wenn auch meist fatalen Ausweg bieten. Man griff danach, um ein Erlebnis zu haben, einen Moment fern der Realität, eine Art Wachtraum, ungefähr vergleichbar mit einem Genussmittel, wie es heute die Shisha Pfeifen sind. Heute jedoch ist nicht mehr der Genuss der Grund, um sich etwas einzuschmeissen oder hochzuziehen, sondern die Flucht. Die Flucht aus der Depression, aus der Realität, verursacht durch Überforderung und Hilflosigkeit, unter der so viele Menschen, gerade die jungen leiden. Sei es bedingt durch familiäre Probleme, durch Schulden oder irgendwelche Komplexe, da man sich durch eine schiefe Nase, einen zu grossen Bauch, einen zu grossen Hintern oder einem leichten Buckel nicht mehr würdig fühlt, in einer Welt zu bestehen, in der lauter Topmodels in den Medien, in den Filmen, auf Werbeplakaten und in den Musikvideos präsentiert werden. Der

Druck, der heutzutage auf den Bürgern dieser Welt lastet, ist ein nicht zu unterschätzendes Problem, das man endlich vernünftig angehen muss. Es ändert nichts, die Dealer mit mehr Jahren zu bestrafen. Wohlbemerkt bin ich nicht gegen eine Bestrafung, denn wer das Gesetzt bricht, verdient eine Strafe, sofern dem Beschuldigten seine Straftat auch nachgewiesen werden kann. Ich plädiere hier nicht für eine Kuscheljustiz, sondern für eine Verschiebung des Fokus, denn das Problem liegt in der enormen Nachfrage und nicht im logischerweise daraus resultierenden Angebot.

Zurück zu mir. Mein Kokain wurde nicht verschrieben, doch gab es dafür auch weniger Tote als bei Zigaretten oder bei Alkohol, doch dies sind alte Fakten, die man ja mittlerweile kennt. Gerade Pharmariesen werden oft von soziopathischen Managern und Führungspersonen geführt, die lediglich daran Interesse haben, ihre Taschen voller zu kriegen, als sie es bereits sind. Sie sind und waren stets die grosse Gefahr, nicht solche wie ich. Bei mir musste kein Affe hinhalten, damit ich meine Drogen testen konnte, nein, wenn einer den Affen spielte, dann ich persönlich, indem ich alles immer zuerst selbst einmal ausprobiert habe (einmalig). Damals war der Schnee viel reiner als heute, und das Kokain galt allgemein noch als etwas Exklusives, das sich lediglich die Oberschicht leisten konnte. Nach meiner Verhaftung und dem Rückzug der Hells Angels wurde der Markt von ausländischen Banden übernommen und das Kokain wurde mehr und mehr gestreckt, die Reinheit liess nach und der Preis fiel in den Keller, wo er auch hängenblieb. So wurde der Schnee plötzlich für alle zugänglich, was dann auch dazu beitrug, dass eine Szene wie auf dem Platzspitz sich so rasant entwickeln konnte und Drogentouristen aus ganz Europa anlockte. Aber dieses Thema ist so weitreichend, dass man damit ein separates Buch füllen könnte.

Heutzutage ist auch der Ehrencodex passé und Verrat zur Mode geworden. Was im Kleinen anfängt, wie in diesem Fall bei einem Verrat rund um das Pokerspiel, endet oft im grossen Verrat, was einem dann in brenzligen Situationen jahrelange Haft bescheren kann. Die gute alte Zeit, sorry wenn ich sie so nenne, wo einem Verräter noch ein Ohr abgeschnitten oder eine Narbe ins Gesicht gebrannt wurde, damit jeder der den Verräter sah, sich zwei Mal überlegte, ob er sowas wie der Gekennzeichnete je tun würde, ist vorbei. Heute schaut jeder nur für sich, es gilt jeder gegen jeden. Die richtigen Kriminellen von alter Schule waren und sind eher Gentlemen und sicher keine Unmenschen. Gestohlen wird nicht von Armen und erst recht nicht untereinander. Doch gibt es heute leider immer mehr solche, die selbst so tief sinken, Bettler oder gar Kirchen zu beklauen. Für einen anständigen Kriminellen ist eine Zusammenarbeit mit der Polizei in einem gewissen Grade nicht ausgeschlossen. André Spiggi zum Beispiel, der hat einmal eine Frau vor einem Vergewaltiger gerettet und ihn ohne Umschweife direkt an die Polizei ausgeliefert. Oft setzten sich Kriminelle auch für das Recht ein, was nun einige nicht glauben wollen. Eine Prostituierte vor einem Frauenschläger zu beschützen, oder einen armen jungen Mann zu retten, der gerade von einer Gruppe Kleinkrimineller ausgenommen zu werden droht, gehörte im Milieu zum Alltag. Es gibt viele Einzelkriminelle, aber auch Gruppierungen die im Reich der Schatten, des Nachtlebens, für Recht und Ordnung sorgen. Die Polizei ist noch heute auf solche 'Verbindungen' angewiesen. Leider gibt es auch hier immer mehr Ausnahmen. Allgemein hat vieles nachgelassen, da die Kriminaltouristen, teils sogar wortwörtlich über Leichen gehen. Gerade in Zürich fehlt es im Milieu an klarer Führung. Als Leute wie ich an der Spitze waren, wurden keine Leute verarscht, denn dies wäre schlechte Werbung gewesen. Die Klienten erhielten noch richtigen Schutz. Niemand musste für etwas zwangsbezahlen, ohne eine entsprechende Leistung zu erhalten. Kurzfristiges statt langfristiges Denken ist heute die Devise, die falscher gar nicht sein könnte, aber bei den grossen Konzernen genau gleich praktiziert wird. Bei den Grössten offenbar am krassesten.

Ob sich all dies einmal wieder zurechtbiegen wird, wer weiss, wahrscheinlich befinden wir uns aber in Europa allgemein in einer Phase der Durchmischung. Zu viele Kulturen mit verschiedenem Bildungs- und Wirtschaftsstand, teils mit komplett diametralen Vorstellungen, leben auf viel zu kleinem Raum zusammen. Dies macht eine Verständigung fast unmöglich. Der eine will nicht, oder er kann nicht mit dem anderen zusammenarbeiten.

Die Welt wird nicht besser, aber auch nicht schlechter, denn als schlechter erlebt sie heute nur der, welcher die alten Tage miterlebt hat.

Eines Tages wird die heutige Zeit, also die für uns ältere Garde bereits die schlechten Tage sind, dann 'die guten alten Tage' der heute jungen Generation sein, wenn sie in ein paar Jahrzehnten zurückblicken und sich über die zukünftige Zeit beschweren, die ihnen dann als die schlechte erscheint.

Halbfreiheit und erste Firmen

Es kam der Moment der Halbfreiheit, wo ich am Tag wieder normal arbeiten durfte, um mich abends wieder einsperren zu lassen. Wenigstens fehlte es mir damals nie an genügend Schlaf. Ich fand eine gute Arbeit in Liechtenstein bei einem Liegenschaftsbetrieb. Die Firma handelte nebenbei auch mit Autos, Elektronik und Orientteppichen. Einfach alles was damals ganz legal gute Provisionen brachte. Ich war nun wieder richtig resozialisiert, ein anständiger Bürger mit Job und Beziehung. Nach der Halbfreiheit gründete ich eine eigene Firma namens MTC AG Metalltrading Companie. Mit Doris zog ich an die Zürcher Hohlstrasse, wo wir auch gleich mein Büro integrierten. Unterdessen verbesserte sich auch der Kontakt zu meiner Tochter Simone. Zwischendurch half sie mir sogar im Büro aus. Doris verstand sich mit meiner Tochter hervorragend, was ihr natürlich zusätzliche Pluspunkte bei mir einbrachte. An ein Ereignis erinnere ich mich besonders gut, als ich meiner Tochter versprach, mit ihr einen Skitag zu unternehmen. Leider hatte ich an jenem Morgen wegen einer durchzechten Nacht einen fürchterlichen Kater. Eigentlich hätte ich absagen müssen, brachte es aber nicht übers Herz. Doris stand mir an diesem Tag tapfer bei, gab mir Schützenhilfe, indem sie meine Tochter immer wieder ablenkte, wenn ich mich da in den Alpen wieder mal irgendwo in einer Toilette oder hinter einem Baum übergeben musste. Wir brachten den Tag durch, auch wenn ich Simone anlügen musste, indem ich von Bauchschmerzen sprach, zumindest konnte ich mein Versprechen einhalten.

Nach einiger Zeit besass ich eine zweite Firma, nahe der Helftibar gegenüber vom heutigen Zürcher Casino. Dazu kam es, als wir ein paar interessante und gewiefte russische Geschäftsleute kennenlernten. Die hatten einen super Bohrkopf entwickelt, den wir an «Hilti» verkaufen konnten und so entstand die Delta Engineering. Wir verdienten prima und das, ohne ein einziges krummes Ding zu drehen. Wohlbemerkt bekam ich zu dieser Zeit immer wieder höchst verlockende Angebote. Mal wurden mir zehn, mal zwanzig Kilo feinstes Kokain zum loswerden angeboten. Es wäre simpel gewesen, Verkäufer mit Käufern zusammenzubringen und dabei abzusahnen, doch hatte ich mir fest vorgenommen, die Schneekarriere hinter mir zu lassen.

Als alles lief, lernte ich Markus Schön kennen. Markus besass mehrere Liegenschaften, sowie die Schweizerhof AG in Mels. Dazu gehörte das Schweizerhof Hotel und das Höflipub. Beide Betriebe liefen gut, hatten zugleich eine großartige Aussicht auf eine Gewinnmaximierung. Zur Schweizerhof AG gehörten auch zwei Wohnblöcke in Schaffhausen, sowie ein grosses Bauernhaus. Das machte mir Eindruck und so kam der Tag, als wir uns zusammenschlossen. Wir wurden Partner. Die Liegenschaften belasteten hohe Hypotheken, denn damals bezahlte man zwischen acht und neun Prozent. Einige Dinge hatte ich mir fatalerweise zu wenig gut angesehen, ich liess mich insbesondere vom gut laufenden Höflipub blenden und schenkte allem anderen nicht dieselbe Aufmerksamkeit.

Zu dieser Zeit lernte ich den Nationalrat, Eugen Kägi, (SVP) kennen, der bald in all meinen Firmen zum Präsident des Verwaltungsrates wurde. So standen alle meine Firmen gut da, dachte ich zumindest.

Das Multitalent Felix Drittenbass

Felix Drittenbass war ein sehr guter Freund von mir. Felix war nicht nur hochintelligent, er vermochte mit seinem Auftreten alles um sich herum zu faszinieren. An der Bahnhofstrasse besass er sein Büro mit rund fünfundzwanzig Angestellten. Felix war damals der Mann, wenn es in Zürich um den Handel mit Liegenschaften ging. Firmen kaufen und verkaufen wie andere ihre Hosen wechseln, nur mit dem Unterschied, dass er nebenbei noch die Banken um Millionen betrog. Oft kam Felix zu mir, damit ich ihm kurz dreihunderttausend auslieh. Nicht mal eine Woche später brachte er mir vierhunderttausend zurück. Meist wollte ich gar nicht wissen, wie er es angestellt hatte, doch wusste ich eines; das ist ein richtiger Fuchs. Felix stellte unzählige Schüttelschecks aus, was so viel bedeutet wie; wenn der Empfänger des Schecks diesen einzulösen versucht, der Bankmitarbeiter am Schalter nur den Kopf schüttelt, da er nicht gedeckt ist.

Eine besondere Anekdote mit Felix ist die, als er mich eines Tages mit einer merkwürdigen Bitte aufsuchte.

«Reini, kannst du mir einen Betonmischer organisieren, ihn dann mit meinem Firmenlogo überkleben und neben dran ein paar Arbeiter platzieren? Du weisst schon ... so Tagelöhner eben, die immer unter der Brücke stehen und Arbeit suchen.»

Mein Blick zeigte wohl ein einziges Fragezeichen.

«Für was benötigst du denn sowas?»

«Ich habe in den Bergen ein altes Kurhotel gekauft, das baufällig ist und nun möchte ich einen Umbaukredit von viereinhalb Millionen Franken beantragen.»

Ich schwieg.

«Ich gebe dir fünfhunderttausend, wenn es funktioniert, versprochen.»

Nach einer kurzen Denkpause erwiderte ich den Handschlag, in seine schon fordernd ausgestreckte Hand.

Wie abgemacht, organisierte ich für den besagten Tag alles wie gewünscht, obschon es mir nicht gelang, mehr als sechs Pseudo-Arbeiter zu organisieren, ich selbst half als siebter mit. Bevor Felix mit den Anzugträgern eintraf, liessen wir unsere Überkleider etwas durch den Dreck schleifen, sodass es auch optisch wirkte, als seien wir hart am Arbeiten. Als die Bankmitarbeiter mit Felix herbeikamen, führte jeder von uns sein Schauspiel auf. Einer fuhr mit der Schubkarre hin und her, ein anderer hämmerte herum und ein weiterer wirbelte mit dem Besen etwas Staub hin und her. Die Bankleute schienen es zu schlucken, bis sie Felix darum baten, auch das Innere der Baustelle besichtigen zu können. Doch Felix der schlaue Fuchs hatte hierfür ein Ass im Ärmel, indem er einige Papiere und einen Kugelschreiber aus seiner Geschäftsmappe zog.

«Gerne können sie rein. Sie müssen mir jedoch hier zuerst unterschreiben, dass sie die Baustelle auf eigene Gefahr betreten, damit wir nicht haftbar sind, wenn wie letzte Woche wieder etwas passiert.»

«Letzte Woche?», murmelte einer der Bankleute.

Das Ass wurde richtig ausgespielt, denn keiner der vier wollte nun mehr den Bau von innen besichtigen.

«Sicher?», doppelte Felix selbstbewusst nach.

«Ja, sicher Herr Drittenbass. Es sieht sowieso alles gut aus, es scheint der Sache nichts im Wege zu stehen.»

Unser Plan war geglückt. Felix verabschiedete die Bankmitarbeiter, danach zahlten wir die Schauspieler aus. Jeder erhielt seine Gage mit einem Lob für die realitätsnahe Darbietung, die so gut war, dass wir selbst bald glaubten, auf der Baustelle zu arbeiten.

Felix war wirklich ein schlauer Hund, oder kennen Sie jemanden der an einem Tag für denselben Rolls Royce vier Leasing Verträge mit vier Banken abschliesst?

Klar würde das heute nicht mehr so einfach funktionieren, doch zu dieser Zeit waren noch viele Hintertüren geöffnet, um an Geld zu kommen. So hatte Felix unzählige Male ein Büro gemietet, es mit dem Nötigsten eingerichtet, dann einen Junkie im Anzug an ein Pult gesetzt, der so seine Tagesdosis garantiert erhielt und der nichts anderes tun musste, als den Telefonhörer abzunehmen, wenn es klingelte und dem Anrufer mitzuteilen, dass der Chef gerade auf Geschäftsreise sei. Auf das Büro wurden dann Waren im Wert von Unsummen bestellt, die Rechnungen jedoch nicht bezahlt. Zum richtigen Zeitpunkt wurde das Büro wieder aufgelöst und die Waren verschwanden, wie der einstige Lieferort.

Felix war so dreist, dass ich einmal miterlebt habe, wie er in ein und demselben Restaurant zum gleichen Zeitpunkt mit fünf Architekten, an fünf verschiedenen Tischen einen Termin vereinbart hatte. Dies verheimlichte er nicht einmal, nein, er setzte sich von einem Tisch an den nächsten, an denen jeder Architekt gerade mal zehn Minuten Sprechzeit erhielt.

Eine seiner gewagtesten Aktionen war, als er wieder ein Hotel in den Bergen gekauft hatte, dass er wegen dessen Alter und entsprechendem Zustand am Liebsten wegsprengen wollte, was er aber wegen dem Denkmalschutz nicht durfte. So brannte er die Ruine eben ab und als dann die Versicherung ankam, hiess es, der Kredit werde somit erhöht, denn es müsse ja wieder originalgetreu aufgebaut werden. Kurz bevor der Neubau fertig war, brannte er dann zufälliger Weise erneut ab. Heutzutage undenkbar damit durchzukommen, doch damals konnte einer wie er, sich so ein paar Millionen in seine Taschen wirtschaften.

Die Schattenseite von Felix war seine Schwäche für den Schnee. Stets hatte er seine Schnupfdose bei sich, die andauernd mit fünfzig bis hundert Gramm Weissem gefüllt war. Für den Eigenkonsum versteht sich, denn gedealt hatte noch er nicht. Wenn man mit ihm im Ausgang war, zum Beispiel im Kreis 4, konnte man beobachten, wie er ohne zu zögern fünfzehn bis zwanzig Tausender liegen liess. Felix war ein Lebemann und ein Casanova sondergleichen. Im Ausgang mit ihm, bat ihn einmal seine neue weibliche Errungenschaft um eine weisse Linie, und er drückte ihr die ganze Schnupfdose in die Hand und liess sie damit auf die Toilette verschwinden.

«Spinnst du Felix. Die beklaut dich sicher, die wird dir einige Gramm rausstehlen», ermahnte ich ihn im Guten.

«Ach Reini, das ist ja das Schöne, denn desto mehr sie nimmt, umso mehr habe ich von ihr diese Nacht.»

Felix kannte wirklich nichts. Seine Art wie er sein Geld dekadent in der Öffentlichkeit zeigte, wie er es nutzte, um mit den Menschen zu spielen, war oft an der Grenze. Je mehr ich mit ihm verkehrte, umso stärker fiel mir dies auf. Zum Beispiel fertigte er sich beim Goldschmied ein Röhrchen aus Gold an, dessen Verengung an einem Ende genau an sein Nasenloch angepasst wurde. Sein extravaganter Lebensstil wurde immer intensiver, so kaufte er sich auch das Thunderbird, ein damals äusserst trendiges Restaurant. In einem Urlaub in der Schweiz, besuchte ich Felix dort. Dieser freute sich händehochhebend über meinen Besuch, bestellte den teuersten Champagner und hiess ein paar heisse Mädels, sich zu uns an den Tisch zu setzen. Nach rund einer Stunde führte er mich nach oben in sein Büro, wo er den Badezimmerspiegel abhängte, ihn ins Wohnzimmer brachte und dort einen Sack voll Kokain darauf ausleerte. Dann begann er euphorisch sehr lange Linien zu formen, die vom einen bis zum anderen Ende des Spiegels reichten. Ich nahm eine Linie von rund zwei Zentimeter ein, denn genau so breit waren sie.

«Hast du für den heutigen Ausgang genug im Sack Reini?», fragte Felix, während er gerade ein Überbleibsel der Monsterlinie, die er gerade eingenommen hatte, von seinem Nasenloch wegwischte.

«Ja sicher, rund dreihundert Franken habe ich grad in bar dabei, das genügt mir.»

«Ach was Reini», unterbrach er mich, «hier hast du noch etwas Urlaubsgeld von mir.»

Und so drückte er mir rund dreizehntausend Franken in die Hand. Einfach so, nur mal so als Geste unter Freunden.

Irgendwann haben wir uns etwas aus den Augen verloren, doch musste ich umso mehr lachen, als ich einen gewissen Tschalener im Gefängnis Saxerriet kennenlernte. Tschalener war ein ehemaliger Generalimporteur von Opel, der privat komplett über den Tisch gezogen wurde. Eines Tages fragte ich, wer den dieser Fuchs gewesen sei, der ihm all sein Geld aus den Taschen gezogen hatte, da meinte er:

«Der Drittenbass, dieser verdammte Felix Drittenbass, oh dieser Hund!»

Seite 138 (von links oben nach rechts unten): Reini mit Tochter Larissa und seiner -Verlobten Edith; Mehrseitiger Bericht mit dem Titel Knete, Koks und Kanonen; Schweizerhof Mels; Auf dem Weg zum Gericht; Negresco Bar Kreis 4 Zürich

Seite 139 (gegenüber): Reini und Edith

Geri alias Grizzly

Der Genfer Rolf hatte mir eines Tages seinen guten Freund namens Geri Schwitzgebel vorgestellt. Wir nannten ihn nur «Grizzly», weil er so gross war, wie das Ungetüm in den nordamerikanischen Wäldern. Muskeln hatte dieser Typ, so etwas hatte ich selten zuvor gesehen und seine Hände, ja seine Hände waren so gross, dass man hätte meinen können, er könne mit seiner blossen Hand einen Schädel zerquetschen. Grizzly war gross im Geschäft mit Haschisch. Gut kann ich mich erinnern, wie ich einmal bei ihm zu Hause vorbeiging, um etwas zu bereden. In seinem Wohnzimmer wollte ich mich bequem auf seinem Sofa breit machen.

«Aua», schrie ich, «wieso ist dein Sofa denn so verdammt hart?», erkundigte ich mich mit schmerzerfülltem Gesicht.

Als ich die Sofadecke anhob, erkannte ich, dass es gar kein Sofa war, sondern eine Tonne gestapelter Haschplatten, die so aufeinandergestellt wurden, dass sie unter der Decke wie ein Sofa wirkten. Grizzly war ein seltsamer Kauz, der sein Leben lang höchst inspiriert war von den Indianern in Nordamerika. Manchmal zog er sich für Monate in einen Wald zurück, hoch in den Bergen, wo er mit Pfeil und Bogen ausgestattet in einem Tipi hauste. Zum Essen jagte er Kaninchen und andere kleine Bewohner des Waldes, halt ganz wie seine Idole es einst taten. Aber nicht nur leben konnte dieser Riese wie ein Indianer, nein, auch den Schmerz ertrug er tapfer wie einer der Ihrigen. In der Kontiki Bar im Niederdörfli wurde ihm eines Tages von einem Barmann mit einer Ordonanz Pistole, also einer neun Millimeter, fünf Mal in den Bauch geschossen. Der Schütze schoss in einem Streit aus purer Angst vor dem Riesen.

Jeder andere wäre nach diesem Kugelhagel jämmerlich krepiert, doch dieser Grizzly nicht. Nach unzähligen Operationen stand er plötzlich wieder aufrecht auf der Strasse, wenn auch sein Darm nicht mehr so funktionstüchtig war und er eine Art Katheter, einen Fäkaliensack, herumschleppen musste, denn er konnte nicht mehr normal auf die Toilette. Dann kam eine Phase, in der er komplett auf LSD und Kokain war, in der wir ihn stets bewachen mussten, damit er nicht austickte oder unnötigen Ärger verursachte. Zu diesem Zeitpunkt kamen gerade einige Hells Angels aus Hamburg zu uns auf Besuch, die an Grizzly Gefallen fanden und ihn am Ende sogar mit zu sich nach Deutschland nahmen. Es dauerte aber nicht lange, bis man uns anrief, ob wir ihn nicht bitte abholen könnten, denn er würde dort bei ihnen alles und jeden der Rang und Namen hat zusammenschlagen und ein riesiges Chaos anrichten. Selbst für den härtesten Motorradclub der Welt, der sich so manches Kaliber gewohnt war, schien dieser unberechenbare und jederzeit ausrastende Bär etwas zu viel an Action gewesen zu sein. Später, in Auslieferungshaft in Brasilien, fragte mich einst der Polizist, der mit mir dort zusammen einsass, ob ich diesen Grizzly aus Zürich kennen würde, was ich bejahte. Der Polizist erzählte mir dann, dass ein alter Kollege von ihm, mit dem er zuvor bei der Militärpolizei gearbeitet hatte, nun in Zürich beim Sonderkommando arbeiten würde. Dieser hätte ihm erzählt, dass wenn sie ins Niederdorf oder sonst wo in Zürich ausrücken mussten, sie immer die Anweisung erhielten, deeskalierend vorzugehen. Ausser beim Grizzly, da hiess es abwarten bis er fertig gewütet und das Lokal verlassen hat, erst dann zugreifen. Genau wie bei einem richtigen Bären, war es auch beim menschlichen Grizzly, wollte man ihn in die Ecke drängen, legte er erst richtig los.

Das übelste Erlebnis mit ihm war, als er im Restaurant Turm an einen Kranführer gelangte, dem er eine so heftige Ohrfeige verpasste, dass dieser verstarb. Da Grizzly aber nicht haftfähig war, kam er glimpflich davon, zudem war es ja auch keine vorsätzliche, sondern eine fahrlässige Tötung.

Eines Tages sagte er zu mir, das weiss ich noch, als wäre es erst gestern gewesen, dass es ihm schlecht gehe.

«Reini, heute werde ich sterben. Ich fühle es ganz klar.»

«Komm lass uns zum Arzt fahren», schlug ich besorgt vor, wenn der Mann, der den Schmerz normal wie ein Indianer ertrug, so etwas sagte, konnte es nur etwas Ernstes sein.

«Nein, bring mich einfach nur nach Hause zu meiner Freundin. Ich möchte sterben, wie es bei den Indianern üblich ist; wenn ihre Zeit gekommen ist, gehen sie sich hinlegen und nehmen es hin.»

Bei seiner Freundin angekommen, wollte auch sie gleich einen Arzt herbeirufen, was Grizzly jedoch vehement ablehnte. Nach einigen Minuten, als sich Grizzly gerade hingelegt hatte, lief ich zum Kiosk gleich um die Ecke, um uns Zigaretten zu holen, doch als ich zurückkam, war es bereits zu spät. Der Grizzly hatte das Zeitliche gesegnet, er starb wie ein Indianer, zu Hause bei seiner Freundin auf seinem Bett.

Liegenschaften und Schwarzgeld

Eines Tages kam Markus Schön, mein Geschäftspartner bei der Liegenschaften-Verwaltung auf mich zu und fragte mich zu meinem Erstaunen nach meinen Connections bezüglich Kokain in Brasilien, ob ich diese immer noch hätte.

«Du weisst doch genau, dass ich nichts mehr mit dem Kokain Geschäft zu tun habe», erinnerte ich ihn leicht genervt.

«Ja, aber wir brauchen Geld», doppelte er nach und jammerte so ins Detail, bis ich seine Sorgen zu verstehen begann.

«Ich habe ein gute Adresse, also einen Kunden, der ebenfalls in Brasilien sitzt, es wäre also eine unkomplizierte Sache.»

Ich liess mich überzeugen, oder besser gesagt überreden. Natürlich reizte mich auch das Geld, doch war mir nicht ganz wohl, wieder in das alte verlassene Business zurückzukehren. Schlussendlich fädelte Schön den Deal ein und schickte in Brasilien einen Kurier los, der alles regelte. Wieviel Geld Schön bei diesem Geschäft gemacht hat, weiss ich wirklich nicht, was ich aber weiss, ist, dass er nach diesem Deal mit mir zusammen das ganze Haus kaufen wollte, indem sich die Negresco Bar befand. Der Besitzer Götz verlangte 500'000.– in bar auf die Kralle, schwarz versteht sich. Der Besitzer wolle jedoch nur mit Schön selbst verhandeln. So hob ich das Geld von der Bank ab und übergab es meinem Partner, damit das Geschäft abgewickelt werden konnte. Ich war in dieser Sache wieder einmal ziemlich blauäugig, aber auch zu gutmütig. Ich habe immer darauf gehofft, dass alle Gewinne der Deals, die ich einfädelte auch ehrlich abgegeben wurden, doch wusste oder vermutete ich zumindest oft, dass die Realität anders sein würde. Vielleicht war es im Nachhinein auch besser, dass ich nicht alles gewusst habe. Denn mein Stolz war mir stets sehr wichtig. Man muss die Strasse und sich selbst voneinander trennen können. Kriminell zu sein bedeutet keineswegs automatisch auch ein Betrüger zu sein. Auch unter Kriminellen werden Betrüger immer irgendwann auffliegen und wie in der normalen Gesellschaft, sind diese dann unten durch. Ähnlich war es auch im Kokaingeschäft, wo man beim Abgeben und Teilen von Gewinnen nicht bescheissen durfte. Nebst dieser Regel gab es auch die «Fick-Regel», die lautet bis heute: «Fick das Kokain und lass nicht das Kokain dich ficken.» Dealer, die selbst abhängig sind, können keinen langfristigen Erfolg haben. Ihr Erfolg wird ihr Untergang sein, denn je mehr sie einnehmen, desto mehr werden sie hochziehen und in diesem Höhenflug droht dann der Fall. Der Fall ganz tief nach unten, ausser Kontrolle, der Boden unter den Füssen weggerissen, am tiefsten Punkt, an den man gelangen kann, an dem man sein Bild im Spiegel nicht mehr ertragen kann.

Ich selbst wurde am Start meiner Milieukarriere von einem Boss getestet. Dieser liess mich in seinem Heim zurück, unter dem Vorwand nur kurz Zigaretten holen zu müssen. Auf dem Tisch liess er Unmengen an Geldscheinen, sowie ein Haufen Kokain und Wertsachen herumliegen. Als er zurückkam, natürlich ohne Zigaretten versteht sich, zählte er nicht nur alles nach, nein, er wog sogar das Häufchen Kokain ab. Es war ein Test. Ein Test ob ich widerstehen konnte und ob ich Ehre besitze. Ein Test den ich tadellos bestand, ohne im Geringsten in Versuchung gekommen zu sein.

Diese Werte habe ich mir auch nach meinem Aufstieg stets beibehalten. Ein gutes Beispiel war, als mich einmal nachts ein Berufseinbrecher telefonisch kontaktierte, ob ich bei ihm zu Hause vorbeischauen könne, denn er habe diese Nacht einen Bruch verübt und dabei rund zwanzig schwarz verpackte Pakete mitgehen lassen, von dem er nun nicht sicher sei, ob es das sei, was er glaube das es ist. Natürlich ging ich ihn besuchen. Es stellte sich heraus, dass seine

Vermutung richtig war. Es war pures Kokain. Der Einbrecher wollte wissen, ob ich Interesse hätte, die zwanzig Pakete zu kaufen. Ich bejahte damals, ohne gross zu überlegen, wollte bereits ein Angebot machen, als mein Geschäftssinn durchdrang. «Wieviel willst du dafür?», fragte ich ihn.

«Einhunderttausend Franken. Ok?»

Das war viel zu wenig und so mancher Kriminelle hätte nun entweder eingewilligt oder gar dreist versucht den Preis noch tiefer herunterzuhandeln. Doch hier drangen wieder meine Prioritäten durch, indem ich ihm klarmachte, dass seine Forderung viel zu tief sei. Der Berufseinbrecher bedankte sich bei mir und bestand darauf, dass der Preis in Ordnung sei. «Aber nicht, dass du nachher rumerzählst ich hätte dich beschissen?», doppelte ich nochmals nach.

Der Einbrecher verneinte mit einer Geste. Genau in solchen Momenten muss man der Versuchung widerstehen, und man darf ja nicht schwach werden. Lieber ehrlich sein und einen fairen Deal erzielen, als einen Beschiss, der sich nachher rumspricht und der einem den Ruf ruinieren und je nach dem sogar die Existenz kosten kann. Gier ist der schlimmste Feind eines Kriminellen. Die Gier und die Routine, beides führt ins Verderben.

Zurück zum Hauskauf der Negresco-Bar. Ich selbst unterlag der Gier eigentlich nie, jedoch gerne mal der Routine. So auch bei diesem Deal, indem ich meinem Geschäftspartner sagte, was ich so manchem zuvor immer sagte.

«Du weisst nicht, wer dir das Geld gegeben hat, und wenn du verhaftet wirst, kennst du mich nicht.»

Nach meinem Standardsatz nahm mich Schön hoch, ich solle dies nicht immer wieder sagen, doch ich sagte es immer und immer wieder. Der Kauf lief über die Bühne und zwar wie vereinbart.

Viva a Vida!

Unterdessen hatte ich ein ziemlich unproblematisches Leben. Meine Tochter Simone war mittlerweile fünfzehn Jahre alt und bereits eine richtige junge Frau. Wenn ich auch viele Fehler in meinem Leben gemacht habe, wenn ich auf etwas Stolz bin, dann auf die Erziehung meiner Tochter, die zwar stets von Geld umgeben war, es aber nie als Selbstverständlichkeit verstanden hat. Sie wusste, dass wir Geld hatten, weil wir auch viel dafür arbeiteten. Bereits mit fünfzehn Jahren verdiente sich Simone bei mir ihr Geld, indem sie mir im Büro half. Ich erinnere mich, wie sie sich eines Tages neue Schuhe kaufen wollte, dann aber ohne zurückkam, weil sie mit 200.– Franken losging, die Schuhe aber 230.– kosteten. Statt mich um das Restgeld zu bitten, fragte sie mich, ob es nicht eine zusätzliche Arbeit zu erledigen gäbe, mit der sie sich einen Bonus von dreissig Franken verdienen könne. Das war und ist meine Tochter. Eine Frau die ihr Geld ehrlich verdienen will. Geschenkt nein, erarbeitet ja. Ich selbst bin zwar nicht geizig, jedoch war und bin ich im Umgang mit Geld sehr vorsichtig. Was Armut an anderen Orten der Welt bedeutet, habe ich in den Strassen von Brasilien erfahren. In der Schweiz oder allgemein in einem Land mit einem so hohen Standard und so vielen Chancen zu leben, ist keine Selbstverständlichkeit, sondern ein Privileg.

Unser Büro befand sich in Zürich oberhalb der Helftibar, zudem besassen wir noch das Hotel Schweizerhof in Mels, das wir gerade für 1.8 Millionen Franken renoviert und mit feinstem Luxus ausgestattet hatten. Was das Höflipub betraf, kam uns eine geniale Idee. Wir bauten einen Tunnel, wie ihn in etwa das Oxa früher in Zürich besass, der in ein anderes Gebäude hinüberführte, wo wir den Keller kauften. Diesen Kellerraum gestalteten wir in einen Club um, damit unsere Gäste am Feierabend, wenn das Höflipub schloss, im Club unbemerkt weiterfeiern konnten. Der Club galt als exklusiv. Der Touch von «Underground» kam bei den Gästen sehr gut an. Einzig den Anwohnern rund herum war das ganze suspekt. Alles was von Stadtmenschen kommt, muss erst ganz kritisch hinterfragt werden. «Wird sicher ein Puff», konnte man die älteren Leute auf der Strasse immer wieder tratschten hören.

Es wurde uns viel Misstrauen entgegengebracht, doch nach einiger Zeit wurden wir akzeptiert. Wir gehörten bald dazu. Wir als die Stadtmenschen. Die Geschäfte liefen also und das, ohne krumme Dinger zu drehen. Auch die Kosten für den Tunnel von über 100'000.– konnten wir uns spielend leisten, den Ausbau des Kellers noch dazu. Auch im Privaten lief alles hervorragend. Ich hatte mir ein Luxusappartement am Zürichberg gekauft, wo man direkt von der Garage her mit einem Lift in die Wohnung rauffahren konnte. Auch die Autos konnten über einen eigenen Lift in die Garage gefahren werden. Cheminée, Wintergarten und eine grosse Terrasse durften nicht fehlen. Es war die erlesenste, luxuriöseste Behausung, die ich je hatte. Doch eines Tages besuchte mich Roli mit seinem Rolls Royce, der zuvor Liz Taylor gehörte. Mit meinem Fahrzeuglift fuhr er in die Garage hinunter. Erst beim Hochfahren blockierte der Lift bei einem Gewicht von über zweieinhalb Tonnen. Dafür war der Lift dann doch nicht eingerichtet, und wir mussten einen Techniker kommen lassen, um den Lift manuell hochzufahren.

Zähle ich heute alles zusammen, diese Zeit im puren Luxus und die ganzen Tiefs, so bleibt ein recht normales Leben. Ich habe mich entschieden, dass es mal so und mal so kommen kann und bereue es bis heute nicht. Mein Motto war und bleibt stets: Viva la Vida!

Der Gummifetischist und Mägi knallhart!

Dann kam der Tag als ich Alex Jegger, alias Gümmeli Alex, kennenlernte. Alex besass viele Liegenschaften, darunter viele Wohnblocks in der Stadt sowie viele Häuser in Vorstädten und auf dem Lande. Sein Spitzname war «Gümmeli», den er seinen sehr auffälligen Macken zu verdanken hatte. Gümmeli stand nämlich auf Latex. Seinen Putzfrauen zahlte er gerne mal einen Hunderter extra, wenn sie seine Wohnung vor seinen Augen in Latexkleidung putzten. So manche erlitt bei dem Bonus beinahe einen Hitzeschlag, gerade im Sommer wo es in einer solchen Montur alles andere als einfach auszuhalten war. Alex ging nie ohne sein Latexzeugs in den Ausgang. Seine Gummistiefel an den Füssen, seine Gummihandschuhe an den Händen und oft bedeckte auch eine Maske sein Gesicht. Was die Maske betrifft, hatte er diese natürlich nicht andauernd tragen können, von wegen Vermummungs-Verbots und zum andern auch aus Respekt vor den Mitbürgern, denn so manche ältere Dame hätte den Schock ihres Lebens bekommen, bei diesem Anblick. Auch den Besuch in einer Bank hätte man schnell mal als etwas anderes deuten können, so musste er oft und an vielen Orten auf die Maske verzichten.

Einmal kam Gümmeli Alex total besoffen zu mir ins Büro, um auszunüchtern. Ich gab ihm einige Cervelats, damit er etwas an Boden gewinnen konnte. Gümmeli Alex konnte sie jedoch nicht schälen, da er nicht einmal im Suff bereit war, seine Latex-Handschuhe auszuziehen. So durfte ich das Schälen für ihn übernehmen, wie ein lieber Vater, der seinem kleinen Kind das Fleisch auf dem Teller vorschneidet.

Einmal ist er wegen eines einzigen Gramms Kokain verhaftet

worden, und als ich mich danach bei ihm erkundigte, wie es denn im Knast so gewesen sei.

«Gar nicht so schlimm ...», antwortete er zu meinem Erstaunen, «die hatten dort Latexmatratzen und zum Putzen gab es Latexhandschuhe, die ich dann halt wie gewohnt andauernd anhatte, was zwar auf dem Spazierhof für Aufsehen sorgte, doch dort wie einst hier draussen, gewöhnten sie sich daran.»

Jedenfalls kam ich mit Gümmeli ins Geschäft, indem ich ihm die Häuser an der Rotwandstrasse 68 und 70 abkaufte. Die zwei Gebäude brachten mir so richtig Geld ein, offiziell wie inoffiziell. Für diese Liegenschaften hatte ich eine Verwalterin, die ich niemals vergessen werde. Das war «Mägi knallhart», wie wir sie gerne nannten. Eine Frau von diesem Kaliber habe ich nie mehr gesehen, nicht einmal in Brasilien, wo so manch hartgesottene Gestalt anzutreffen ist. Mägi war eine Lesbe und alles andere als der weibliche Part in der Beziehung. Sie sorgte mit allen Mitteln dafür, dass ich meinen Zins pünktlich von allen erhielt. Und sollte tatsächlich mal einer in Verzug geraten, holte sie es sich direkt ab, wenn es sein musste auch mit roher Gewalt. Nie vergesse ich, wie ich sie einst nachts im Nightclub Red Lips antraf, wo ich gerade im Ausgang war.

«Was machst du denn hier Mägi?», fragte ich sie verwundert.

«Der Herr Sowieso schuldet dir noch den Zins. Habe gehört, dass er sich hier gern herumtreibt. Für Huren scheint er das Geld zu haben, aber nicht für seine Rechnungen.»

Kaum hatte Mägi fertig gesprochen, betrat Herr Sowieso das Lokal und Peng erhielt er eine Ohrfeige von Mägi. Als der Typ ihr den Betrag immer noch nicht aushändigen wollte, riss sie ihm seine Goldkette vom Hals.

«Hier mit zwei Frauen auftauchen und einen auf grossen Macker machen, aber die Miete nicht bezahlen können», schrie sie ihm dann vor allen Gästen ins Gesicht.

Eine Demütigung sondergleichen, sodass der Zins von da an nie mehr nur einen Tag zu spät eintraf.

Kurz danach lernte ich Hadrian Häberli kennen, einer der damals besten Wirtschaftsexperten der Schweiz, mit Büro an der Bahnhofstrasse Zürich. Vorgestellt wurde er mir von Valentin Landmann, als wir zusammen im Restaurant Blaueck sassen, heute heisst das feine Lokal Casa Aurelio. Bei ihm konnte ich an dieser Adresse ein Büro mieten, wo ich dann Mägi einquartierte und ihren Verwaltungsbereich ausdehnte. Eines Tages besuchte ich sie dort und bekam gerade noch das Ende eines Telefonats mit.

«Na warte, ich komme gleich bei Ihnen vorbei», war der letzte Satz in rauer Stimmlage.

Wie sich herausstellte, hatte Gummialex auf Kosten der Firma eine Limousine bestellt, um ans Rolling Stones Konzert zu fahren. Dies aber, nachdem ihm die Firma bereits nicht mehr gehörte, es war jetzt meine. Als die Rechnung jedenfalls bei Mägi eintraf, kontaktierte sie die Firma, um den Fehler zu klären, doch den Chef der Limousinen Firma schien dies nicht sonderlich zu interessieren und er beharrte weiterhin auf sein Geld. Als er dann zu Mägi am Telefon einen Satz mit «Hör mal zu Mäuschen ...», begann, schloss sie das Telefonat ab, machte sich gleich auf den Weg zu der Firma, wo sie dann das Problem auf die knallharte Art löste. Sie stürmte an der dortigen Sekretärin vorbei, direkt ins Büro des Chefs. Im Büro angelangt, riss sie dem Typen, der gerade am Telefonieren war, den Hörer aus der Hand und zog ihm mit diesem direkt eins über den Schädel. Warum ich dies so genau weiss, weil ich es nachträglich in einem Polizeirapport nachlesen konnte. So war halt die Mägi. Trotz ihrer eigenen Art liess ich ihr immer freie Hand und stand immer hinter ihr, wenn es mal nötig war. Eines schönen Tages besuchte mich Gümmeli Alex und Drittenbass ganz aufgeregt in meinem Büro. Es sei kein Kokain mehr verfügbar, in ganz Zürich alles ausverkauft, es sei die Hölle, jammerten sie mir nervös vor, in der Hoffnung, dass ich noch irgendwie etwas gelagert, ein Ass im Ärmel hätte. Als ich nicht reagierte, holte Gümmeli Alex ein Gramm aus der Tasche hervor.

«Schau Reini, ein Gramm, nur ein einziges, das ist alles was ich noch habe», haspelte er nervös vor mir herum. Drittenbass entwendete Alex das Gramm, holte sein goldenes Röhrchen aus der Tasche und setzte an.

«Aber nicht zu viel, denn ...», konnte Alex gerade noch aussprechen, als Schwups alles in der Nase von Drittenbass verschwunden war.

Den Gesichtsausdruck von Gümmeli Alex in diesem Moment werde ich nie vergessen. Ich selbst genoss die Show und lachte mich bei dem Schauspiel beinahe krumm. Es fehlte nicht fiel und Alex hätte zu weinen begonnen.

Leider nahm es mit Gümmeli Alex kein gutes Ende. Als er begann das Zeugs auch noch zu rauchen, landete er schlussendlich ruiniert in einer Sozialwohnung, wo er mutterseelenalleine starb. Sein Tod ist mir nahegegangen, erst recht, da ich zu der Zeit in Haft sass und nicht an der Beerdigung teilnehmen konnte.

Expansion, Patente und Ideen

Bei mir lief soweit noch immer alles gut. Doris war an meiner Seite und mit Simone lief es blendend. Gerade durfte sie sich eine neue Einrichtung für ihr Zimmer aussuchen, was sie sehr freute. Es war alles harmonisch und ich besass endlich eine Familie, wie ich sie mir stets vorgestellt hatte. Ich war dementsprechend sehr bemüht, diese Normalität zu erhalten. Geschäftlich war ich auf Neuland unterwegs, indem ich die Tower Finanz AG gründete. Diese bestand aus einem grossen Büro in Bülach, das auf das Trading spezialisiert war. Im Büro stellte ich achtzehn Mitarbeiter an und angelte mir als Chefbroker den besten Broker von Thurn und Taxis. Zuerst musste ich viel Geld investieren, bis das Büro endlich Gewinn machte, doch als der Rubel zu rollen begann, wollte er nicht mehr aufhören zu rollen. Wie protzig es nun klingen mag, aber ich musste mir ernsthaft überlegen, was ich mit dem ganzen Geld machen sollte, respektive, wie ich es investieren wollte. In diesem Moment gelangte ich an ein paar österreichische Geschäftsmänner, von denen ich ein Patent erwarb und anschliessend die Firma Explo Controll gründete. Das Patent, das ich erwarb, betraf spezielle Stahlkügelchen. Diese funktionierten nach dem Grubenprinzip. Man konnte sie in einen Benzintank kippen und so jeden Tank brand- und explosionsgeschützt machen. Man konnte ein Auto tanken, also halbvoll tanken, um es spannend zu machen, dann ein Feuer an den Tankstutzen halten und es passierte einfach nichts. Aber gar nichts. Für diese Geschäftsidee habe ich mir eine Maschine für 35'000 Franken gekauft, mit der ich solche Kügelchen herstellen konnte. Um für eine Expansion an einen Kredit zu kommen, nahm ich einen halbvollen

Benzinkanister mit in die Bank mit, stellte diesen bei den Kreditinspektoren auf das Pult, nahm mein Feuerzeug hervor und hielt es hin, sodass eine Panik ausbrach, zuerst über meine Tat, dann über das Ausbleiben des erwarteten Unheils. Der Direktor war von meiner Idee begeistert, betonte jedoch, dass ich auch leichter seine Zustimmung bekommen hätte, ohne eine solche Show zu veranstalten. Der Direktor war so begeistert, dass er privat selbst bei dem Projekt miteinsteigen wollte. Anschliessend ging ich zum Patentanwalt in Österreich, wo ich mir alles beglaubigen lassen wollte, dann aber erfahren musste, dass diejenigen die mir das Patent verkauft hatten, es auf ihren eigenen Namen schon angemeldet und bereits erneut weiterverkauft hatten, sprich sie hatten mich beschissen. Es war ein Betrug, der mich noch heute ärgert. Nachträglich gab es einen Prozess gegen die Erfinder und unter anderem auch gegen mich, doch dies war mir dann alles egal. Bis zur Verhaftung im Jahr 1991 war ich im Gespräch mit den Amerikanern, die hatten Interesse daran, alle Schulbusse mit diesen Stahlkügelchen auszustatten, was das Geschäft meines Lebens gewesen wäre. Einen besseren Kunden als die USA, hätte ich mir nicht vorstellen können. Klar hätten die Kügelchen zuerst noch harte Tests durchlaufen müssen. So wäre es nicht nur ein grosser Fortschritt für die Sicherheit ihrer Kinder gewesen, sondern eine Bereicherung in Sachen Prävention ganz allgemein.

Trotz dieses Misserfolges, der einem Betrug zu verdanken war, hatte ich immerhin noch meine sieben Firmen und die dazugehörigen neunzig Mitarbeiter. Es kam eine hektische Zeit auf mich zu, in der ich manchmal nicht mehr erkannte, wo ich stand und in der ich oft nicht mal mehr wusste, was und wieviel ich überhaupt besass. Der Stress setzte mir zu, sodass ich um eine Auszeit zu nehmen, nach Brasilien flog. Unter der prallen Sonne angekommen, wollte ich in meine Wohnung in Gustavo Sampaio, in der ich seit Jahren nicht mehr war. Der Mieter dort lachte mich aus und dachte nicht im Entferntesten daran, aus der Wohnung auszuziehen. Zwischenzeitlich hatte er das Gewohnheitsrecht, wodurch er mir auch nichts mehr bezahlte. Dies ist ein besonderes Gesetz in Brasilen, dass wir hierzulande nicht kennen, was ich dann im Späteren noch erläutern werde. Natürlich suchte ich einen Anwalt auf, da mir dieses Gesetz auch noch unbekannt war, doch erhielt ich schnell die Antwort, dass man nichts dagegen machen könne. Auch wenn wir einen Prozess anstreben würden, könne dies vier bis fünf Jahre dauern. So musste ich einen anderen Weg finden, den ich dann auch fand. Ich kontaktierte meinen alten Freund Pino von der Policia Federales. Bei einem Nachtessen erklärte ich ihm meine unschöne Situation, wonach er zu lachen begann. Dann begleitete er mich zu meiner Wohnung, wo er mich anwies zu klingeln. Der unerwünschte Mieter öffnete mir genervt die Tür.

«Was wollen Sie schon wieder hier?», fuhr er mich an.

Gerade als ich antworten wollte, stellte sich Pino vor mich hin. Er hielt dem Mieter seinen Ausweis vor das Gesicht und begann ihm zu drohen.

«Das hier ist mein Freund Reini und das ist seine Wohnung. Sie haben zwanzig Minuten Zeit ihre Sachen zu packen. Sollten sie sich weigern oder länger brauchen, lasse ich meine Kollegen kommen, führe eine Hausdurchsuchung durch, wobei ich ihnen garantieren kann, dass ich fündig werde. Haben wir uns verstanden?»

Der Mieter wurde kleiner und kleiner, denn wir erinnern uns, die Brasilianer fürchten nichts mehr als ihre Gesetzeshüter. Nach nicht einmal ganz fünfzehn Minuten hatte der Mieter und sein Anhang das Weite gesucht. Ich war überglücklich mein Heim wieder für mich allein zu haben.

«Pino, was wäre gewesen, wenn sie sich geweigert hätten?», interessierte es mich dann doch noch.

«Ach Reini. Ich wäre in die Zentrale gefahren, hätte aus dem Lager hundert Gramm Kokain mitgenommen und es zufällig hinter dem Sofa in deiner Wohnung gefunden. So hätte ich alle in der Wohnung problemlos verhaften können.»

Nach meinem Erholungsurlaub in Brasilien begab ich mich wieder in die Heimat. Einige Tage später, als ich mich gerade wieder an das Sauwetter in der Schweiz akklimatisiert hatte, fragte mich Doris an einem Nachmittag etwas Seltsames.

«Weisst du überhaupt wieviel du besitzt?»

«Ja klar weiss ich das», log ich, denn tatsächlich hatte ich vor lauter Geld verdienen, immer mal wieder den Überblick verloren, zudem hatte ich meiner Verwalterin freie Hand gelassen. Ihr konnte ich ja vertrauen. Doris durchschaute jedoch meine Lüge.

«Soll ich das Geld, dass wir hier im Büro haben kurz zählen, damit wir wenigstens diesen Stand wissen?», fragte ich Sie zur Beruhigung.

«Ja, das ist eine gute Idee, mach das.»

So begann ich die Knete zu zählen, als plötzlich das Telefon klingelte, so dass ich unterbrechen musste.

«Zähl du für mich weiter», wies ich Doris an.

Nach dem Telefonat hakte ich nach, wieviel Geld wir gerade im Moment in bar hier hätten.

«220'000», kam als Antwort.

Ich bestätigte, dass dies so stimmen könnte, worauf Doris das Geld nochmals nachzählte und mir den Betrag erneut bestätigte. Am nächsten Morgen hingegen, erteilte sie mir eine wertvolle Lektion.

«Du sagtest, du weisst wieviel Geld du hast. Hier sind noch 60'000, die ich gestern absichtlich entwendet habe, um dir zu zeigen, dass du keinen Überblick mehr hast, denn in Wahrheit hatten wir 280'000 Franken hier.»

Ich schwieg einen Moment. Damit hatte ich nicht gerechnet.

«Ich bin deine Freundin Reini, mich brauchst du nicht fürchten, denn ich betrüge dich nicht, aber ob du allen so vertrauen kannst wie mir?»

Sie hatte Recht, musste ich mir unweigerlich eingestehen. Es galt für mich ab sofort, die Augen offenzuhalten und einen Kontrollmechanismus einzuführen.

Zwischen 1990 und 1993 kam die Sperre für den Handel mit Liegenschaften. Diese konnte man zwar in einer Grauzone umgehen, denn kannte man sich gut aus, wie Drittenbass, wusste man, dass man die Liegenschaft schon verkaufen konnte, wenn man dies inklusive der Firma tat, die sich darin befand. Genau zu diesem Zeitpunkt musste ich betreffend einer meiner Liegenschaften handeln, denn ich drohte damit Geld zu verlieren. Mein Notar hielt den Verkauf trotz Drittenbass' Idee nicht für durchführbar, so musste also Drittenbass selbst her. Als ich diesen kontaktierte, befand er sich seit Tagen huckedicht in einer Bar.

«Würde dir ja gerne helfen, doch würde ich nun aufstehen, rausgehen und mich länger bewegen, würde ich gleich umkippen», erklärte Drittenbass höchst angeheitert.

So kam es, dass ich mit Mägi in diese Bar fuhr, wo wir ihm auf der Toilette eine Art provisorisches, zweckmässiges Büro einrichteten, indem er uns dort den Vertrag zitieren konnte. Kaum fertiggestellt, machte ich mich wieder auf zum Notar, der nach der Durchsicht des Vertrages seine Brille niederlegte, ganz erstaunt über den Inhalt.

«Wer hat Ihnen diese geniale Formulierung geliefert?», fragte der Notar überwältigt von Drittenbass' Fähigkeiten.

Als Drittenbass wieder ausgenüchtert war, kam er mich in meiner Wohnung besuchen, in der ich gerade gemütlich vor meinem Fernseher und der Stereoanlage sass. Drittenbass benötigte einhunderttausend. Wie gewohnt versprach er mir einhundertfünfzig tausend zurück und ich willigte ein. Bevor Drittenbass mein Heim verliess, fasste er meine Stereoanlage ins Auge.

«Gefällt sie dir nicht?», hakte ich bei Drittenbass nach.

«Nein, nein. Das ist es nicht. Aber es gibt doch bereits neuere und bessere Modelle», meinte er verständnislos.

«Ja, Felix gibt es. Aber mir genügt dieses Modell vollkommen. So lange es funktioniert und ich die Handhabung beherrsche, ist es genug.»

Am nächsten Morgen klingelte es bei mir. Ein Lieferant von TV Steiner lieferte mir das neuste Soundsystem von B&O, was Drittenbass zu verdanken war, der gerade eine Nacht durchgemacht und dabei ein gutes Geschäft abgeschlossen hatte. Am selben Tag besuchte mich dann Felix in der Negresco Bar, wo er mich nach dreihundert Gramm Kokain fragte. Meine Antwort war, dass leider momentan alles aufgebraucht und somit auch nichts vorrätig sei.

«Schade, denn ich habe einen wirklich guten und reichen Kunden geangelt.»

Ich fragte nach, ob der Kunde heikel und nur auf da Beste aus sei, denn ansonsten hatte ich einen Vorschlag. Drittenbass begann interessiert zuzuhören.

«Wenn das Kokain auf dem Schiffsweg über den Atlantik kommt, kann es sein, dass die Lieferung Schaden davonträgt. Denn wenn das Koks unter dem Schiff, also am Bug, angebracht ist und dann von den Tauchern hier in Europa wieder weggenommen wird, kann es immer mal wieder sein, dass etwas nicht dicht war. In diesem Fall dringt Salzwasser herein, wodurch sich am Rande einiger Packungen eine Schicht bildet, die braun bis violett wird. Das Kokain ist eigentlich immer noch gut, es hat sich nur verfärbt wegen der undichten Verpackung, die es eigentlich vor dem Salzwasser isolieren sollte. Von hundert Kilo sind es meist mal drei bis fünf Kilo, die diesen Effekt aufweisen.»

Drittenbass gefiel die lehrreiche Lektion, doch wartete er gespannt auf den Zusammenhang zu seinem Anliegen.

«Sparsam wie ich bin, habe ich jedes Mal, wenn es eine solche

Schicht gab, die meist nicht mehr als zehn Gramm betrug, stets auf die Seite gelegt, sodass ich nun etwa 600 Gramm davon habe.»

Jetzt verstand Drittenbass den Zusammenhang. Nun taten wir etwas, was ich normal nicht tat. Wir streckten das Kokain. Aus dem ursprünglichen Reingehalt von 92 % wurde eine von 55.2 %, was immer noch top war. Im Übrigen wird bis heute viel von 98 prozentigem Stoff geredet, was aber Schwachsinn ist, denn bei organischem Material sind 92–94 Prozent das Höchstmögliche. Alles andere ist dann synthetisch hergestellt. Im Labor wird es auf Säuregehalt getestet, was man auch mit anderen Streckmitteln erreichen kann. Es gibt also das Kokain, das direkt von der Fabrikation aus Südamerika kommt und getestet wird, wodurch es 92 % hat und nach dem Strecken mit dem speziellen Streckmittel dann 98 %. Dies kann einfach schlichtweg nicht sein. Das Kokain ist das am meisten gefälschte Produkt auf der Welt und kann x-beliebig gestreckt oder besser gesagt verfälscht werden. Man sagt oft, dass wenn der Mund stark einschläft, es gut sei, doch dabei ist es dann mit Lidocain oder sonst einem Narkosemittel von Zahnärzten gestreckt. Genau erkennt man es, dass der Mund erst nach drei bis fünf Minuten einschlafen darf, ansonsten besteht Lidocain Alarm. Es gibt Leute, die behaupten, wenn man ein Gramm Kokain aufkocht mit Natron oder Ammoniak 25 % (Salmiakgeist 12 %) und das was am Ende übrigbleibt, dann das reinste Kokain sei. Und wenn 0.5 Gramm als Rest bleibt, von einem Gramm, dann ist es fünfzig Prozent. Das stimmt auch nicht, denn man kann Backpulver reintun und Crack machen oder mit Maisstärke oder sonst einem höheren Säureanteil, Ameisensäure oder Entwurmungsmitteln panschen, so dass nicht alles aufgelöst werden kann. Es wird mit Ephedrin, Koffein, Amphetamin, Methamphetamin, Ritalin, Guarana, Geschmacksverstärker, also Emulgatoren, 2-c-b sowie 2-c-c oder wenn sie Pech haben, mit Milchpulver, Edelweiss, Schüsslersalz Nr. 7 oder einer einfachen Kopfschmerztablette wie Ponstan gestreckt und dann kommt die Nase noch gut davon. Immer wieder gibt es Leute, die irgendwelche Medikamente beifügen, deren Inhalt ihnen unbekannt ist oder gar absichtlich Gift beimischen. Ich kann aus Pulver wieder Stein machen und es zusammenkochen und anschliessend pressen. Aus synthetischen mit Benzol bearbeiteten und so schmeckt es wieder organisch, nach einem kleinen Schuss gelber Lebensmittelfarbe. Es gibt unglaubliche Tricks, von denen sich auch die Grossen im Geschäft immer wieder faszinieren lassen. Selbst Pablo Escobar, mit ihm habe ich übrigens einmal zu Abend gegessen, würde allen bestätigen, dass es nichts Stärkeres als 92 Prozentiges in Kolumbien gibt. Escobar wurde mir von Suarez vorgestellt, wie ich durch die Polizei später erfahren habe, existieren von diesem Treffen Fotos, die von der CIA angefertigt wurden. Ich selbst bekam diese nie zu Gesicht.

Auch wenn ich kein Doktor bin, warne ich immer davor, alles zu glauben, was die Eve & Rave Tests oder die staatlichen Forensiker erzählen. Die Tricks der Gauner sind immer weiter voraus und besser geschult als jeder Wissenschaftler unserer Universitäten und Labors, wenn es um Kokain geht, denn der besser bezahlte, hat meistens die besseren Ergebnisse. Gerade die Grossdealer verfügen meist über Unsummen in der Portokasse, mit denen sie eigene Labors finanzieren können, die oft einen viel höheren technischen Standard aufweisen, als die Universitäten. Ich habe einmal mit eigenen Augen gesehen, wie einer es schaffte, Zeitungen mit Kokain vollsaugen zu lassen, um so über den Zoll zu kommen, wonach er die Zeitung chemisch auswusch, sodass der Stoff raus war und man die Zeitung immer noch lesen konnte, man erkannte weder Flecken noch sonstige Schäden. Es gibt heutzutage unzählige Möglichkeiten Kokain durch die Welt zu schmuggeln. Allein die Wasserflaschen mit fünf Prozent Kokain zu füllen, ist eine simple Lösung. Hat man tausend Flaschen so präpariert und löst man das Kokain vom Wasser wieder los, hat man fünf Kilo sicher geschmuggelt. Nun stellen sie sich einen ganzen Lastwagen voll vor.

André Spiggi Dellsperger zum Beispiel verfügt über solche Methoden besonders tiefe Kenntnis. Mehr als irgendein Forensiker der für die Polizei arbeitet. André achtet auf zwanzig verschiedene Feinheiten, er führt alles bis zum finalen Test selber aus, was dann der Konsum selbst ist. André ist davon überzeugt, dass die Resultate der polizeilichen Tests oftmals gar nicht stimmen können. Denn wenn man das Kokain zurückbekommt, weil es dem Kunden nicht gefällt und die Polizei behauptet vom selben Material, dass es hochwertig sei, so kann definitiv etwas nicht stimmen.

Zurück zu Drittenbass. Ich gab ihm von dem weissgelb gefärbten Kokain dreihundert Gramm. Verlangt habe ich rund fünfzehntausend. Drittenbass machte sich damit zu seinem Kunden auf, damit er eine Probe nehmen konnte. Natürlich gab es ein Rückgaberecht, da die Qualität ja nicht dieselbe war wie gewohnt, daher die Ausnahme. Ich selbst wurde skeptisch als Drittenbass aufbrach und rechnete bereits mit einem scheiternden Deal, doch ich täuschte mich.

«Wie viel hast du noch davon?», fragte mich Drittenbass mit euphorischem Blick.

«Rund 600 Gramm, wieso?»

«Gekauft», schrie er erfreut.

Ein geglücktes Geschäft.

Eine kleine Anekdote bezüglich Kokain zum Abschluss dieses Kapitels. Eines Tages schickte ich Luciano mit einem anderen Typen los nach Graz, wo sie fünf Kilogramm Kokain in ein präpariertes Auto montieren und herüberbringen sollten. Da sie zu spät an der Grenze ankamen, kehrten sie in einem Hotel ein, wo sie anschliessend zu viel becherten. Im Suff erinnerte sich Luciano, dass es wohl besser sei, würde man das Auto in der Tiefgarage verstauen. Scheinbar stürmte es im Kopf dann aber doch zu sehr, sodass sie es unterliessen. Am nächsten Tag standen die beiden auf einem leeren Parkplatz. Das Auto wurde gestohlen. Sollte der Dieb über die Grenze gefahren und mit dem Material erwischt worden sein, so glaubte ihm wohl keiner, nichts von dem Material gewusst zu haben. Das dürfte dann mal eine saftige Strafe für einen Autodiebstahl geworden sein.

Geldwäscherei und Fehlinvestitionen

Mit Luciano di Maria begann ich vermehrt Geschäfte zu tätigen, indem wir mehr und mehr Geld für die Mafia zu waschen begannen. Wir drehten ein Ding nach dem anderen, wobei sich unsere beiden Taschen füllten. Ein besonders grosser Coup war es, als Luciano mit Jürg Heer in den Julius Bär Bankenskandal verwickelt wurde, wo wir einiges an Geld aus dem Feuer ziehen mussten. Zu dieser Zeit war ich also mehr als flüssig und auch bereit, mir das eine oder andere selbst zu gönnen. So kam es, dass ich Gerber kennenlernte, der eine Cessna (Flugzeug) mit acht Plätzen besass. Gerber integrierte ich in einige meiner Geschäfte und mit einem Teil meiner vollen Taschen beteiligte ich mich an seiner Cessna. Somit waren wir per sofort ziemlich flexibel was Korsika und Mallorca anging. Ich weiss noch gut, wie wir einen Kumpel namens Lipps in Mallorca besuchten, der gerade ein Hotel erworben und zu riesigen Appartements umgebaut hatte.

Lipps erzählte mir bei meiner Ankunft von seinen aktuellen Problemen, denn die Hypothekarzinsen machen ihm gerade schwer zu schaffen. Lipps stand mit hundertzwanzigtausend in der Kreide. Ich gab ihm das Geld, bekam dafür im Gegenzug eines der neu errichteten Apartments. Nach diesem für mich sehr günstigen Handel flog ich mit der Cessna zurück in die Schweiz und von dort, mit Markus Schön zusammen, nach Rio, wo wir zwei weitere Apartments erwarben. Dort lernte Markus eine Brasilianerin kennen, die er anschliessend heiratete. Eine Frau von der Sorte, die ganz eindeutig nicht ganz sauber im Kopf war, aber wie hätte ich dies verhindern können, denn man weiss ja, wie wir Männer sind, wenn wir verliebt sind. Hoffnungslos stur dumm und blind.

Später als ich und Markus verhaftet wurden, verdankten wir dieser Psycho einen erheblichen Verlust, denn in den beiden Wohnungen hielt sie über dreissig Hunde, welche die Apartments verwüsteten und den Wert der Wohnungen in den Boden wirtschafteten. Die Psycho war so krank, dass sie sogar die Nachbarn vergiften wollte, indem sie ihnen Gift in den Wassertank schüttete, was dann aber gottseidank nicht wirkte. Am Ende kam sie in die Psychiatrie und die Wohnungen wurden versteigert. Als ich nach meiner Haftzeit von Markus eine Entschädigung für all dies wollte, schickte ich ihm Fritz, einen guten Freund vorbei, der aber auch nichts ausrichten konnte, denn Schön drohte damit, die Polizei zu rufen und ihnen mitzuteilen, dass ich ihn umbringen lassen wolle. Somit war ich in dieser Sache blockiert, da jeder weitere Schritt nur ein Risiko bedeutet hätte. Wie es dazu kam, dass ich mich mit Schön zerstritt, erfahren wir später.

Genau zu dieser Zeit, als wir in Rio die Wohnungen erwarben erhielt ich von Suarez einen Anruf. Wir trafen uns zwei Monate später in Rio, wo wir unser Wiedersehen feierten. Dort informierte mich Suarez, dass er seinen Cousin, den Thomas Gasser, in der Schweiz bei mir vorbei schicken werde und ich mich bitte gut um ihn kümmern solle. So kam Gasser zu mir in die Schweiz, was auch die Polizei bei seiner Einreise mitbekam, denn der Cousin des mächtigen Drogenbarons war ihnen selbstverständlich bekannt. So befürchteten sie wohl wieder einen grossen Deal, als sie ihn beim Beschatten mit mir zusammen antrafen, was wohl kaum auf einen Urlaub hindeutete. Gasser war bei seiner Ankunft nicht in guter Verfassung. Ein Magengeschwür plage ihn, worauf ich ihn im Hotel Schweizerhof einquartierte. Gasser sollte unter anderem zu mir kommen, um mir Material um die dreissig Kilogramm zu organisieren, von Leuten, die mir unbekannt waren. Um möglichst wenig Aufsehen zu erregen, liess ich ihn nach seiner Genesung, bei mir im Hotel an der Bar arbeiten. So konnte man auch die Polizei verwirren, da der Anschein entstand, dass Gasser vielleicht nur eine Art Austauschjahr absolvieren wolle.

Als die dreissig Kilo Lieferung Kokain endlich bei mir eintreffen sollte, traf jedoch nichts ein. Es stellte sich heraus, dass Gasser kein gewiefter Organisator war. Die Ware blieb durch ein Missgeschick in Griechenland hängen. Mir blieb nichts anderes übrig, als Suarez über diesen Patzer zu informieren, zudem bat ich ihn, mir nächstes Mal einen besseren Mann zu schicken, der auch was auf dem Kasten hätte. Cousin hin oder her, aber der Typ war echt eine Niete. Suarez entschuldigte sich beschämt am Telefon. Er versicherte mir, seinen Cousin streng zur Rede zu stellen, sowie ihn gegebenenfalls zu bestrafen. Nach meiner Verhaftung wurde ich vom Polizist Wicky gefragt, was ich mit Roberto Suarez zu tun hätte.

«Suarez ist ein guter Freund von mir, na und?», antwortete ich, als wäre nichts an der Sache kurios.

«Wissen sie wer das ist?», stocherte Wicky nach.

Ich verharrte in Schweigen.

«Das ist einer der grössten Kokain Händler der Welt!»

«Na und ...», antwortete ich achselzuckend «...darf man deswegen mit ihm nicht befreundet sein?»

Wicky schien genervt ab meiner Lockerheit.

«Kennen Sie auch einen gewissen Thomas Gasser?»

«Ja, den kenne ich ebenso.»

«Was hat er bei ihnen in der Schweiz gemacht?», hakte Wicky unerbittlich nach. Mir war bewusst, dass ihm die Antwort nicht passen würde, wie immer sie lauten auch würde.

«Der Arme litt an einem starken Magengeschwür, weshalb er zur Genesung in die Schweiz zur Kur kam, wo er sich in meinem Hotel Schweizerhof einquartierte, bis es ihm besser ging, danach flog er wieder heim.»

Wie erwartet, verärgerte Wicky meine Antwort, obschon ich ja nicht einmal gelogen hatte. Magengeschwüre hatte Gasser. Bei mir im Hotel war er auch einquartiert.

«Was ist mit den fünfhundert Kilo Kokain?»

«Fünfhundert Kilo Kokain? Davon weiss ich nichts», verteidigte ich mich zurecht, denn davon hatte ich nun wirklich keine Kenntnis.

Erst im Nachhinein erfuhr ich, dass sich Suarez mit Gasser zerstritten hatte, denn Suarez schien einem Gesichtsverlust nahe, durch das Versagen seines Cousins. Um sein Gesicht zu wahren und den Patzer seines Cousins wiedergutzumachen, liess er mir fünfhundert Kilo Kokain in die Schweiz liefern. Als die Ware angekommen war, liess er mich überall suchen. Natürlich konnte man mich nicht finden, denn ich befand mich zu dieser Zeit in Untersuchungshaft. Als Suarez schlussendlich erfuhr, wo ich sass, liess er den ganzen Stoff nach Griechenland zurücktransportieren.

Der ruhige See und der Sturm mit Schön

Als ich gerade in Rapperswil zwei neue Wohnblöcke von einem Liegenschaften Händler erworben hatte, blickte ich verträumt auf den Zürichsee, der mir bereits seit Kindheitstagen stets imponiert hat. Der Händler lud mich ein, mit ihm zur Werft Faul zu fahren, wo er sein Bott abholen musste. Auf dem Weg dorthin wurde mir klar, was ich schon lange wollte, aber noch nie besass. Ein Boot. In der Werft Faul stach mir augenblicklich ins Auge, was ich mir in meinem Kopf bereits imaginär zusammengebastelt hatte. Ein mittelgrosses Schiff, mit zwei Schlafzimmern, Küche, Bad und allem Schnickschnack den man sich nur wünschen konnte. Als ich mich nach einem Bootsplatz erkundigte, bot man mir einen in Horgen an, direkt neben der Kantonspolizei, wo man das Boot einschiffen und anschliessend elektronisch aus dem Wasser heben lassen konnte. So kam es, dass ich diese kleine Yacht erwarb, obschon ich noch nicht einmal die Bootsprüfung absolviert hatte, was es nun gleich nachzuholen galt. Nach einigen Wochen war ich somit nicht nur der Schneekönig, sondern auch Seemann oder besser gesagt Kapitän meines eigenen Schiffs. Freunde bezeichneten mich auch gerne als moderner Pirat. Wie es vielen Bootsbesitzern ergeht, war auch ich so beschäftigt, dass ich es nie wirklich geniessen konnte. Am Anfang nutzte ich mein Boot rege, doch meine Pendenzen liessen es immer weniger zu. Heute bereue ich es sehr, denn dieses Privileg hatte ich eindeutig zu wenig geschätzt und genutzt.

In meiner Bootszeit übertrieb ich es gerne mal mit dem Erwerb luxuriöser Gegenstände, so kaufte ich zu der Zeit auch zwei Bilder vom Maler H. R. Giger. Obschon ich zugeben muss, dass ich die

Bilder nicht mit Geld, sondern mit Kokain bezahlt habe. Denn Ruedi Hofmann, ein alter Bekannter und ehemaliger Mitinsasse aus dem Saxerriet war gerade knapp bei Kasse, weshalb ich mich auf diesen ungewöhnlichen Tausch einliess. H. R. Giger lernte ich im Übrigen selbst kennen. Sein zu Hause werde ich nie vergessen. Alles war schwarz gefärbt, sogar die Fenster waren abgedunkelt. Neben seinem Bett stand eine Staffelei, sodass er während dem Schlaf mit den Pinseln malen und mit den Farben spritzen konnte. Trotz seiner Eigenart muss ich eingestehen, dass die Gespräche mit ihm stets von höchstem Niveau waren. Mit ihm konnte man über Gott und die Welt philosophieren.

Offensichtlich schmiss ich in dieser Zeit mit viel Geld um mich, ohne mir gross Gedanken darüber zu machen, ob und wieviel Sinn eine Investition, respektive ein Kauf machte. Genau in dieser Zeit kam Gerber auf mich zu.

«Ich habe ein hervorragendes Projekt in Aussicht. Es betrifft Paraguay und verspricht eine gewaltige Rendite.»

Solche Aussagen sind immer zu hinterfragen, so verlangte ich detaillierte Unterlagen, die ich mir bis ins Kleinste durchlas. Der Business Plan wirkte hoch interessant. So kam es, dass ich mich nach Paraguay aufmachte, wo wir im Land angekommen, in ein kleineres Flugzeug umstiegen und zu einer Ranch ausserhalb flogen. Es war ein ausgedehntes Anwesen, mit über 17'000 Hektaren Land, Flamingos und circa 300 Rinder. Bereits kurz nach unserer Ankunft wurde unser Bild in der Zeitung abgedruckt und wir als mögliche Investoren präsentiert. Es kam wie es kommen sollte. Am Ende erwarb ich nicht nur die gesamte Ranch, nein, auch gleich noch eine Halbinsel dazu. Am Ende fehlten jämmerliche fünfzigtausend Franken, damit alles abgezahlt gewesen wäre. Meine Haftzeit machte mir einen Strich durch die Rechnung, wodurch ich all das verlor.

Nach dem Erwerb der Ranch lief jedoch soweit alles noch rund weiter. Doris redete stark auf mich ein, dass ich meine Geschäfte mit dem weissen Zeugs einstellen solle, denn Geld hatten wir ja wahrlich genug. Nach einer Weile Drang Doris zu mir durch, weckte meine Vernunft. Tatsächlich begann ich mich langsam aus dem Schneebusiness zurückzuziehen. Markus Schön begann unterdessen mit anderen Leuten Geschäfte zu machen, wo ich nicht mehr über alles einen vertieften Einblick bekam. Trotz allem bestand ich darauf, dass die Gewinne vom Schnee korrekt halbiert werden. Markus Schön schien damit einverstanden. Kurz danach bat er mich darum, ihm dreihunderttausend Franken zu wechseln, denn er müsse in Brasilien unbedingt ein wichtiges Geschäft tätigen. Ich sagte zu, bestand aber darauf, das Geld vorzeitig sehen zu können.

«Ok Reini, ich bringe es dir morgen», antwortete er, ohne zu zögern.

Wenn man in Rio einreist und man viel Geld dabeihat, benötigte man einen Banknachweis für das Geld, das man einführen wollte. Dieses Papier zu «erhalten» war nie ein Problem. Wichtig war aber, das Dokument nach dem Passieren des Zolls sofort zu vernichten. Immer und immer wieder habe ich dies Markus Schön wieder und wieder gesagt, und jedes, aber jedes Mal meinte er, ja, das weiss ich Reini, das musst du mir nicht immer wieder sagen.

Als ich mit dem Auto unterwegs war, erfuhr ich von Doris telefonisch, dass Markus Schön mit dem Geld angekommen sei. Wie mich einst der alte Israeli an der Diamantenbörse gelehrt hatte, bestand ich immer auf einem Geldnachweis und da Markus Schön diesen ja nun erbracht hatte, bestellte ich wie vereinbart die Dollars. Am nächsten Tag fand die Übergabe statt, wonach Markus damit gleich nach Rio abflog. Ein guter Verdienst, ohne jegliche Schweissperle.

Die folgenschweren Service-Tablare

Ein Mann namens Tino rief mich aus heiterem Himmel an. Tino kannte ich angeblich von früher aus meiner Gefängniszeit, wie es mir nach einigen Worten dämmerte. Bis heute weiss ich nicht, wo genau wir uns kennengelernt haben, doch wäre es mir zu peinlich gewesen, dies ihm gegenüber anzusprechen. Schnell erkannte ich jedoch, dass er mich regelrecht aufzusuchen versucht hatte. Über einen Dritten kam er an meine Büronummer, damit er mich um einen Termin bitten konnte, für ein Treffen bezüglich einer, so seine Worte, hoch wichtigen Angelegenheit. Bei unserem Treffen erzählte er mir, dass er Werbefachmann und Grafiker mit einer eigenen Firma sei und er nun einen Auftrag in Rio de Janeiro erhalten hätte. Als er dann umschweifte, indem er mich auf einen dortigen Kontakt für Kokain ansprach, leuchtete mir endlich ein, was er von mir wollte. Wenn er schon mit Rio zu tun hatte und dort einen Auftrag ausführte, wollte er sich gleich noch mit Schnee die Taschen füllen. Eigentlich war ich ja gerade dabei mich aus all den weissen Geschäften zu entfernen, doch war es auch zugleich die Zeit, als Markus Schön gerade mit den 300'000 nach Rio gereist war. So brauchte ich Tino ja nur mit ihm in Verbindung zu setzen.

Ich stellte also einen Kontakt zwischen Tino und Markus her, während ich mich selbst damit täuschte, es ja nur eingefädelt zu haben. Ich täuschte mich selbst, indem ich meine Beteiligung herunterspielte. Ich sei ja nicht direkt an dem Deal und den dortigen Geschäften beteiligt.

Kurz darauf reiste Tino nach Rio, wo er sich, wie ich bald erfuhr, mit Markus hervorragend verstand. Auch wenn ich mit der Sache nicht direkt zu tun haben wollte, war es mir wichtig, alles im Auge zu behalten, denn würde Markus erwischt werden, hätte dies auch für mich und erst recht auf meine Liegenschaften unschöne Konsequenzen gehabt.

Als die beide neuen Best Friends zurück in der Schweiz waren, berichteten sie mir euphorisch von ihrem gemeinsamen Coup. Und zwar, hatten sie Servicetablare mit Tinos Hilfe so manipuliert, dass diese für die Schweiz in Rio grafisch bedruckt wurden und sich unter dem Druck Kokain befand. Die Lieferung erwarteten sie demnächst. Meine Begeisterung hielt sich schwer in Grenzen, zumal gerade noch Mösi, ein Kurier von Markus, kurz zuvor verhaftet wurde und um den es sich zu kümmern galt, denn wenn einer einsass, musste man sich um diesen kümmern, damit er nicht in Versuchung kam, gewisse Dinge auszuplaudern, die uns draussen in Schwierigkeiten bringen konnten.

«Kümmere dich um Mösi Markus, vergiss nicht, dass er für dich einsitzt und er über viel Wissen verfügt», tadelte ich ihn einmal mehr.

«Lass mich machen. Ich weiss was ich mache», antwortete Markus schnippisch, wie eine beleidigte Leberwurst.

Mösi sass im Knast, weil er für Markus, den er über alles vergötterte, sechs Kilogramm Koks als Kaffee getarnt, im Flieger transportiert hatte. Dies zu einer Zeit, als ein Kurier nach dem anderen verhaftet wurde, da gerade der Krieg mit Saddam Hussein im Gang war. Durch den Golfkrieg wurden die Sicherheitsvorkehrungen weltweit an allen Flughäfen erhöht.

An einem Sonntag kurz darauf, rief mich Tino an und bat mich erneut um ein Treffen. Wir trafen uns im Negresco. Markus befand sich wegen einer Sache mit Geldspielautomaten in der Slowakei. Ihnen zu helfen wirkte auf mich riskant, zumal ich von Mösi wusste, dass der alles andere als gut von Markus versorgt wurde. So stellte er ein erhebliches Sicherheitsrisiko hinter Gittern dar, es war nicht auszuschliessen, dass Markus bereits observiert wurde. Und in eine Observation zu geraten, war nun gar nicht in meinem Interesse. Ich erklärte glasklar, keine Verpflichtung zu haben, in dieser Sache irgendwie mitzuwirken. Meine einzige Hilfe bestand aus einem Ratschlag.

«Lass die Ware ein paar Wochen unausgepackt liegen, fasse nichts davon an».

So konnte man, würde die Ware beschlagnahmt werden, immer noch sagen, man hätte von dieser Sache nichts gewusst, man habe zwar die Servicetablare bestellt, jedoch nichts vom Inhalt gewusst. Zudem hätte man auch das Argument vorbringen können, dass man es ja wohl kaum wochenlang, unausgepackt herumliegen lassen hätte, wäre man sich des kostbaren Inhaltes bewusst gewesen. Kurz darauf, tauchte Tino wieder bei mir auf. Er bettelte darum, das Material bei mir im Bunker verstecken zu dürfen, was ich dann nach langem Überlegen zuliess, während ich mich selbst tadelte, einmal noch, nur ein einziges Mal noch, danach ist Schluss. Tino war erfreut und erleichtert. Er erklärte mir, bereits die Hälfte der Ware im Kofferraum dabei zu haben, was nicht nur fahrlässig, sondern eigentlich auch hoch unprofessionell und dumm war. Also brachten wir diese Hälfte zu mir nach Hause an den Zürichberg. Nach dem Abladen wurden wir auf der Rückfahrt plötzlich von der Polizei angehalten und kontrolliert. Eine Nachmittags-Polizeikontrolle ist in der Schweiz eine absolute Seltenheit und aktivierte bei mir sofort alle Alarmsignale.

Wir fuhren darauf in eine Zürcher Parkgarage, wo ich stets ein Ersatzauto geparkt hatte, für den Fall der Fälle, wie es gerade der Fall war. Als wir umsteigen wollten, mussten wir feststellen, dass jemand an meinem Ersatzauto sämtliche Pneus zerstochen hatte. Ein Zufall? Alles nur aneinander gekettete Zufälle, oder war mehr dahinter verborgen? Ich war zu lange im Geschäft, um noch an solche Zufälle zu glauben, oder gar auf sie zu hoffen. So ging ich direkt zur Polizei, um eine Anzeige zu machen, denn hegt man den Verdacht observiert zu werden, muss man sich stets natürlich verhalten, jede Auffälligkeit verrät viel. Und jemand, dessen Reifen zerstochen wurden, der dann nicht reagiert, ist auffällig, der hat etwas zu verbergen. Ironischerweise hatte die Polizei für mich keine Zeit. Ich wurde gebeten ein anderes Mal vorbei zu kommen. Wieder etwas, was alles andere als ein Zufall zu sein schien. Es galt nun definitiv und sofort das Fahrzeug zu wechseln und sich irgendwie, wie auch immer, unsichtbar zu machen. Tino kam die Idee, das Fahrzeug seiner Grossmutter auszuleihen, die nicht unweit von unserem aktuellen Standort entfernt wohnte. Während der Fahrt dorthin, bog ich unzählige Male unnötig ab, immer mit dem Blick auf den Rückspiegel gerichtet, um einen Verfolger, falls vorhanden, erkennen zu können. Es war jedoch nichts verdächtig. Als wir das Fahrzeug ausgewechselt hatten, fuhren wir los, um die zweite Hälfte der Ware abzuholen und in meinem Bunker zu verstauen. Danach wartete ich in der Negresco Bar, während sich Tino zu meinem Haus am Zürichberg aufmachte, wo wir die erste Hälfte deponiert hatten, um nach dem Rechten zu sehen. Sollte es Probleme oder den Anschein von Verfolgern geben, wies ich Tino an, mich von einer Telefonkabine aus in der Bar anzurufen und vorzuwarnen. Schlussendlich kehrte Tino unbeschadet zurück, wir verstauten im Bunker die Ware aus dem Kofferraum und machten uns anschliessend auf den Weg retour ins Negresco, wo Tino sich etwas Hochprozentiges gönnen wollte, um die Nervosität zu dämpfen, die ihn in Beschlag genommen hatte. Man merkte bei dieser Aktion, dass er in solchen Situationen noch Jungfrau war. Als wir das Negresco betraten, dachten wir beide kurz eine Fata Morgana wahrzunehmen, denn vor uns sass Markus Schön, seelenruhig am Tresen. Sein Anblick erboste mich.

«Hol deinen Scheiss sofort aus meinem Bunker und lass mich in Zukunft aus deinen Kindereien raus. Kapiert?», fuhr ich ihn in einem Ton an, der allen die mich kannten bewusst machte, jetzt ist nicht mehr gut Kirschen essen mit dem Schneekönig.

«Bitte Reini, nicht aufregen. Ich habe keine Ahnung wohin mit dem Zeugs. Hab doch Verständnis. Gib mir nur noch ein bis zwei Wochen Zeit, bis ich weiss wohin damit, bitte, bitte ...», begann Markus mich flehend zu bitten.

«Drei Tage, also genau bis Montag, gebe ich dir Zeit. Drei und keinen Tag mehr, dann muss alles verschwunden sein, wohin auch immer, mich interessiert es nicht.»

Mein Ultimatum war gestellt. Danach folgte eine nicht enden wollende Dankesrede von Markus, mit dem Versprechen, dass er mich mit einem grossartigen Betrag am Gewinn beteiligen würde. «Markus, lass uns nun die andere Hälfte der Ware bei mir zu Hause abholen, oder glaubst du etwa, dass ich dies auch noch mit diesem Tino machen soll?!»

Wir fuhren mit dem Auto von Markus zu mir nach Hause. Wie immer hatte ich stets den Rückspiegel im Auge. Bei meinem Bunker angelangt, nahmen wir gerade die Tablare in die Hand, um sie zu verstauen, als ich den düsteren Scherz machte. «Stell dir vor Markus, wir würden jetzt verhaftet werden. Ich würde verhaftet für etwas, für das ich nicht einmal verantwortlich bin, sprich für deinen Mist.»

Kaum ausgesprochen, strömten von allen Seiten Polizisten herbei. Sekunden später lagen wir nebeneinander am Boden, im Wissen darüber was uns nun erwarten würde. Mir war bis zu diesem Zeitpunkt nicht einmal klar, wieviel Koks überhaupt in den Tablaren steckte. Ich rechnete mit zwei bis drei Kilos, am Ende waren es aber neun. Somit hatten wir zum Zeitpunkt der Verhaftung viereinhalb Kilos in der Hand. Der Schlüssel zum Bunker in meiner Hand, wo gleich die nächsten viereinhalb Kilos drin lagen.

Ein neuer Kontakt

1991

Ungefähr ein Jahr vor meiner Verhaftung stellte mir ein Anwalt einen neuen Kontakt namens Padrun vor. Dieser Padrun war später mit mir in den Breu Skandal verwickelt. Dieser Skandal bezieht sich auf den Bruder des bekannten Radrennfahrers Beat Breu, der in der Bank «Leu» gearbeitet hatte. Später wurde die Bank nur noch Bank «Breu» genannt. Robert Padrun war es, der mit Breu zusammen die Bank durch Betrug um mehrere Millionen Franken erleichterte. Padrun war jedoch der Schlauere der beiden, denn während Breu im Knast landete, landete das Geld bei Padrun, der die Gitter nicht einmal zu sehen bekam. Mein Kollege, der Anwalt, stellte mir diesen Padrun als «Kupferstecher» vor. Und tatsächlich stellte sich heraus, dass Padrun über eine hundert Dollar Druckplatte aus Kupfer verfügte. Dazu besass er noch zehn Paletten original Druckpapier, sowie eine Heidelberg Bogenoffsetmaschine. Dies zeigte er mir, weil er sich sicher war, dass ich dabei wäre, wenn es um das Drucken von Falschgeld ginge. Er benötigte mich vor allem wegen meinen Kontakten und meiner Ortskenntnis. Ich nahm meine Beteiligung an, denn ein Nein wäre bei so einem Angebot eh nicht hingenommen worden. Wir benötigten somit einen Ort, der sicher war, wo wir ungestört die Maschinen laufen lassen und das Geld drucken konnten. Dies war meine Aufgabe. So organisierte ich den unauffälligsten Ort, der mir einfiel. Und zwar quartierten wir uns in einem Einfamilienhaus, bei einer Familie bestehend aus Mann und Frau sowie Kindern, ein und stellten die Maschine in deren Keller. Die ganze Familie war ohne Vorstrafen, dazu eine richtig bünzlige Familie, der niemand so etwas wie eine Beteiligung an kriminellen Machenschaften zugetraut hätte. Wir begannen zu drucken. Obschon das Papier genauso echt war wie die Druckerplatten selbst, blieben es am Ende Blüten mit falschen Seriennummern, die jedoch gut genug waren, um die Standard Tests einer Bankerin am Schalter zu täuschen. Wir druckten eine halbe Million am Stück, wonach wir aufhören mussten, da der Maschinenlärm die Kinder im oberen Stock nicht schlafen lassen wollte. Und nicht auffallen, war unser wichtigstes Anliegen, so unterbrachen wir den Druckprozess über die Nacht. Kurz darauf, fand ich einen noch sichereren Ort um zu drucken und zwar ein Keller-Zimmer, das ich mitten in der peruanischen Botschaft mieten konnte und das sich als absolut perfekter Ort zum Drucken anbot, auch wenn die Anlieferung des Materials nicht leicht sein würde. Hier hätten wir keine Schweizer Polizisten fürchten müssen und auch der Transport nach Südamerika, um die Dollarnoten zu wechseln, wäre um einiges einfacher vonstattengegangen. Die Druckmaschine blieb bis zum «Umzug» bei der Bilderbuchfamilie und die Druckplatten bei Robert Padrun.

Unterdessen wollte ich mich über die Qualität vergewissern. Ich entschied mich für einen Selbsttest, indem ich einfach in eine Bank lief und am Schalter zwölf hundert Dollar Blüten auf den Schaltertresen legte.

«Können sie mir diese zwölfhundert wechseln. Ich habe diese in Oerlikon am Automarkt von einem Osteuropäer für meine Felgen erhalten und bin mir aber nicht sicher, ob das Geld echt ist, respektive ob der Typ mich beschissen hat, denn ich kenne mich mit Dollar Noten nicht aus.»

Die Bankmitarbeiterin schien den Braten nicht zu riechen. Sie griff sich die Noten, hielt sie prüfend unter eine spezielle Lampe, wobei sie mir nach kurzem die Echtheit bestätigte. Alles schien perfekt, die Aussichten goldig, doch genau zu dieser Zeit kam ich durch die Tablar-Geschichte in Haft.

Tino und Markus Schön hatten mich hinter Gitter gebracht und mir den Druck von Unsummen verhindert. Bei der Hausdurchsuchung nach meiner Verhaftung fand man sogar noch 100'000 Dollar Blüten, die mir die Polizei wechselte, damit diese vor Gericht als in Schweizer Franken beschlagnahmter Betrag vorgetragen werden konnte. Vermutlich sind die heute noch im legalen Umlauf. Was mit der Druckmaschine, den Palletten an Geldnotenpapier und der Kupferdruckplatte geschah, weiss ich bis heute nicht. Was mit Robert Padrun passierte, weiss ich jedoch klar, denn dieser wurde gemeinsam mit seiner Frau erschossen in seiner Wohnung aufgefunden. Man geht davon aus, dass er zuerst seine Frau und dann sich selbst hingerichtet hat. Man sprach von einem gemeinsamen Suizid. Ob es so war, wer weiss. Vom CIA, KGB, SNB, bis hin zu jeder Mafia Organisation hätte jeder ein Motiv gehabt. Die Liste der Verdächtigen wäre endlos. Wen man hingegen klar ausschliessen konnte, war die Bilderbuchfamilie sowie die peruanische Botschaft. Die Familie wusste nie was wir in ihrem Keller genau machten und die peruanische Botschaft wusste auch nichts über unser Vorhaben, zumal wir ja erst dort einziehen wollten.

Der gute Bezirksanwalt Herr Walty

Am Anfang meiner Haftzeit war der Polizist Wicky für mich verantwortlich. Der Typ war voll in Ordnung, so ermöglichte er mir von Anfang an, dass mich meine Tochter Simone in Haft besuchen durfte. Obschon es mir stets guttat, schmerzte es jedes Mal, wenn sie wieder gehen musste. Sie weinte immer fürchterlich und man musste sie wortwörtlich von mir wegzerren. Genau als wir uns so nah wie noch nie waren, wurden wir wieder getrennt. Dieser Umstand hat mir sehr zugesetzt und schmerzt mich noch bis heute. So eine Tochter wie meine wünscht sich jeder Vater.

Nach einer Weile wurde ich dem Bezirksanwalt Herr Walty vorgeführt, der eindeutig zu den besseren und korrekteren Typen der Justizmafia gehörte. Wir konnten gut miteinander kommunizieren, so hatten wir beide etwas davon. Ich war ehrlich, als ich beklagte, nicht zu wissen, mit wieviel Material man uns genau erwischt hatte. Denn schlussendlich hatte ich Tino und Markus Schön auch nicht gefragt, wieviel genau sie importierten. Lediglich, dass es Kokain war, wusste ich, über die Menge jedoch nichts. Auch meine Überraschung war echt, als ich bei der Zahl von neun Kilo verwundert dreinschaute. Es war mehr als ich in diesen Tablaren vermutet hatte.

Markus Schön und ich wurden beide im BGZ (Bezirksgefängnis Zürich) untergebracht, selbstverständlich auf anderen Ebenen, damit wir uns nicht absprechen konnten. Glücklicherweise kannte ich einen Aufseher von der Schule her, der mir den Schmuggel von Nachrichten ermöglichte. Ich nutzte dies, indem ich Markus mitteilte, was genau ich ausgesagt hatte, damit wir unsere Aussagen abstimmen konnten. Bessere Voraussetzungen konnte es wirklich nicht geben, die Sache doch noch einigermassen ins Lot zu rücken.

Markus Schön benahm sich dann aber wie eine «Muschi» und zudem auch noch saudumm. Anstelle mitzumachen, verweigerte er die Aussagen, ausser der, er wisse von alledem nichts. Um sich die Untersuchungshaft zu ersparen, opferte er mich durch sein Beharren auf Unwissenheit, im Wissen darüber, dass so alles auf mich fallen würde, sei es die Schuld wie die Jahre an Gefängnis.

«Bist du nicht mehr ganz hundert?», rief ich ihm von meiner Zelle her in den Spazierhof.

«Sorry, aber ich muss hier raus. Habe nächste Woche viele Termine», antwortete er mir, wonach ich am liebsten die Gitterstäbe durchgebissen hätte, um ihm an die Gurgel zu springen.

So einen Egoisten habe ich selten gesehen. Was für ein Unmensch und Waschlappen, wenn es um die Wurst geht. Beinahe wie ein Mensch in einem brennenden Haus, der einen anderen zurücklässt, nur um nicht zu riskieren, selbst verbrannt zu werden. Schön liess mich in den Flammen zurück, hielt sich die Hände vor den Mund, um sich vor dem Rauch zu schützen und um schnellst möglich und unbeschadet wieder die frische Luft der Freiheit einatmen zu können.

Der Hammer war noch, dass er den Polizisten Wicky davor warnte, wenn er mich zu sehr nerve, ich seine ganze Familie töten lassen würde, wodurch Wicky mich definitiv auf dem Kieker hatte und ich darauf bestehen musste, nur noch vom Bezirksanwalt Walty befragt zu werden.

Einige Tage danach teilte mir der zweite Bezirksanwalt Herr Joss mit, dass auch meine Freundin Doris verhaftet worden sei, mit der Zwischenbemerkung, ich hätte sie gut erzogen. Diese Bemerkung kam daher, dass Doris, als man sie aus der Zelle holen wollte, folgendes sagte:

«Stopp. Erstens: ich will nicht mit ihnen sprechen. Zweitens:

holen sie mich erst wieder aus der Zelle, wenn sie mich entlassen wollen. Drittens: wieso haben Sie meinen Mann verhaftet?»

Kurz darauf wurde Doris aus der Untersuchungshaft entlassen. Sie kam mich besuchen, wenn auch immer unter dem unschönen Umstand, dass bei unseren Gesprächen stets ein Aufnahmegerät mitlaufen musste. Nach zwei Monaten verzichtete man dann auf die Schikane, da sich Walty wohl bewusst war, dass, wenn ich eine Nachricht rausschmuggeln wollte, ich es auch so geschafft hätte.

Zu dieser Zeit konnte ich vom Gefängnis aus mitverfolgen, wie alles was ich aufgebaut hatte, langsam, aber sicher zu Grunde ging. Am Ende besass ich gar nichts mehr. Nada.

Meine Freundin verlor ihre Wohnung und zog bei mir in mein Haus in Stäfa ein. Danach kam etwas, was ich zuvor schon lange gefürchtet hatte. Denn Mösi sass noch immer im Gefängnis, ohne je Geld oder ein Paket vom lieben Markus Schön erhalten zu haben, so wie ich es ihm immer und immer wieder gepredigt hatte. So kam es, dass man Mösi einen Undercover-Polizisten in die Zelle setzte, was Mösi natürlich keine Minute lang realisierte. So kam es, dass er von A–Z alles auszuposaunen begann. Das Gute daran war, dass Mösi alles über Markus Schön erzählte, was ihm mittlerweile meiner Meinung nach, ganz recht geschah. Das gute alte Karma hatte einmal mehr auf dieser Welt zurückgeschlagen und zwar heftig.

Die belastenden Quittungen gegen Landmann

Den schweizweit bekannten Staranwalt lernte ich 1982 am Anfang seiner Anwaltskarriere kennen. Es war zu einer Zeit, als das Zürcher Milieu noch unter der Kontrolle weniger war, zu denen auch ich gehörte. Jeder hatte seinen Bereich, und was zum Beispiel die Prostitution betraf, benötigte jeder Zuhälter und jede Professionelle unsere Absegnung, um im Kreis 4 an der Strasse stehen zu dürfen. Eines Tages bei einer Milieusitzung sprach der Präsident der Hells Angels davon, dass auf der Strasse eine Prostituierte aus Deutschland unterwegs sei, die immer wieder mit einem Anwalt gesehen würde. So wie ich Valentin kenne, war es eine seiner Mandantinnen, der er gerade hilfreich zur Seite stand. Jedenfalls wurde Valentin Landmann von uns vorgeladen, wo er sich unserer Runde ausführlich vorstellte. Er war gerade frisch aus Deutschland zurückgekehrt, hatte seine Professur geschreddert und war willig, sich als Milieuanwalt in Zürich einen Namen zu machen. Valentin Landmann schaffte es, bei uns Sympathien zu wecken und auch seine Idee als unser fester Milieuanwalt zu fungieren klang für uns durchaus interessant. Der Anwalt Jacques Schlegel hatte zuvor dasselbe im Sinn, wie sich aber bald herausstellte, war er dafür überhaupt nicht geeignet.

Wir liessen Valentin Landmann ziehen, ohne ihm direkt eine Antwort zu liefern. Von da an begannen wir ihn zwei Wochen lang intensiv unter die Lupe zu nehmen. Alles was wir erfuhren, war in Ordnung und so kam es, dass Valentin im Milieu unsere Feuerwehr wurde. Wo es juristisch brannte, wurde er eingesetzt. Von Fall zu Fall wurde er besser, man darf ihn heute guten Gewissens einen erfahrenen Milieu Anwalt nennen. Zwischen Valentin und mir ergab sich bald eine Freundschaft, ein Vertrauensverhältnis.

Als ich also in meiner Zelle sass und dabei zusah, wie draussen alles den Bach runterging, braute sich gerade das nächste Gewitter über mir zusammen.

Denn wie sollte es auch anders kommen, folgte auch bei mir die nächste Hiobsbotschaft. Markus versuchte mich doch tatsächlich mit über einhundert Kilo zu belasten. Mir blieb nichts anders übrig, als immer wieder «kein Kommentar» zu wiederholen, denn man schien Markus ja offensichtlich zu glauben und da brachte es auch nichts, alles gross zu kommentieren. Wer hätte mir geglaubt, dass Markus den grössten Teil dieser hundert Kilo für sich selbst rüber genommen hatte. Niemand, soviel war sicher. Ich war der Sündenbock, durch meine Vergangenheit erst recht. Eine Hiobsbotschaft folgt gewöhnlich auf die nächste und so kam auch gleich die nächste. Rechtsanwalt Valentin Landmann wurde verhaftet. Was zum einen ein Drama für sich war, zugleich aber auch bedeutete, dass ich dringend einen neuen Verteidiger benötigte. So kam ich an Rechtsanwalt Sutter. Es war ein guter Anwalt, der sich mit Herzblut für mich einsetzte. Wie wir schnell erfuhren, wurde Landmann verhafte, weil man in Markus Schöns Büro in einem schwarzen Abfallsack die Einfuhrzollpapiere der Dollars gefunden hatte, genau die Papiere, die ich ihm immer und immer wieder predigte, zu entsorgen. Durch diese Papiere entdeckten die Ermittler, dass Landmann mit mir zusammen ein Firmenkonto in Liechtenstein besass, auf dem gerade Millionen gewaschen wurden. Wohlbemerkt und das gilt es hier einmal klarzustellen, war nicht alles Schwarzgeld, gut die Hälfte stammte aus meinen legalen Geschäften. Valentin Landmann hat in seiner Biografie geschrieben, dass er das Konto lediglich aus seinem Helfersyndrom mit mir zusammen gegründet hat, da er mir bei der Resozialisierung helfen wollte. Ich lasse diese Version so stehen, erlaube mir aber zu sagen, dass ich keine Unterstützung bei meiner Resozialisierung benötigt habe. Ob Valentin Landmann wirklich nur geschäftsblind war, will ich ebenso wenig kommentieren. Mir ist bewusst, dass seit seiner Biografie einige Reporter und Medienschaffende auf einen Konter von mir warten, respektive auf meine Version der damaligen Geschehnisse, doch bin ich der Meinung, dass man nicht immer alles aus der Vergangenheit wieder hervorholen muss. Die Version von Valentin ist nachvollziehbar, aus seiner Perspektive, wenn man seinen Beruf und Ruf berücksichtigt. Sicher hat er mehr gewusst, als er zugibt, doch muss auch ich zugeben, dass ich Fehler gemacht habe und dabei möchte ich es belassen. Wir sind bis heute befreundet, trotz dieser Kerbe in der Vergangenheit.

Valentin wurde nach zwei Wochen aus der Untersuchungshaft entlassen, während sich über mir ein Gewitter zusammenbraute. Markus sprühten die Lügen nur so aus dem Maul, so behauptete er, nur einen Tausender pro Flug verdient zu haben, während die ganzen 300'000 für mich allein gewesen seien.

Natürlich war ich während dieser Strafuntersuchung nicht am Schlafen. Denn mir war bewusst, dass, wenn man die Zolleinfuhrpapiere bei Markus finden konnte, sie auch noch ganz andere Dinge gefunden haben. Schlussendlich kamen Mitschnitte von Telefonaten zum Vorschein, da die Polizei mein Telefon angezapft hatte. Noch nie war ich froh so darüber, dass man mich abgehört hat, ausser in diesem Moment. Tatsächlich hatte die Polizei auch das Gespräch zwischen mir und Doris mitgeschnitten, wo sie mir mitteilte, dass Markus mit den 300'000 angekommen sei.

Markus begann bei der Konfrontationseinvernahme einzuknicken und auszupacken. Es klärte sich immer mehr, wessen Idee das Ganze war. Später tauchte in seinem Aktenkoffer sogar noch das Zollpapier dieses Geldtransportes auf, womit es für ihn gar kein Zurück mehr gab. Als ich davon sprach, auch noch mit Autos, Handys und Fernseher zu handeln, um so die eine oder andere Einnahme zu erklären, behauptete Markus, dass er mich nie gesehen hätte, wie ich etwas verkauft habe.

«Du hast ja selbst zwei Telefone von mir gekauft», antwortete ich, was ich im Nachhinein sogar noch belegen konnte, wodurch auch der Staatsanwalt und Ermittler immer mehr an der Glaubwürdigkeit Schöns zu zweifeln begann.

Eine weitere Konfrontation fand mit dem Direktor der Zürcher Privatbank statt, weil ich in dieser Bank das Konto mit Valentin Landmann zusammen hatte. Der Bankdirektor hat mir bereits im Vorfeld leidgetan und ich nahm mir für die Einvernahme vor, keine Anzeichen zu liefern, wie gut ich diesen Direktor in Wahrheit kenne. Ihn mit dem Nachnamen anzusprechen, obschon wir per du waren, schien mir als unverzichtbar. Als ich Waltys Büro betrat, konnte ich mein Vorhaben aber nicht umsetzen, denn der Bankdirektor umarmte mich direkt nach meinem Eintreten.

«Hallo Reini, wie geht es dir denn?... Benötigst du etwas?», erkundigte er sich, wodurch gleich klar war, wie gut wir uns kannten.

Es freute mich, dass er nicht böse mit mir zu sein schien.

Trotz gewissen «Erfolgen», wenn man dies überhaupt so nennen kann, ging langsam, aber sicher alles den Bach runter. Ich musste zusehen, wie mir alles Stück für Stück weggenommen wurde. Was die Sachen betraf, die im Zusammenhang mit den Kokaingeschäften standen, tat es mir nicht sonderlich weh, aber alles was ich mit Fleiss und auf legalem Weg aufgebaut hatte, zerriss mich schier. Rückblickend bin ich selbst schuld, zu oft wäre der Zeitpunkt da gewesen, um auszusteigen, aber immer und immer wieder gab es etwas, was man noch als Allerletztes erledigen musste, oder man sich zumindest einredete, es zu müssen. Hätte ich nur früher auf Doris gehört, meinen Sturkopf abgestellt und vieles wäre mir erspart geblieben. Wäre ich nur der Immobilienkönig anstelle des Schneekönigs geworden, kreiste es mir damals oft im Kopf.

Die Kunst im Kriminal Business ist es nicht Geld zu machen,

sondern, wenn man es hat auszusteigen. Die schlauen Kriminellen machen das Geld mit ihren krummen Dingern und etablieren sich damit in der Welt der Legalität. Es gibt kein naiveres Ziel, als das ganze Leben lang mit krummen Dingern Geld verdienen zu wollen, dann noch im Irrglauben, dabei nie erwischt zu werden. Auch wenn ich nicht zu der Sorte gehörte, ich immer wieder aussteigen wollte, so habe auch ich zu lange gebraucht, um den definitiven Cut zu setzen.

Ruedi wurde damals auch verhaftet, jedoch nach einer Weile wieder entlassen, worauf er gleich neuen Mist baute. Auch Gerber tat nichts Schlaues. Bossi, mein Treuhänder, war der einzige der im Schweizerhof die Löhne bezahlte und mit den Vorbesitzern, den Gebrüder Ackermann, einen Deal einfädelte, damit diese das Hotel zurückerwarben. Auf ihn war auch in diesem Moment noch Verlass. Wenigstens einer, nebst Doris.

Der Prozess der mein Hab und Gut verschlang

Ich sass also in Haft, wo ich mich dreiundzwanzig Stunden am Tag in der Zelle und eine Stunde auf dem Spazierhof befand. Dann kam der Tag, als eine neue Konfrontationseinvernahme anstand und zwar mit Mösi. Der arme Kauz hatte nie ein Paket oder sonst etwas von Markus erhalten, für den er schlussendlich einsass. Als ich Mösi auf dem Stuhl beim Staatsanwalt sah, tat er mir richtig leid, als ich seinen Anwalt sah, noch mehr. Keine Ahnung wo er diesen Typen her hatte, man hätte meinen können, der sei aus einem alten Sergio Leone Western entsprungen. Das Schönste an ihm war die Fahrradklammer am Hosenbein, die der Anwalt wohl für modisch hielt.

Mösi bestätigte jedenfalls meinen Eindruck. Dann sprach der Staatsanwalt davon, vierzehn Jahre für ihn zu beantragen, wobei dem Wild West Anwalt mit der Fahrradklammer am Hosenbein nichts anderes einfiel, als dieser absurden Forderung auch noch zuzustimmen. Das schlimmere Übel war, dass er später im Prozess auch genau diese vierzehn Jahre erhielt. Dieses Urteil kann ich bis heute nicht annähernd nachvollziehen, vor allem darum, weil er ja nur ein kleiner Mitläufer war, der nie richtig wusste, auf was er sich da eigentlich eingelassen hatte. Mösi hatte es wirklich brutal erwischt, abartig, das hat der arme Kerl nicht verdient.

Der Staatsanwalt beantragte bei mir ein Gutachten. Bekanntlich werden ja immer die strengsten herbeigezogen, man nimmt gerne die Hardliner im Kampf gegen Straftäter wie mich und verzichtet auf jene, die mit Formulierungen wie verminderter Schuldfähigkeit etc. um sich werfen. So bekam ich einen der damals härtesten Hunde, den der Staatsanwalt an Gutachter finden konnte, den Dr. Kiesewetter. Später wurde er, wie ich von vielen Gefangenen erfahren hatte, ein ziemlich fairer Gutachter, doch zu dieser Zeit, ojemine. Bevor ich das Vergnügen mit diesem Psychodoktor bekam, schickte er mir seinen Sockenhalter vorbei. Ein alter 68er Hippie mit langen Haaren, dem man auf der Strasse noch eine Münze in die Hand gedrückt hätte, damit er wieder mal etwas zwischen die Beisser bekäme. Dieser Sockenhalter stellte mir Fragen, die nur einer stellen kann, der selbst nicht alle Tassen im Schrank hat. Zu seinem Glück musste er mich begutachten und nicht ich ihn, sonst hätte er von mir ein «One Way Ticket» nach «Windisch links» (Königsfelder Klapse) erhalten. Nach zwei Monaten kam dann der Kiesewetter persönlich vorbei. Als unser erstes Gespräch vorbei war, verabschiedete er sich mit:

«Auf Wiedersehen Herr Schön.»

Der Vollpfosten verplapperte sich und verriet mir damit, dass er nicht nur mich, sondern auch Markus Schön begutachtete. Zwei gegensätzliche Parteien in einem Verfahren zu begutachten, ist ein No Go, und so konnten wir vor Gericht dank diesem Umstand erreichen, dass das Gutachten nicht akzeptiert, also als nicht verwertbar eingestuft wurde.

Das schönste Gefängnis der Schweiz

Mein Urteil lautete am Ende 15 Jahre unbedingt. Markus und ich erhoben beide Rekurs gegen unsere absurden Urteile. Zu diesem Zeitpunkt sass ich im vorzeitigen Strafvollzug, in der Strafanstalt Bostadel. In dieser Anstalt begann ich in der Küche zu arbeiten. Um mich von all dem juristischen Stress und dem Grübeln abzulenken, bekam ich vom dortigen Küchenchef, dem Herr Leiser, das sehr nette Angebot, eine Lehre als Koch zu absolvieren. Der Schneekönig als Kochlehrling. Zuerst war ich davon nicht begeistert, aber die Zeit sinnvoll zu nutzen war schon immer mein Motto hinter Gittern, so stimmte ich zu. Da ich bereits eine Lehre abgeschlossen hatte, kam mir zugute, dass ich nur noch die berufsbezogenen Fachfächer absolvieren musste.

Im Bostadel lernte ich den besten Gefängnisdirektor aller Zeiten kennen, nämlich Herr Bühlmann. Obschon er sein Regime streng unter Kontrolle hielt, war er mit uns allen fair. Die Aufseher hatten einen enormen Respekt vor ihrem Chef, beinahe schon ehrfürchtig wirkten sie, wenn er vor ihnen den Gang durchquerte. In dieser Anstalt erhielt ich sehr viele Besuche, nebst Doris kamen mich sehr viele Grössen aus dem Milieu besuchen, die mir auch grossen Respekt zollten, da ich nicht einen von ihnen oder sonst jemanden in irgendeiner Sache nur annähernd verpetzt hatte. Sowas spricht sich im Milieu schnell herum. Auch wenn es eigentlich das Normalste der Welt sein sollte in unserer Branche, so brechen viele beim Verhör am Ende doch ein oder verplappern sich aus Nervosität oder Dummheit. Hier durfte ich auch mein Sexualleben pflegen, anstelle des einen Besuchs im Familienzimmer, gewährte man mir oft zwei pro Monat.

Bei einem dieser Intimbesuche kam es für Doris zu einem sehr unangenehmen Vorfall. Als sie mich besuchen wollte, trat plötzlich die Polizei hinzu. Doris wurde abgeführt und anschliessend von einer Ärztin mit Handschuhen an sämtlichen Körperöffnungen durchsucht. Auch innwendig! Unglaublich, zu was die Justiz immer wieder fähig ist, nur, weil wahrscheinlich ein Idiot der mir etwas Schlechtes wollte, behauptete, sie würde für mich Schnee in die Anstalt schmuggeln. Ein anderes Mal brachte ich sie, naiv wie ich war, zusätzlich in Schwierigkeiten, indem ich einem Südamerikaner, der mein Mitinsasse war, einen Gefallen tun wollte. Da er dringend für seinen Vater ausserhalb der Anstalt 30'000.– Franken in Dollar wechseln musste, was sein Vater nicht allein schaffte, führte Doris dies für mich aus und begab sich mit den 30'000.– auf die Bank. Anschliessend brachte sie dem alten Mann die Dollars. Kurz daraufhin kam der Südamerikaner auf mich zu und berichtete mir, dass es sich bei den Dollar Noten um Falschgeld handle. Ich war entsetzt darüber, zumal ich blöd dastand und wie wir ja aus vergangenen Geschichten wissen, lag der Verdacht sofort auf mir, was auch verständlich war. Doris erfuhr davon, rastete aus und begab sich wütend an den Bankschalter, wo sie der Bank ihre Meinung lautstark mitteilte und auf die Blüten verwies. Nach kurzer Zeit kam die Polizei, wodurch Doris erneut für rund zwei Wochen in Haft landete. Alles deutete auf mich, doch wie die Ermittlungen bald ergaben, war ich tatsächlich unschuldig. Einer der Bankmitarbeiter war drogensüchtig, um sich seine Sucht zu finanzieren, zog er diese Masche mit den Blüten öfters ab, was auffiel, da es innert kurzer Zeit drei bis vier entsprechende Anschuldigungen gab. Der betrügerische Bankmitarbeiter wurde festgenommen. Doris wieder entlassen.

«Hör auf, anderen einen Gefallen tun zu wollen», mahnte sie mich einmal mehr, weise wie sie war.

In jener Zeit wurden Markus Schön in der Vollzugsanstalt Pöschwies die Zähne rausgeschlagen, denn Ratten wurden nicht gerne gesehen und jeder der dortigen Insassen, der selbst verraten wurde, bekam die Chance sich an Markus abzureagieren. Als seine Zähne knapp wurden, rief er seinen Anwalt an, sprach von Dingen wie Angst um Leib und Leben, wonach er ins Gefängnis Winterthur versetzt wurde. Eine Anstalt die nicht mehr so viele Freiheiten bot wie das Pöschwies. Seltsamerweise wollte er nach einer Weile von dort dann aber wieder weg, was zugleich hiess, dass wohl die Angst um Leib und Leben doch nicht so ganz ernst gemeint war.

Zu dieser Zeit kam meine Tochter Simone bei mir zu Besuch. Es war nicht irgendein Besuch, sondern ein ganz besonderer, denn sie wollte mir ihren Freund vorstellen, mit dem es etwas Ernstes sei und mit dem sie zusammenziehen wolle. Beiden sei es wichtig, meinen Segen zu erhalten, ganz nach alter Schule. Den Segen konnte ich bedenkenlos erteilen, denn der Typ wirkte sehr stabil und kam auf den ersten Eindruck gar als potenzieller Schwiegersohn in Frage.

Wieder vor Gericht

Dann kam der Tag, als ich wieder vor Gericht stand. Neben mir Markus Schön und Tino, zwischen unseren Anwälten. Es kam ein Schreiben von Markus zur Sprache, indem er die Richter angeschrieben hatte, wie gross seine Angst um Leib und Leben in der Pöschwies sei.

«Woher stammten die Drohungen?», hakte der Richter mit strengem Blick nach.

Markus schwieg.

Der Oberstaatsanwalt Herr Akeret versuchte es nun ebenfalls.

«Herr Schön, nennen sie uns den Namen der Person, die hinter den Drohungen steckt.»

«Das kann ich nicht sagen …», sein Blick fiel dabei auf mich «… denn ich habe Angst um Leib und Leben!»

Der Blick sprach Bände und so wurde ich als Urheber der Drohungen dargestellt, obschon ich damit nichts zu tun hatte. Heute könnte ich dies problemlos zugeben und so im Buch gar noch als «cool» wirken, doch hatte ich damit wirklich nichts am Hut.

«Sie sind einer der schlimmsten Angeklagten, den ich je auf dieser Bank habe sitzen sehen», musste nun auch der Richter noch als Senf dazugeben.

Allgemein wurde mir in meinen Gerichtsverhandlungen diverses zu Unrecht und unnötig angelastet, was sich durch diesen Fall noch verschärfte.

Ein Beispiel betraf den damaligen SVP Kantonsrat Kägi, der bei mir in der Firma im Verwaltungsrat sass. Kägi rief mich eines Tages wegen einem Betrag von 12'000.– Franken an, den ich ihm noch schuldig sei, und er bat mich dazu um einen Vorschuss von 8'000.–, die er zur Finanzierung seines Wahlkampfes benötige.

«Klar bringe ich dir die 20'000.– vorbei» antwortete ich, ohne gross nachzudenken.

Dies wollte man bei Gericht so auslegen, als hätte ich die Wahl vom SVP Kantonsrat sponsern wollen, damit ich daraus meine eigenen Vorteile erhalten würde. Ich habe Kägi nicht gesponsert und bis heute ist mir auch unklar, wieso dies so ein Problem gewesen wäre. Das Geld stammte ja aus meinen Firmen, aus meinem ganz legalen Einkommen. Solcher Mist wurde vorgetragen und genau solcher Mist benötigt immer besonders viel an Erklärung, bis es widerlegt ist, was dann aber noch immer nicht heisst, dass einem der Richter glaubt.

Ein anderes Beispiel war, als ich einmal mehr nach Paraguay gereist bin, wo ich zuerst verhaftet wurde, da ich von Interpol fälschlicherweise nicht von ihrer Fahndungsliste gestrichen wurde. Bruno Heinzl, mein Nazifreund, holte mich aber gleich wieder raus. Der Grund meines dortigen Besuchs war eine Anfrage von Turn and Taxis, die daran interessiert waren, in Paraguay eine Bank zu kaufen, wobei sie mich baten, nach einer geeigneten Institution Ausschau zu halten. Tatsächlich wurde ich fündig, was ich telefonisch auch in die Heimat berichtete. Das Gericht versuchte durch Telefonaufnahmen dann auch dies wieder als kriminelle Handlung auszulegen, obschon die Bank ja gar nicht für mich gedacht war.

Vor Gericht musste ich mir einen Unsinn sondergleichen anhören, wie zum Beispiel, dass ich, als ich vier Jahre alt gewesen sei, eine Jugendgruppe mit dem Namen «Mafia» geleitet hätte. Als 4-Jähriger! Ich selbst wusste davon nichts, woher die Richter so etwas wussten, oder eben glaubten zu wissen, weiss der Geier.

Das ganze Debakel endete für Markus Schön mit siebzehn und für mich mit achtzehn Jahren, wodurch der Rekurs für uns beide ein noch tieferer Rutsch hinter Gitter war, als zuvor.

Opa Schneekönig und die geplatzte Hochzeit

Wieder im Gefängnis angelangt, erkundigte ich mich beim Direktor nach einem Hafturlaub, da meine Tochter Simone mittlerweile ein Kind erwartete. Direktor Bühlmann verwies mich an Staatsanwalt Akeret, der meinen Ausgang guthiess, nachdem ich ihm mehrfach versprach, die Gelegenheit nicht zur Flucht zu nutzen. So bekam ich 28 Stunden Zeit Simone, zu besuchen und von da an, fortan immer wieder 28 Stunden, einmal pro Monat.

Es war trotz der riesigen Haftzeit gleichzeitig auch eine schöne Zeit, denn meine Tochter wurde Mutter und ich der Grossvater der kleinen Sabrina, die stets zu lächeln begann, wenn sie mich mit ihren winzigen Äuglein anschaute. Ein Blick, der selbst den Schneekönig, den Sangue Duro, zum Schmelzen brachte. Durch meine stets problemlosen Urlaube bekam ich die Möglichkeit als Maler ausserhalb der Anstalt zu arbeiten, da die Fluchtgefahr sich bei mir definitiv als nicht gegeben erwies.

Irgendwann kam es dann soweit, dass auch Doris auf eine engere Beziehung aus war, sie wollte mich endlich heiraten. Wenigstens ein Recht, welches man den Häftlingen in ihrer schweren Zeit lässt. Als ich mein Vorhaben der Direktion unterbreitete, äusserte sich Bühlmann positiv, jedoch unter einer Bedingung.

«Sie kommen momentan fast jeden Tag in der Zeitung. Ich möchte keines Falls zu lesen bekommen, dass ein Milieuboss ein grosses Hochzeitsfest in Bostadel gefeiert hat. Maximal fünfzehn Personen dürfen eingeladen werden, nicht mehr.»

Ich schmunzelte bei seinen Worten, bejahte dabei durch ein Nicken.

«Ach ja … und es gibt nur Kaffee und Kuchen. Keine Extras …», erweiterte Bühlmann seine Bedingungsliste.

Ich nickte erneut. Kurz darauf versuchte ich den Küchenchef zu überzeugen, ein paar belegte Brote für das Fest vorzubereiten. Leider rannte dieser zum Direktor, worauf ich erneut in dessen Büro landete.

«Kaffee und Kuchen habe ich klar gesagt. Von mir aus können Sie so viel Kokain schnupfen wie Sie wollen an diesem Fest, aber das Menü bleibt dasselbe, genauso wie es ein jeder hier erhält, wenn er sich für das Ehegefängnis entscheidet.»

Irgendwie wurde mir das alles zu blöd. Ich blies das Fest einige Tage später ab. Zum einen ging mir der Kindergarten auf die Nerven und zum anderen war ich mir auch nicht sicher, ob es Doris gegenüber fair gewesen wäre. Schlussendlich war ich für eine lange Zeit an diese Anstalt gebunden und von jemandem zu verlangen, dies ebenfalls jahrelang zu akzeptieren und sie durch Heirat an solche Umstände zu ketten, erschien mir immer mehr als unfair.

Es kam wie es kommen musste. Doris baute sich mit der Zeit ein zweites, ein neues eigenes Leben auf, an das sie sich zu gewöhnen begann. Unsere Beziehung und unsere Wege trennten sich. Als Abschiedsgeschenk erhielt sie von mir meinen 500er Mercedes, damit sie standesgemäss in ihr neues Leben fahren konnte. Bye bye Doris.

Die tödliche Mode: das Base-Rauchen

In einem meiner Hafturlaube lernte ich eine neue Flamme kennen, die mich eines Tages um einen Kontakt bat, wo sie sich regelmässig ein paar Gramm Kokain holen konnte. Als sie diesen von mir erhielt, ging sie direkt dort ihren Stoff beziehen. Als ich am Abend bei ihr zu Hause war, begann sie das zu tun, was auch in unserem Lande zur unschönen Mode wurde. Sie kochte das Kokain in der Küche mit Ammoniak (Salmiakgeist) oder Natriumbicarbonat auf, damit man das Kokain rauchen (basen) konnte. Auf dem Salontisch ihres Wohnzimmers standen zwei Wasserpfeifen bereit. Sie bat mich darum, die Asche meiner Zigarette nicht in den Aschenbecher, sondern direkt auf den Pott zu kippen. All diese Praktiken waren mir unbekannt, darüber konnte ich nur den Kopf schütteln. Das Techtelmechtel mit dieser Flamme hielt nicht lange. Eines Tages vernahm ich von ihr nur noch, dass sie einen Hirnschlag erlitten hatte, woher dieser stammte, kann ich nur erahnen.

Auch Drittenbass schloss sich dieser neuen, lebensgefährlichen Mode an, und er begann zu basen. Von Tag zu Tag fiel es ihm schwerer aus dem Bett zu kriechen und an ganz üblen Tagen, nahm er Telefonanrufe mit «Ja, hier spricht Gott, wer spricht dort?», entgegen. So landete er schnell in der Uniklinik, da sein exzessiver Konsum immer mehr aus den Fugen geriet, wodurch er sogar Ablagerungen an der Stirnhöhle bekam. Eine Analyse ergab, was mir viele wohl nicht glauben werden, dass Drittenbass in einem Jahr, an die elf Kilogramm konsumiert haben muss, was wahrscheinlich bereits ein trauriger, verachtenswerter Weltrekord sein dürfte. Alle Ärzte sprachen nach diesem Ergebnis von einem Wunder. Ein Wunder, dass

Drittenbass dieses Jahr überhaupt überleben konnte. Als ich ihn in dieser Phase besuchte, versuchte Drittenbass mir zu beweisen, dass mit ihm alles in Ordnung sei. «Stelle mir eine Rechenaufgabe», verlangte er von mir.

Ich stellte ihm eine mittelschwere Aufgabe, worauf die Antwort wie aus der Pistole geschossen kam. «Siehst du Reini, alles in Ordnung», wollte er mich beruhigen, während er sich eine Linie Koks die Nase hinaufzog.

Ein trauriger Abstieg, doch jemandem in einer solchen Situation zu helfen, ist ein Ding der Unmöglichkeit und etwas, was man eindeutig den Fachleuten überlassen sollte, denn für einen Normalsterblichen wäre es eine Sisyphusarbeit, bei der man auch noch selber draufgeht.

Zu dieser Zeit, genau vor meinem anstehenden Hafturlaub, erhob Markus Schön erneut eine Strafanzeige gegen Rechtsanwalt Valentin Landmann. Markus behauptete, dass Valentin sämtliche dubiosen Geschäfte mit mir zusammen getätigt hätte und er von allem genauestens Bescheid gewusst habe. Diese Behauptungen waren eine derbe Unterstellung und komplett erfunden. Klar wusste Valentin etwas mehr, als er zugeben würde, doch vom Grossteil meiner Geschäfte wusste er nichts, geschweige denn, dass er daran beteiligt gewesen wäre. Durch diese unsinnigen Anschuldigungen in Bostadel kam es zu einer erneuten Einvernahme. Mit mir anwesend war der Bezirksanwalt Marty aus Winterthur, Valentin Landmann und zwei seiner Anwälte, einer davon Rechtsanwalt Erni, einer der besten, wenn nicht der beste Anwalt von Zürich. Ich wurde von Marty ins Kreuzverhör genommen. Ich dementierte alle Anschuldigungen gegen Valentin, teils musste ich lügen, sehr oft konnte ich aber ehrlich verneinen. Schnell wendete sich das Blatt, und das von Markus erbaute Kartenhaus, begann meinem Wind langsam zu erliegen.

In dieser Zeit nach der Einvernahme meldete sich eine gewisse

Anne-Marie bei mir. Sie war eine attraktive Mutter von vier Kindern und mir bis dahin völlig unbekannt. Ich wurde von ihr um einen Besuchstermin gebeten, dem ich zustimmte. Wie sich bei ihrem Besuch herausstellte, war diese Anne-Marie über längere Zeit die Freundin von Markus Schön gewesen, der währenddessen seine Strafe in der Pöschwies absass. Was sie mir dann gestand, schockierte mich nicht nur, sondern zeigte mir einmal mehr, zu was Markus fähig war, wenn es um seine eigene Haut ging.

«Markus hat mich mit einem Schreiben überall hingeschickt, um gewisse Personen zu einer Falschaussage zu bewegen und sie genau zu instruieren», erklärte sie mir vorsichtig, unwissend wie ich darauf reagieren würde.

Nach einem kurzen Schweigen hakte ich nach.

«Und wieso kommen Sie damit zu mir? Weshalb, wenn Sie auf seiner Seite stehen?»

«Stand», korrigierte sie mich, «wissen Sie, viele dieser Leute haben mir im Nachhinein gesagt, dass Sie eigentlich der Gute seien und nicht Markus. Nun fühle ich mich mies, denn ich will nicht dafür verantwortlich sein, dass Sie eine zu hohe Strafe erhalten.»

Anschliessend legte mir Anne-Marie das Schreiben vor, das durch Markus handschriftlich selbst verfasst wurde. Der Titel lautete «Aussagevorschlag, wenn nötig ergänzen», was bereits viel verriet. Jedem der dabei sei, versprach er dazu einen Betrag von fünftausend Franken.

Darauf leitete ich eine Kopie dieses Schreibens an den Oberstaatsanwalt Akeret weiter. Was dann geschah war etwas, was einmal mehr zeigt, wozu die Justiz fähig ist, wenn sie will, insbesondere dann, wenn es um ihre eigene Haut geht. In meinem Fall drohte eine Wende, es drohte, ein massiver Justizirrtum aufzufliegen, indem man in einem Verfahren der falschen Partei Glauben schenkte, was natürlich alles andere als gute Publicity gewesen wäre.

So erhielt ich von Akeret drei Tage später einen Anruf mit einem äusserst ungewöhnlichen Angebot. Er bot mir an, falls ich den Rekurs zurückziehe, würde er mein erstinstanzliches Urteil von fünfzehn Jahren anstelle des zweitinstanzlichen von achtzehn Jahren in Kraft setzten. Das Angebot schien mir fair, ich stimmte dem Deal zu und kam so, zu einem rechtskräftigen Urteil von fünfzehn Jahren. Auch eine neue Freundin gab es nun in meinem Leben. Denn zwischen Anne-Marie und mir funkte es, wir wurden ein Paar.

Das Urteil von fünfzehn Jahren war immer noch streng, im Vergleich mit dem heutigen. Das Ganze spielte sich in einer Zeit ab, in der die Justiz noch viel heftiger gegen die einzelnen Grossdealer vorging. Man versuchte durch hohe Strafen Abschreckung zu erzielen. Nur kurze Zeit später gab es dann die grosse Invasion. Der Platzspitz wurde zur Drogenhölle, die Dealer krochen aus allen Ecken Europas nach Zürich und überschwemmten es mit Kokain und Heroin. Zu meiner Zeit war es noch schwierig überhaupt an Stoff heranzukommen, wodurch alles auch rentabler war, weil man durch den Mangel an Angeboten auch den Preis bestimmen und variieren konnte. Doch nach meiner Inhaftierung wurden die Drogen ein Massenprodukt, das Angebot wurde breiter und alles war an jeder Strassenecke erhältlich. Man brauchte nur Interesse an Drogen zu bekunden, schon stand ein Dealer da. Neben vielen Kleindealern etablierten sich zu dieser Zeit auch immer mehr Banden. Gerade die Banden waren für die Bevölkerung besonders gefährlich, denn diese bekämpften sich gegenseitig intensiv. Manchmal gingen diese Bandenkriege soweit, dass die eine Bande den Stoff der anderen vergiftete, nur um deren Ruf zu schaden. Das bedeutete, dass diesem Krieg auch unschuldige, süchtige Menschen zum Opfer fielen.

Einer der beiden bekannten Fahnder, Göthe und Nägeli sprach mich einmal während meines Hafturlaubes auf dieses Thema an.

«Wissen Sie Herr Lutz. Früher als Sie und ihresgleichen an der Macht waren, da wurde keine Konkurrenz geduldet. Es herrschte dadurch auch eine gewisse Ordnung. Heute müssen wir von der Polizei die ganze Arbeit in diesem herrschenden Chaos übernehmen. Und wenn wir mal einen erwischen, sei es auch mit einem halben Kilo Kokain, so ist er nach einem Monat bereits wieder zu Hause. Wir haben sogar Fälle, bei denen Dealer mit fünf bis sechs Kilo verhaftet werden, die mit gerade mal fünf Jahren davonkommen.»

Der Fahnder brachte es auf den Punkt. Ohne nun in eine mitleidserweckende Rede verfallen zu wollen, so habe ich mit viel zu vielen Jahren für meine Fehler bezahlt.

Zu meiner besten Zeit wurden die grossen Fische zwar härter bestraft, die kleineren Delikte jedoch viel milder geahndet und deren Strafmass niedriger gehalten. Ich erinnere mich, wie ich einst wegen eines Kleindeliktes von der Polizei gesucht wurde, als ich auf der Strasse von den beiden Zivilfahndern Göthe und Nägeli angehalten wurde. Bei mir war mein Freund Alois, nachdem ebenfalls gesucht wurde. Die Polizisten sprachen von einem Haftbefehl forderten uns auf, direkt mitzukommen. Da unterbreitete ich den beiden einen freundlichen Vorschlag.

«Komm Nägeli. Wenn Sie uns nun mitnehmen, sitzen wir das ganze Wochenende bei Ihnen auf der Wache in einer Zelle. Und dies wegen einer kleinen Sache.»

Die beiden Polzisten bekamen Mitleid und lenkten ein. Sie machten einen Anruf, wonach sie uns laufen liessen, unter der Bedingung, dass wir versprachen, am Montag um acht Uhr freiwillig auf die Wache zu kommen. Natürlich stimmten wir zu. Am Montag nahmen wir den Termin pünktlich wahr und nach nicht einmal vierzig Minuten war bereits alles vorbei. Heutzutage wäre so etwas undenkbar. Würden Sie heute die Polzisten darum bitten, Sie übers Wochenende draussen zu lassen, hätten Sie mit höchster Wahrscheinlichkeit eine Anzeige wegen versuchter Beamtenbestechung am Hals.

Anne-Marie hatte dank der Beziehung mit mir, viele neue Kontakte geknüpft. So kam es, dass sie während meiner Haftzeit begann ihr eigenes Ding im Milieu durchzuziehen. An meinen Urlaubswochenenden fuhren wir oft zusammen nach Campione, um im Casino zu spielen, nach meinem System versteht sich. Anne-Marie war eine hoch talentierte Spielerin, die nebst der technischen Finesse oft noch eine Prise Glück hatte, mit der ihr die riskantesten Wagnisse immer wieder erstaunlich ring gelangen. Wir verdienten gutes Geld im Casino, nur konnte Anne-Marie leider nicht mit dem Geld umgehen, so ring sie es einnahm, so ring gab sie es aus. Zudem verwöhnte sie ihre Kinder nach Strich und Faden.

Dann urplötzlich, wurde ich eines Tages aus dem Vollzug gerissen und in Untersuchungshaft gesteckt. Nie werde ich vergessen, wie der Direktor Bühlmann im Bostadel zu mir kam, als ich gerade aus dem Trainingsraum heraustrat und er mir mitteilte, dass ich nach Horgen versetzt würde, wegen eines neuen Verfahrens. Ein gewisser Salomon von der Zürcher Polizei verhaftete unterdessen nicht nur meine Freundin, nein, ihm verdankte ich auch meine Versetzung in die Untersuchungshaft. Salomon war ein besonders scharfer Hund, wenn der einmal deine Fährte aufgenommen hat, wich er nicht mehr von seinem Ziel, wie sich auch noch später zeigen wird.

So kam es also, dass ich in Horgen landete und Anne-Marie für rund drei Monate selbst in Untersuchungshaft kam. Wie sich herausstellte, wurde ihre bereits erwachsene Tochter beim drogendealen erwischt, woraus Salomon nicht nur eine Verbindung zu ihrer Mutter herstellte, die ebenfalls für ihre krummen Dinger bekannt war, sondern auch zu mir. Salomon sah mich anscheinend als Hintermann, der Anne-Marie für sich als Marionette im Milieu herumspazieren liess, um für mich Geschäfte zu machen. Ein Unsinn sondergleichen, doch wie erwähnt, wenn sich dieser Bluthund von einem Polizisten einmal verbissen hatte, dann liess es nicht mehr locker.

Nach etwa drei Monaten wurde Anne-Marie wieder auf freien Fuss gesetzt, während ich gesamthaft sechs Monate in Horgen festsass. Als die Untersuchung fortgeschritten war, verlangte ich eine

Rückversetzung nach Bostadel, was mir jedoch unter der Begründung verwehrt wurde, man wolle mich dort nicht mehr haben. So kam ich in das Gefängnis Thorberg im Kanton Bern. Ein schreckliches Loch. Im Thorberg hatte ich ein riesiges Theater gestartet, um zurück nach Bostadel versetzt zu werden, denn dort hatte ich nicht einmal mehr das Anrecht auf Urlaub, da ich in einem laufenden Verfahren stecke, wie man es begründete. Anne-Marie kam mich seit ihrer Entlassung regelmässig besuchen und blieb mir stets treu.

Die Zeit im Torberg werde ich nie vergessen. Der Torberg galt zu dieser Zeit als die Anstalt mit den meisten unschönen Vorkommnissen der Schweiz. Bereits in einem meiner ersten Spaziergänge musste ich mitansehen, wie zwei Insassen einen anderen komplett demolierten. Einer der Angreifer rammte dem Opfer einen Schraubenzieher in den Bauch und der zweite Angreifer knallte dem Opfer kurz darauf noch ein Stuhlbein über den Schädel. Ein schrecklicher Anblick, der selbst die Brutalität in Brasiliens Gefängnissen übertraf. In so einer Umgebung monatelang auszuhalten, ist auch in der Schweiz nicht einfach. Und Theater machen, um eine Versetzung zu erreichen, bedeutet nicht nur einen Prozess von Tagen, sondern von Monaten, um ein Resultat zu erreichen.

Ich rief mehrfach persönlich die Justizdirektion an, und es begann ein grosses Hin und Her. In dieser Zeit lernte ich den Rechtsanwalt Til Gontenschweiler kennen. Gontenschweiler setzte sich mit mir für eine Rückversetzung ein.

Eines Tages gelang es mir, an die Justizdirektorin herself heranzukommen, die mir telefonisch versicherte, demnächst im Bostadel vorbeizuschauen und mich bei diesem Besuch für ein persönliches Gespräch aufbieten zu lassen.

Sie hielt nicht nur ihr Versprechen, nein, sie brachte mir auch noch gute Nachrichten mit. Denn sie hatte mit dem Bezirksanwalt Müller ein Gespräch geführt und ihm dabei ein Ultimatum gestellt. Entweder solle Müller Anklage erheben oder das Verfahren fallen lassen. Drei Tage danach traf Post ein. Eine Verfügung, dass das Verfahren per sofort eingestellt sei. Die Nachricht war zwar super, änderte aber nichts daran, dass ich einen Marathon durch mehrere Anstalten absolvieren musste und noch sechzehn Monate lang unter verschärften Sanktionen in Haft verweilen musste, also weder Urlaub noch sonstige Privilegien erhielt, auf die ich zuvor aber stets ein Anrecht hatte.

Wenigstens kam ich wieder zurück nach Bostadel, wo ich fortan blieb.

Nach neun Jahren wurde ich in die offene Anstalt Realta versetzt. Diese Strafanstalt liegt in Graubünden. Mit Anne-Marie war zwischenzeitlich Schluss. Ich war mit einigen neuen Bekanntschaften beschäftigt, jedoch nichts Ernstes.

Bis zu dem Tag als Maya in mein Leben trat. Sie war Mutter von zwei Kindern und zugleich die Exfrau eines Typen, der mich einst mit einem Motorrad verarscht hatte. Es sei einem Brand zum Opfer gefallen, log er mich an, wie ich später von Maya erfuhr, die mir von dem Motorrad in seinem Keller berichtete. Aber Maya war eine liebe Seele, mit der ich mich gut verstand und die mir auch treu zur Seite stand.

Der falsche Köder und das falsche Spiel

2001

Zimmerli war mein Mieter. Er wohnte in meinem Haus, das ich in der Schweiz auch während der Haftzeit noch besass und wo ich während meiner Hafturlaube immer wieder eingekehrt bin, um nach dem Rechten zu schauen. Eines Tages wollte mir Zimmerli einen Deutschen vermitteln, der an zwei Kilogramm Koks interessiert war.

«Zimmerli, du weisst, ich bin immer noch in Haft. Überleg einfach, um was du mich gerade bittest.»

Zimmerli war ein sturer Hund, beinahe wie der Polizist Salomon, wenn er sich einmal festbiss, dann klebte er an dir wie eine Zecke. Nach unzähligem Nachhaken von Zimmerlis Seite beschloss ich, mir den Deutschen mal anzuschauen, denn wenn er bereit war zwei Kilo zu kaufen, müsste er volle Taschen haben und so eventuell auch für andere Geschäfte bereit sein. So organisierte ich im Restaurant des Hotel St. Gotthard ein Treffen mit ihm. Maya positionierte ich an der Theke, damit sie von dort aus alles observieren konnte. Das Treffen wirkte auf mich von Anfang an skurril. Ein alter Fuchs im Geschäft wie ich, achtet auf jedes Detail. Der Deutsche sass mir mit einem Aktenkoffer gegenüber, in den er mich kurz reinschauen liess, worin sich 120'000.– befanden, wobei er bereits höchst angespannt wirkte. Dazu fiel mir auf, dass er gar nichts trank, was auch wieder höchst sonderlich wirkte. Während wir ein paar Worte zu wechseln begannen, schaute ich unauffällig umher. Am Nebentisch sassen drei Männer. An allen sechs Füssen dieselben Dosenbach Schuhe. Wieder ein Zufall, der bei mir Alarmsirenen auslöste, denn Zufälle sind in solchen Situationen selten, man muss sie stets werten und ja nicht als Zufall ansehen, denn genauso macht man Fehler.

«Das sind Polizisten am Nebentisch», sprach ich den Deutschen forsch an.

«Nein, Herr Lutz, das sind bestimmt keine Polizisten», versuchte der Deutsche mich zu beruhigen.

Wieder eine seltsame Reaktion, denn ein Krimineller hätte sich sofort Sorgen gemacht oder sich selbst einen Eindruck verschafft. Sicher hätte ein Krimineller meine Behauptung nicht einfach ausgeschlossen, ganz verneint.

«Ich muss kurz raus, bin gleich wieder hier», entschuldigte ich mich.

«Ah ja, und wenn ich zurückkomme, gehe ich direkt mit der Ware zur Toilette. Sie folgen mir dann mit dem Geld und wir schliessen den Deal ab. Ok?», fügte ich stehend neben dem Tisch hinzu.

Draussen angelangt, rief ich Maya ins Innere des Restaurants an. Sie berichtete mir, dass der Deutsche nach meinem Verlassen des Raums, gleich zum Nachbartisch ging, um ein paar Worte mit den Turnschuhen zu wechseln. Wieder zurück im Restaurant, lief ich nicht zur Toilette, sondern direkt zum Tisch, wo der Deutsche vor seinem noch immer nicht angerührten Glas sass.

«Ich kann leider nichts machen. Der Deal funktioniert nicht und zudem sind diese drei Männer am Nebentisch Zivilfahnder», erklärte ich mich, ohne eine Miene zu verziehen.

«Nein, das sind bestimmt keine», versuchte der Deutsche nochmals klarzustellen.

«Spielt auch keine Rolle, denn so oder so, ich kann für Sie nichts machen. Sorry», beendete ich das Gespräch, stand auf und verabschiedete mich freundlich.

Beim nächsten Kurzurlaub zeigte mir Maya ihr Handy, worauf ich erkennen konnte, dass der Deutsche sie andauernd kontaktierte und um ein Treffen bat. Nur immer er, womit klar war, dass irgendein Bezirksanwalt hinter mir her war. Die Frage war nur wer? Bezirksanwalt Walty kam nicht in Frage, denn so eine plumpe und billige Masche wäre nicht sein Ding gewesen.

Die Frage wer dahinter steckte, blieb eine längere Zeit offen, bis ich in die nächste skurrile Situation geriet.

Mit Maya ging es soweit gut weiter. Wie lieb und verlässlich sie war, so knapp war sie auch immer bei Kasse. Stets benötigte sie Geld, denn zu Hause hatte sie einen Fünfliber Automaten, den sie mit Geld füttern musste, um Strom zu erhalten. Immer wieder bat sie mich darum, einige Deals zu organisieren, damit sie endlich wieder zu ausreichend Geld kam. Ich winkte ab, denn es war mir zu riskant. Stattdessen beschloss ich eines Tages, mit ihr einen Ausflug ins österreichische Bregenz zu machen, um zu Zocken und etwas Kohle extra reinzuholen. Überraschenderweise hat auch meine Tochter Simone diesem Ausflug zugestimmt, als ich sie spontan dazu eingeladen hatte. Sie kam in Begleitung ihres Mannes, meines Schwiegersohnes. Da wir uns ins Nachbarland begaben, bestand Maya darauf zu fahren, denn mir war es als Knasti im Hafturlaub nicht gestattet, das Land zu verlassen. Und um das Risiko an der Grenze erkannt zu werden klein zu halten, schien mir Maya als Chauffeuse wirklich klüger.

An der schweiz-österreichischen Grenze angelangt, richteten sich dutzende Heckler & Kochs auf uns. Es waren die Waffen einer Spezialeinheit, die uns direkt an der Grenze abfing.

«Steigen Sie aus Herr Lutz», schrie einer der Truppe ins Innere des Wagens.

Die Waffen blieben stets auf uns alle gerichtet, auch während ich ausstieg. Beim Aussteigen fiel mir ein junger Beamter ins Auge, der enorm zitterte und dies mit einer Waffe in der Hand.

«Passen Sie auf, dass Sie nicht versehentlich abfeuern», warnte ich den jungen, wohl noch unerfahrenen Beamten.

«Bei einem Kaliber wie Ihnen …», begann der Junge zu stottern, wobei er unterbrochen wurde, weil ihn sein Vorgesetzter mit einem deutlichen Wink zu schweigen hiess. So landete ich also anstatt am Spieltisch, in einer Gefängniszelle der Polizei. Die wussten Bescheid, von meiner Idee zu spielen, vom Grenzübertritt und erst noch vom Zeitpunkt. Einen Zufallstreffer konnte ich ausschliessen, doch gleichzeitig war es mir noch immer ein Rätsel, wer so verbissen hinter meinem Rücken auf mich Jagd machte. Zuerst die Masche in dem Restaurant, nun die Falle an der Grenze. Haben die mich mit Satelliten per GPS geortet? Mein Telefon abgehört? Alles ging mir durch den Kopf.

Später, in einem weiteren Verfahren habe ich dann erfahren, dass hinter alledem der Bezirksanwalt Meier stand. Nicht nur der Zugriff an der Grenze war minuziös geplant, nein, auch das Treffen mit dem Deutschen im Hotel St. Gotthard war noch viel intensiver inszeniert, als ich es damals selbst vermutet hatte. Sämtliche Kellner waren an diesem Tag nämlich getarnte Polizisten und draussen stand ein Sonderkommando bereit, das, sobald ich in das Restaurant mit der Ware eingetreten wäre, den Zugriff gestartet hätte. Das Zugriffssignal wäre vom Deutschen gekommen, indem er nach Sichtung des Stoffs seine Kappe vom Kopf abgehoben hätte.

Nach dem Zugriff an der Grenze kontaktierte die Spezialeinheit den Gefängnisdirektor von Realta.

«Auf welcher Seite der Grenze haben sie Herr Lutz festgenommen. Auf Schweizer oder österreichischem Boden?», hakte der Direktor nach.

Als es dann auf Schweizer Boden hiess, war der Fall klar; man musste mich entlassen und ich konnte in die Anstalt Realta zurück. Da ich die Grenze noch nicht passiert hatte, hiess dies zugleich, dass ich auch noch kein Gesetz gebrochen hatte. Nach diesem Vorfall war ich enorm angepisst, und ich raste mit dem Auto zurück, so schnell, dass ich gleich noch meinen Führerausweis los wurde. Die Polizisten, die mir hinterherfahren sollten, um sicher zu gehen, wo ich hinfahren würde, mussten die Verfolgung abbrechen, weil sie mir nicht mehr nachkamen. Ich war definitiv zu schnell für sie. So kostete mich der Abend meinen Führerausweis und bescherte mir eine neue Bekanntschaft. Die Verkehrspsychologin Bächli, der ich nun gezwungenermassen zugeteilt wurde. Unsere Begegnung beschränkte sich auf ein einziges Treffen, denn als ich sie fragte, wie viele Km/h ich denn zu schnell gewesen sei, kam Frau Bächli bereits ins Stocken.

«Naja, die Polizisten, die ihnen hinterherfuhren, verloren sie aus den Augen, so muss es schon schnell gewesen sein.»

«Na gut», begann ich das Wort zu ergreifen, «es kann sein, dass ich mal drei Kilometer pro Stunde über der erlaubten Geschwindigkeit gefahren bin, aber mehr sicher nicht.»

Es herrschte einen kurzen Moment Stille.

«Warum bin ich eigentlich hier?», provozierte ich, um die Stille zu brechen.

Die Psychologin verstand, wen sie vor sich hatte und worauf ich hinauswollte. Denn sie erkannte, dass ich wusste, dass gar keine Beweise für mein Rasen vorlagen, wodurch ich schlussendlich meinen Führerausweis zurückbekam. Ein anderer hätte ihr wohl ein Geständnis durch ihre Fragerei auf dem Silbertablett serviert, doch so ein Depp war ich nicht.

«Ich weiss auch nicht, warum Sie hier sind. Es wurde ja keine Geschwindigkeit gemessen», sprach Frau Bächli dann selbst laut aus, was den Termin zum raschen Ende brachte.

Mit Maya lief es ansonsten gut weiter, bis zu dem Tag, als sie nicht zu einem vereinbarten Termin erschien, um mich für den Hafturlaub aus der Anstalt abzuholen. Um neun Uhr hätte sie kommen sollen und es war bereits halb zehn. Anstelle von Maya kamen Polzisten auf mich zu, die mich in der Anstalt verhafteten und abführten. Auch Maya wurde verhaftet, sowie Theres, eine weitere Person, die mit mir in Kontakt stand. Zuerst musste ich eine Nacht in einer Zelle in Chur verbringen, anschliessend wurde ich nach Zürich verfrachtet, wo ich dem Bezirksanwalt Meier vorgeführt wurde. Dieser liess mich unter anderem wegen dem inszenierten Deal im Hotel St. Gotthard verhaften. Diese Hollywood Show blieb ja erfolglos, möchte ich nochmals in Erinnerung rufen. Es gab keinen Stoff, keine Übergabe und so fand auch kein Deal statt. Und doch wollte mir Meier etwas vorwerfen, obschon er selbst der Verursacher dieses Krimis und somit strenggenommen «der Verführer zu einer Straftat» war.

Nebst diesem Grund wurden auch Maya und Theres genannt. Gründe, von denen ich nichts wusste und die auch mir neu waren. Nach dieser kurzen Einführung in seine Vermutungen, die er noch würzte, indem er bluffte, Kenntnis und Beweise zu haben, dass ich in Bostadel gedealt hätte, liess er mich ins Pfäffiker Untersuchungsgefängnis im Kanton Zürich versetzen, wo er mich ganze siebzehn Monate lang in Sicherheitshaft (eingeschränkte Haft) schmoren liess. Dort erhob ich eine Strafanzeige gegen Bezirksanwalt Meier, denn mit seinem Vorgehen, ging er eindeutig zu weit. Die Anzeige hatte zur Folge, dass Meier zwei Wochen lang nicht an meinem Fall weiterarbeiten durfte, bis die Anzeige, wen mag es erstaunen, abgeschmettert wurde und er seine Paranoia verseuchte Fährte wieder aufnehmen konnte.

Bei der ganzen Sache hatte er seine Rechnung jedoch ohne meinen neuen Anwalt Til Gontenschweiler gemacht, der sich für mich einzusetzen begann.

Das Gemeinste war, dass Meier auch die Direktionssekretärin von Bostadel für zwei Wochen in Untersuchungshaft steckte. Mit dieser hatte ich mich während meines damaligen Aufenthaltes angefreundet. Auch nach meiner Zeit im Bostadel pflegte ich den Kontakt mit ihr weiter, indem wir öfter telefonierten. Dies schien auch Meier mitbekommen zu haben, weshalb er sie nicht nur einvernahm, sondern sie auch noch arbeitslos machte. In den Medien wurde hochstilisiert, ich hätte mit der Direktionsassistentin ein Verhältnis gehabt, was aber eindeutig übertrieben und fern der Tatsachen war.

Meine Tochter Simone kam mich in dieser Zeit regelmässig besuchen, bis ich mich einmal erkundigte, wie es Maya gehe. Darauf wurde meiner Tochter das Besuchsrecht durch den Bezirksanwalt entzogen. Man trennte mich also von meiner Tochter, nur, weil ich mich nach Maya erkundigt hatte. Eine Frechheit sondergleichen. So sass ich nun noch einsamer in der Untersuchungshaft, wo ich nur durch eine Finte von Bezirksanwalt Meier gelandet war. Ratlos versuchte ich mit dem Staatsanwalt Walty zu sprechen, der mittlerweile befördert wurde und somit über diesem Meier stand, er war sogar dessen Chef. Tatsächlich gelang es mir, den Kontakt mit ihm aufzunehmen. Als er zu mir kam, hörte er sich alles an, blieb jedoch wortlos, warf mir dabei lediglich einen Blick zu, der mir verriet, dass er die Sache auch nicht sauber fand. Und dann verschwand er.

Vor Gericht verlangte Meier für mich eine Strafe von achtundvierzig Monaten. Das Resultat war, dass ich dreissig Monate erhielt. Die Richterin kritisierte das Vorgehen von Meier in diesem Fall harsch. Sie erwähnte abschliessend sogar, eventuelle Sanktionen gegen den Bezirksanwalt zu verhängen. So erhielt ich nochmals dreissig Monate aufgebrummt, wegen der Sache mit Maya. Und für nichts sonst. Was Meier betrifft, liess man bei ihm die Sanktionen aus, was zeigt, wenn bei den Justizbehörden einer aus den eigenen Reihen die Regeln oder gar das Gesetzt bricht, wird ein Auge zugedrückt.

Nach alledem wurde ich in die Pöschwies versetzt, die Strafanstalt in Regensdorf, übrigens die grösste Haftanstalt der Schweiz.

Wieder einen Schritt weiter

In der Pöschwies angelangt, wurde ich in den Eintrittspavillon gesteckt, wo man zuerst geprüft und von dort dann in den Normalvollzug eingeteilt wird. Als ich nach einigen Wochen feststellen musste, dass man die anderen bevorzugte, mich irgendwie nicht versetzen wollte, begann ich zu reklamieren. Auf meine Beschwerde hin nahm die Leitung der Anstalt mit mir Kontakt auf. Ich würde direkt ins Haus Lägern versetzt, ein Gebäude, das zur Anstalt gehört, jedoch separiert ist. Ein Gebäude auf dem Weg in die Freiheit zurück, teilte man mir zu meiner Verwunderung mit, denn normal hätte ich zuerst für eine längere Zeit den Normalvollzug durchlaufen müssen. Begründet hatte man das Ganze damit, dass man mich nicht im Normalvollzug wolle, da die Nachfrage nach mir bereits zu gross sei. Denn der Sozialarbeiter drückte sich klar und deutlich aus, als er folgendes sagte.

«Alles was hier Rang und Namen hat, fragt andauernd nach Ihnen.»

Wann kommt Lutz? Wo ist dieser Lutz? hiess es scheinbar von allen Seiten, da ich unter den Kriminellen mittlerweile, durch unzählige Medienberichte und Geschichten, die über mich kursierten, zu einer Art Promi geworden war. Jene, die mich kannten, wollten mich wiedersehen und die, welche mich noch nicht kannten, wollten mich kennenlernen. Dort angelangt, begann ich in der gefängnisinternen Gärtnerei zu arbeiten, bis ich in die Halbfreiheit kam, wo ich wieder das Anrecht auf Urlaub erhielt. Simone holte mich für die Urlaube stets ab und brachte mich auch wieder pünktlich zurück. Ich genoss die Urlaubstage mit meiner Tochter und mit meinen mittlerweile bereits zwei Enkelkindern. Leider lebten meine Enkelkinder stets im Irrglauben, der Mann meiner Exfrau sei ihr Grossvater, das hiess, sie wussten gar nicht wer ich wirklich bin. Ich war ein Gast bei meiner Familie, ein Freund der Familie sozusagen, selbst für meine Enkel. Ein harter Umstand, doch man hatte es den Kleinen so beigebracht. Als der Tag nahte, an dem ich entlassen werden sollte, trat der nächste Super Gau ein. Ich kam am Sonntag vom Urlaub zurück, um meine letzte Nacht in der Anstalt zu schlafen, doch am nächsten Morgen kam dann die Hiobsbotschaft, die mir ein Mitarbeiter vom Justizvollzug überbrachte. Man hatte sich angeblich beim Entlassungsdatum verrechnet. Und zwar um sechs Monate! So kam es, dass ich, als ich den lang ersehnten Tag erreicht hatte, auf einen Schlag wieder am Anfang stand. Am Anfang von weiteren sechs Monaten.

Auf Grund dieses «Patzers der Justiz», nennen wir es mal so, besuchte mich auch noch Oberstaatsanwalt Walty, der sich persönlich bei mir für das Missgeschick entschuldigte. Zudem bekundete er, wie sehr es ihm leidtue, nicht bereits früher im Fall des Hotel St. Gotthard eingegriffen zu haben. Viel hatte ich nicht, von seinen Entschuldigungen, doch bedeutete mir sein Vorbeikommen und die netten Worte sehr viel. Oberstaatsanwalt Walty ist ein Typ Mensch, vor dem ich bis heute eine grosse Hochachtung habe, denn er macht seine Arbeit gut, unter Einhalt der Fairness.

So kam erneut der Tag der Entlassung, der dann auch das hielt, was er versprach, ich wurde tatsächlich entlassen.

Fertig mit der ungerechten Strafe

2004

Nach meiner Entlassung flog ich wieder vermehrt dorthin, wo ich mich heimisch fühlte. Unter der prallen Sonne, zwischen Palmen, barfuss auf dem Sandstrand von Rio war es mir am wohlsten. Eines Tages begleitete mich meine Tochter Simone. Der Ort faszinierte sie. Gerne wäre sie länger geblieben, aber es war unmöglich, denn in der Schweiz warteten andere Verpflichtungen auf sie. Schlussendlich flog sie zurück ins Land der Alpen, was ich gut verstehen konnte. Ich selbst lebte mein Leben wie gewohnt, so wie es ein freier Vogel tut, ohne hiermit andeuten zu wollen, dass diese Art zu leben besser sei, als ein Leben mit Frau und Kindern. Das Leben in freien, ungebundenen und unkomplizierten Verhältnissen war eben stets mein Stil, meine Art und Weise die Zeit auf Mutter Erde zu verbringen. Ich pendelte fortan eine Zeitlang zwischen der Schweiz und Brasilien hin und her. In Brasilien hatte ich mit zwei Kollegen zusammen ein neues Haus erworben, wo ich mich jederzeit aufhalten konnte. Wenn ich jeweils wieder in die Schweiz kam, brachte ich meistens eine Brasilianerin mit, die sich während meines Aufenthaltes um meinen Haushalt kümmerte. Funktionierte es nicht, so wechselte ich die Haushälterin bei der nächsten Reise einfach wieder aus. Auch hier war ich sehr ungebunden, genau nach meiner Art.

An der Copacabana traf ich meinen alten Freund Raphael. Er befand sich in einer ziemlich unschönen Lage, er war einfach pleite, so pleite, dass er sich nicht mal mehr eine Cola leisten konnte. Zuerst flehte er mich um Hilfe an, die er sowieso von mir bekam. Doch dann weckte er mein Interesse an einem angeblichen neuen Kontakt in Bolivien den er pflegte. Raphael bat mich um Geld für sein Flugticket nach Bolivien das ich ihm auch ausgeliehen habe. Später telefonierte er mir aus dem bolivianischen Knast. Man hatte ihn mit sieben Kilogramm erwischt. Den Stoff hatte er gut im Koffer verpackt, sodass es nicht einmal die Hunde hätten riechen können und es auch beim Röntgen nicht erkannt werden konnte. Raphael sass bereits im Flieger, als die Gepäckstücke mit der Rollbahn hochgefahren wurden, nebenan die Hunde am Schnuppern. Genau in diesem Moment fiel ausgerechnet der Koffer von Raphael vom Rollband herunter, wobei die Verpackung darin riss, worauf die Hunde den Braten, besser gesagt den Stoff, riechen konnten. Aus war das Spiel. Game Over für Raphael. Die Polizei holte ihn aus seinem Sessel und führte ihn ab. Der arme Kerl landete in einem der schrecklichsten Gefängnisse Boliviens, wo man ohne Geld komplett aufgeschmissen war. Man musste sich sogar einen Schlafsack selbst kaufen, um überhaupt eine Alternative zum kalten Boden zu erhalten. Das Gefängnis war eine kleine Welt für sich, in der sich die Insassen kleine Hütten bauten, insgesamt könnte man sogar von einer Art kleiner Stadt der Verbrecher sprechen. Ein Knasti dort hatte sogar eine kleine Pizzeria eröffnet, quasi einen eigenen Betrieb inmitten des Knasts. Unglaublich für uns Europäer, doch dort real. Besonders skurril war dort, dass man auch seine Frau kommen lassen durfte und diese, wenn sie es wollte, die Zeit mit ihrem Mann zusammen im Knast verbringen durfte.

Raphael war dringend auf Geld angewiesen, was ich ihm mehrfach runter schicken liess. Irgendwann kam er dann mit einer seltsamen Bitte und zwar um einen Betrag von 40'000 Dollar. Angeblich benötigte seine dortige Anwältin das Geld, um den Richter und den Staatsanwalt zu schmieren. Er bettelte mich am Telefon regelrecht an, versprach mir auch, das Geld mit Zinsen zurückzuzahlen. Wie hätte ich, der selbst in einem solchen Land inhaftiert und mit deren Standard und Methoden Bekanntschaft gemacht hatte, nein sagen können. So schickte ich ihm das Geld so rasch wie möglich nach unten. Nach Erhalt des Geldes funktionierte alles rasch. Raphael suchte das Deutsche Konsulat auf, liess sich einen neuen Pass ausstellen und flog zurück. Zu Hause angekommen ging er seinen Geschäften nach, begann also wieder Geld zu machen. Eine Zeit später trafen wir uns in Brasilien wieder, wo er mir zwanzig tausend aushändigte, mit der Bemerkung, der Rest würde schnellst möglich folgen. Wieder eine Weile später meldete er sich aus Madrid.

«Ich habe hier zwei Kilos, werde dir diese bringen», waren seine Worte.

«Nein Raphael, ich will das Geld zurück. Ich benötige kein Material. Danke»

«Ok Reini. Dann bring ich dir das Geld», versprach er mir, wonach ich lange wieder nichts mehr von ihm zu hören bekam. Bei seinem nächsten Anruf befand er sich allerdings nicht in der Nähe, sondern wieder in Brasilien. Nachdem er das Zeugs in Madrid verkauft hatte, reiste er nämlich nach Brasilien, um noch mehr Material zu organisieren. Nun sei er jedoch draussen in der Pampa gelandet und benötige dringend fünfhundert Dollar.

«Vergiss es du Arschloch», war meine erboste Antwort, wonach ich verärgert das Telefonat beendete.

Später habe ich erfahren, dass ihn seine deutschen Kollegen verpfiffen und er schlussendlich im Knast gelandet ist.

Genau durch solche Beispiele und derartige Typen von Menschen habe ich gelernt, dass es immer die sind, denen man am meisten hilft, mit denen man es gut meint, die einem in den Rücken fallen oder die dich reinlegen, oder gar verraten.

Während dieser Zeit, reiste ich gerade wieder in die Schweiz, wo ich eine neue Firma, die Rinova AG erwarb. Ich richtete mir zudem ein neues Büro ein, sowie ein zweites in St.Tropez, wo ich Mitsubishi Wärmepumpen zu verkaufen begann, was durchaus passabel lief. Passabel schreibe ich, weil ich niemandem raten kann, eine Firma in

Frankreich zu eröffnen, denn die Steuern frassen mir einen Grossteil der Gewinne wieder weg, so viel, dass es manchen zum Heulen bringen konnte. Auch mit Christine kam ich wieder in Kontakt. Sie kam in meiner Firma arbeiten und so hatte ich eine Person bei mir, der ich im geschäftlichen Teil meines Lebens vertrauen konnte.

Eines Tages bekam ich Besuch von einer 9-Jährigen, die von Frankreich nach Basel geflogen und von dort aus mit dem Zug nach Zürich gereist war. Ihr Name war Larissa und sie war meine Tochter. Während einer meiner Hafturlaube, Jahre zuvor, lernte ich Raquel kennen. Raquel wurde von mir schwanger, so entstand Larissa. Mit Raquel pflegte ich die ganzen Jahre einen guten Kontakt, wie mit Larissa, wenn auch lange Zeit auf Distanz. Die Kleine lebte mit ihrer Mutter in Frankreich. Dort hatte ich für die beiden Jahre zuvor eine Wohnung organisiert und Larissa in eine Sprachschule schicken können, wo sie eine sehr intensive und vielversprechende Ausbildung geniessen durfte. Der Besuch von Larissa war eine enorme Überraschung. Es erstaunte mich, wie erwachsen und selbstständig sie mit ihren neun Jahren bereits war. Sie schien genetisch etwas von mir geerbt zu haben, denn selbstständig zu sein, ist etwas, was bei mir tief verwurzelt ist. Ich bin niemand, der von anderen abhängig sein kann. Für mich war und ist es heute noch wichtig, sich alles selbst zu erschaffen.

Larissa verbrachte ihre Ferien bei mir, was ich dafür nutzte, um ihr die Schweizer Kultur näher zu bringen. Besonders witzig waren die Restaurant-Besuche mit ihr, bei denen sie immer das mochte, was ich bestellte, so fingen wir nach dem dritten Restaurantbesuch damit an, stets dasselbe zu bestellen. Auch mit ihrer Halbschwester Simone und den Töchtern verstand sich Larissa blendet. Mehrfach blieb Larissa sogar bei ihnen, um dort zu übernachten. Auch Weihnachten war besonders schön, für meine sonstigen Verhältnisse sogar äusserst familiär. So lud ich Raquel, Larissa, Simone und ihre zwei Kinder über die Festtage nach Arosa ein, wo wir eine wundervolle Zeit genossen. Vom Snowboarden über gemeinsame Spaziergänge war alles enthalten. Dinge von denen man im Gefängnis nur träumen konnte. Erlebnisse, die sich in ein Herz tätowieren, die man schlussendlich den Rest seines Lebens mit sich tragen kann.

Auch wenn ich mit Raquel in dieser Zeit wieder vermehrt unterwegs war, kam dann halt der Moment, als sie in Frankreich einen neuen Mann kennerlernte, was auch einen Bruch unserer Beziehung bedeutete. Raquel band sich an neue Verpflichtungen, während ich wieder das tat, was mir am besten liegt, frei zu schweben wie ein Vogel, weit oben in den Lüften, auf Ausschau nach neuen Territorien, nach neuen Abenteuern und im Speziellen nach neuen Bekanntschaften, also Frauen.

Thais, die verrückte Wildkatze

In meinem Leben folgte eine neue Bekanntschaft, der ganz besonderen Klasse. Thais war eine Frau, die alles an verrückten Frauen, die ich bereits erleben musste, noch übertraf. Die Königin unter den Verrückten sozusagen. Unscheinbar wirkte sie auf mich, wie auf jeden anderen, als ich sie in Brasilien kennenlernte. Ihre Figur war die eines Topmodels. Doch was sich hinter diesem unscheinbaren Wesen verbarg, erfuhr ich erst, als ich sie richtig kennenlernte, denn diese Frau konnte dir mit ihren Krallen das ganze Gesicht wegreissen. Sie war Capoeira Kämpferin, einer brasilianischen Kampfsportart, aufgewachsen in den Tiefen der Favelas. Sie war eine Frau mit einem masslosen Stolz. Genau dieser Stolz war es auch, der sie immer wieder in Schwierigkeiten brachte. So konnte ich selbst mehrfach miterleben, wie diese Frau mit ihren Kontrahenten oder Kontrahentinnen umging. Echt derb, so viel kann ich verraten. Einmal zum Beispiel hatte sie bei einem Fight ein Stück Holz aus einer Fassade herausgerissen und dieses als Schlagstock benutzt. Für den Gegner endete es sehr übel. Thais geriet bei Auseinandersetzungen in einen regelrechten Blutrausch, schien beinahe schon in eine Art der Trance zu verfallen, ohne jegliche Kontrolle, Hemmung, geschweige denn Angst. Ich selbst geriet einmal in leichterer Form an sie, als sie im Suff austickte und wegen einer Lappalie zur Furie wurde. Beinahe riss sie mir mit ihren Krallen das Gesicht weg. Nur durch einen geschickten Handgriff und eine Prise Glück bin ich einem Drama entkommen. Solche Frauen können, wenn du sie auf deiner Seite hast, Gold wert sein, gerade im Milieu, doch wenn du sie gegen dich hast, dann kann es das Höllenfeuer heraufbeschwören. In Europa, gerade in der Schweiz und in Deutschland, sind wir uns solche Frauen nicht gewohnt. Nur selten werden Frauen wegen Körperverletzung überhaupt verurteilt, selbst dann nicht, wenn sie es waren, da die Staatsanwälte und Richter eine Frau immer mit dem zarten Wesen, dem Mütterlichen, der lieben Hausfrau assoziieren, die wahrscheinlich bei ihnen zu Hause am Herd oder am Bürotisch sitzt. Doch an so eine Frau wie Thais zu geraten, wünsche ich keinem, zumal man als Mann nur eine Chance hat zu überleben und zwar durch Gegengewalt. In Brasilien kennt man solche Vorfälle zur Genüge, in Europa nicht. Der Überarbeiter dieses Buches, Sascha Michael Campi, mit dem ich mich in meiner Zeit im Saxerriet befreundet hatte, ist ein Paradebeispiel. Er landete wegen so einer brasilianischen Furie im Gefängnis, weil diese angetrunkene Prostituierte im Kreis 4, durch eine Lappalie in Wut versetzt, ihn wie eine wildgewordene Furie mit einem Stock attackierte. Sascha wehrte sich, sie erlitt drei leichte, aber blutende Kopfwunden. Darauf wurde er wegen Körperverletzung zu vielen Jahren Gefängnis verurteilt, wobei sie, die den Streit erst handgreiflich ausgelöst hatte, straffrei blieb. Im Revisionsverfahren wurde er später weitgehend von diesem Vorwurf entlastet und die Strafe erheblich gemindert.

Hier an der Copacabana war meine Thais berüchtigt und daher für mich auch ein optimaler, weiblicher Bodyguard. Zudem auch der hübscheste Bodyguard!

Eines Tages besuchte sie mich in der Schweiz. Kaum angekommen, wollte sie auf Entdeckungsreise gehen.

«Ich gehe mal kurz zur Maniküre und zum Coiffeur», deutete sie mir am ersten Tag an, wonach ich sie vier Tage lang nicht mehr zu sehen bekam.

Schlussendlich tat sie das, was sie so gerne tat, sie machte Schwierigkeiten, sie machte Party. Eine viertägige Partytour mit einem gewaltigen Kollateralschaden. Dies obschon ich geglaubt hatte, ihr klargemacht zu haben, dass in der Schweiz andere Gesetze und Sitten gelten, sie sich somit ja nicht wie in Brasilien benehmen dürfe.

Als mich Thais eines Tages wieder in der Schweiz besuchen wollte, geriet einiges aus den Fugen. Denn kurz vor ihrem Abflug zu mir, gerieten wir telefonisch in Streit, sodass ich aus Wut ihr Ticket für Sue Ellen umbuchte. Sue Ellen eine Flamme von mir, die Ähnlichkeit mit Jennifer Lopez hat. Somit hatte ich Thais also durch Sue Ellen ersetzt. Nach unserem Streit begab sich Thais in Brasilien zum Coiffeur, wo man sich bei ihr erkundigte, ob sie nun nicht zu mir reisen würde.

«Sobald wir Frieden gemacht haben, werde ich abreisen», erklärte sie im Salon vor den anderen Frauen.

«Das glaube ich nicht», mischte sich eine der anderen Kundinnen ein «...denn Sue Ellen reist morgen zu Reini in die Schweiz.»

Die Katastrophe nahm ihren Lauf. Thais ging rasend nach Hause, in eine Wohnung, die ich für sie untergemietet hatte, die aber einer gewissen Tanja gehörte.

Tanja rief mich schockiert an:

«Deine Freundin, diese Thais, ist komplett ausgeflippt. Sie hat meine Wohnung komplett verwüstet.»

Es stellte sich heraus, dass Thais emotional und physisch völlig ausrastete. Sie schaffte es, die Fenster und Türrahmen mit den blossen Händen herauszureissen, dazu seien auch haufenweise Blutspuren in der Wohnung erkennbar gewesen. Thais Wutausbruch kostete mich zweieinhalbtausend Euro, was zwar in der Schweiz nach wenig klingt, doch dort viel ist. Aber immer noch war es mir lieber so, als wenn anstelle der Wohnung Sue Ellen von Thais auseinandergerissen worden wäre. Bis heute traut sich Sue Ellen nicht, sich an der Copacabana blicken zu lassen. Zu gross ist ihre Angst vor Thais, die nur darauf wartet, ihre Kontrahentin zwischen die Krallen zu bekommen.

Rund ein halbes Jahr später traf ich die Wildkatze wieder. Wir landeten erneut im Bett. Sie wirkte dabei wieder zahm.

Richter Schill, Walter Brun und andere Halunken

In meinem Leben lernte ich so manche dubiose Gestalt kennen. So eine neue Begegnung war auch dieser Deutsche namens Mike. Ein echter Gauner, der mit allen Wassern gewaschen war. Jedenfalls zeigte mir dieser Mike ein paar Bilder, auf denen ein deutscher Richter namens Dr. Schill abgebildet war, wie er gerade mit zwei Prostituierten am Kokain konsumieren war. Mike wollte von mir Unterstützung, um die Bilder an die Presse zu vermitteln oder zu verkaufen. Doch ich lehnte ab. Anschliessend nahm Mike sein Vorhaben allein in die Hand, indem er die Bilder für jämmerliche 10'000 Euro an die deutsche BILD verkaufte. Anhand des Skandals, der sich darauf medial rasch ausbreitete, kann man davon ausgehen, dass die Bilder einen enormen Mehrwert gehabt hätten. Denn Dr. Schill war auch unter dem Namen «Richter Gnadenlos» bekannt. Den Namen hatte er sich gemacht, da er für besonders harte Urteile bekannt war. Später wurde er auch bekannt für seine Eskapaden und seine Auswanderung nach Rio. Irgendwann schaltete ich nach langer Zeit meinen Fernseher ein und musste lauthals lachen, als ich den Richter Gnadenlos, plötzlich als Kandidat im Deutschen Big Brother vorfand. Wie tief man fallen kann, war anhand dieses Menschen deutlich zu erkennen. Einst den Gaunern ungerecht hart das Leben schwer gemacht, später selbst verurteilt und nun die Marionette des Volkes, quasi der mediale Hofnarr.

Ich selbst konzentrierte mich gerade wieder auf meine legalen Geschäfte, wobei ich durch Mettler, einen unseriösen Liegenschaften Händler, diesen Walter Brun kennenlernte. Walter ist ein ehemaliger Formel 1 Rennstall-Besitzer und ehemaliger Geschäftspartner von

Hanspeter Brunner, dem einstigen Zürcher Milieukönig, dem unter anderem die landesweit bekannten Betriebe, das Restaurant Sonne sowie das Hotel Regina gehörten, beide im Kreis 4. Brunner verdiente sein Geld mit Spielautomaten, in einer Zeit, in der man damit so richtig absahnen konnte. Leider nahm es mit ihm kein gutes Ende. Angeklagt und vor Gericht erwartet, fand man ihn Tod auf. Man sprach am Ende von Selbstmord. Die rechte Hand von Hanspeter Brunner hiess Albert. Nach Brunners Tod nahm er das Zepter in die Hand. Albert war noch weit unseriöser als Brunner, so steckten seine Hände im Gras- und Kokaingeschäft, wie auch im Picasso Diebstahl in der Galerie Koller und so weiter. Auch mit ihm nahm es kurz darauf ein jähes Ende, er wurde auf der Treppe eines Milieulokals niedergestochen.

So blieb von dieser alten Garde lediglich Walter Brun übrig, der nun mit mir in Kontakt kam. Walter sahnte mit seinen Spielautomaten ab, so sehr, dass er die zweiunddreissig Millionen Franken Schulden, die er noch aus der Formel 1 Zeit auf dem Buckel hatte, damit abzahlen konnte. Walter und ich waren viel zusammen unterwegs, wodurch auch ich gutes Geld verdiente.

Mettler gab mir eines Tages den Tipp, dass Walter drei Wohnungen zu verkaufen hätte, die höchst interessant seien. Ich schlug zu, ich erwarb die Wohnungen, wodurch Mettler seine Provision einsacken konnte. Danach kam Walti auf mich zu und sprach von einer Firma, die er noch besitze, in der auch mehrere Liegenschaften enthalten seien. Es handelte sich um die Feldmoos AG mit drei Wohnungen an der Hohlstrasse, in Zürich, sowie um ein Gebäude an der Brauerstrasse 27. Alles unbestritten Top Adressen. Das Gebäude an der Brauerstrasse zum Beispiel lag direkt neben der «Sonne», dem landesweit bekannten Lokal des ehemaligen Milieukönigs Brunner. So kaufte ich Walter drei Wohnungen sowie eine 2.5-Zimmer und eine 4-Zimmer Wohnung ab. Ich übergab ihm zwei Mal 50'000 Franken in bar und einmal 70'000 Franken. Nach diesen Übergaben meldete er sich wieder bei mir, mit dem Angebot, ich könne von ihm die gesamte Feldmoos AG erwerben. Da wären dann insgesamt um die dreiundsechzig Wohnungen enthalten, zuzüglich Restaurants, sowie drei Top Häuser, die allesamt um die zwei Millionen kosteten. Eines der Gebäude lag in Bern, der Rest alles in Zürich. Ich war interessiert und begann Geld zu sammeln. Walter war bereit abzuwarten, bat mich jedoch darum, Mettler nichts von unserem Vorhaben zu erzählen, was ich akzeptierte. Der aufzubringende Betrag war hoch, doch wenn ich mir etwas vorgenommen hatte, dann musste ich es auch erreichen. Ich ging meine Freundesliste durch, um einiges an Geld zu sammeln, was aber alles andere als einfach ist, wenn man es schnell benötigt, sodass auch Banken und Verträge nicht in Frage kommen. Dazu haben sie im Milieu mit Leuten zu tun, die selbst immer schauen müssen, wo und wie sie ihr Geld anlegen, zum Beispiel indem sie einen Teil in Diamanten investieren. Meine Sammeltour war voll im Gange. Mein Freund Hans nahm eine Hypothek auf sein Haus auf und übergab mir 250'000. Corinne, die inzwischen leider verstorben ist, übergab mir 160'000. Von Ruedi kam derselbe Betrag. Rund 700'000 konnte ich selbst beisteuern und doch fehlte immer noch Geld. Walti gab mir Wertpapiere im Wert von mehreren 100'000 Franken, die ich Hans und Corinne als Sicherheit aushändigen konnte. Zwischendurch erwähnte Walter wieder, ich solle ja nichts Mettler erzählen, was ich erneut bejahte. Unterdessen kaufte und verkaufte ich einige Häuser gewinnbringend, sodass auch das restliche Geld langsam hereinzufliessen begann. Mein Ziel war fixiert und meine Strasse dahin mitten im Bau. Würde ich es zusammenkriegen, den Deal abschliessen, hätte ich ein neues Büro errichtet und fortan mein Geld legal eingenommen. Rein über die Liegenschaften und Lokale. Es wäre eine Absicherung für den Rest meines Lebens gewesen. Der Jackpot des Schneekönigs.

In dieser Zeit kontaktierte mich ein gewisser Heinz aus dem Gefängnis Realta, von dem aus er gerade in die Halbfreiheit versetzt wurde, er war also auf Jobsuche. Heinz kam mit einer sehr guten Idee auf mich zu, worauf ich ihm einen Job in meiner AG gab. Dass er zum Eisberg für meine Titanic werden würde, hätte ich mir niemals denken können. Nachdem Heinz den Arbeitsvertrag unterzeichnet hatte, kam er mit der Idee, eine Werbefirma in Bad Ragaz zu eröffnen. Ich finanzierte dieses Unterfangen, da er sehr viele interessierte Kunden hatte, wodurch das Geld schnell und erst noch mit Zins zurückfliessen würde. Heinz war ein schlauer Typ, dazu erst noch einer der alten Garde, der auch viele Jahre ziemlich erfolgreich im Kokainhandel tätig war. Wir mieteten für ihn also das Lokal, inmitten eines Einkaufszentrums in Landquart und platzierten ihm dort zwei Sekretärinnen. Zusätzlich kauften wir eine Stickmaschine und Stoffe ein. Heinz begann für rund 30'000 Franken Kleider zu bestellen, um diese zu besticken und anschliessend zu verkaufen. Leider entpuppte sich sein Unterfangen als nicht rentabel. Als ich Heinz mein Ärgernis über das Scheitern der Stickerei bekundete, beschloss dieser, zurück ins Kokain Business zu gehen, um Geld zu machen, damit er mir meine Schulden zurückzahlen konnte. Kurz nach diesem Gespräch erhielt ich von ihm einen Anruf bezüglich Koffein Pulver. Koffein Pulver? Es war mir unklar was er genau damit wollte und weshalb ich ihm dies besorgen sollte, doch stimmte ich zu es zu organisieren, um mir anzusehen, was er damit vorhatte. Nur weil seine Stickerei ein Flop war, musste die neue Idee ja nicht zwingend auch einer sein.

Koffein Pulver mutiert vor Gericht zu Kokain

Koffein Pulver kann man heutzutage in verschiedenen Apotheken kaufen und auch problemlos im Internet bestellen, gerade wenn man es in grösseren Mengen benötigt. Damals war es noch etwas umständlicher, sodass ich Heinz mit meinen Beziehungen vereinfachten Zugang dazu verschaffen konnte. Trotz allem erkundigte ich mich sicherheitshalber bei meinem Fallverantwortlichen, dem Herr Anda, ob meine Bewährungsfrist mittlerweile abgelaufen sei, falls bei der Sache mit Heinz doch etwas Krummes dran sein sollte. Herr Anda teilte mir mit, dass er dies momentan nicht prüfen könne, im genauen Wissen darüber, dass ich bereits von Neuem überwacht wurde. Auch als ich mich zwei bis drei weitere Male bei ihm telefonisch gemeldet hatte, bekam ich keine Antwort auf meine Frage.

Da Koffein Pulver nicht illegal ist, sah ich keinen Grund, nicht damit zu handeln, und das restliche Risiko war ich bereit zu tragen, auch wenn ich nicht wusste, ob meine Bewährungsfrist abgelaufen war oder nicht. Im Nachhinein stellte sich heraus, dass sie abgelaufen war. Innert kürzester Zeit kam ich in Kontakt mit einem Händler, der mir das Pulver zu einem genialen Preis anbot. Ich kaufte bei ihm ein und verkaufte alles an Heinz weiter, mit einem Aufschlag von dreissig Prozent. Somit hatte ich erstmals ein legales Pulver zu verkaufen. Heinz begann mein Koffein Pulver mit seinem Kokain zu mischen, da mein legales Pulver genau dieselbe aufputschende Wirkung hatte, wie sein illegales Weisses.

So verdiente ich mit Heinz etwas Geld, was aber nichts daran änderte, dass ich für ihn kurz zuvor an die 500'000 in den Sand gesetzt hatte, durch das Scheitern der Stickerei Idee.

Walter Brun begann mir Druck bezüglich des restlichen Geldes für die Übernahme der Liegenschaften zu machen. Zwischenzeitlich wurde ich in der Feldmoos AG von Walter in den Verwaltungsrat gewählt, damit ich bereits vor der Übernahme im Boot sass.

Ich liess die Firmen in der Schweiz weiterlaufen, reiste selber nach Brasilien, um wieder etwas Energie zu tanken, denn meine Reserven neigten sich dem Ende zu.

In Rio quartierte ich mich in einer meiner Wohnungen ein, die Renzo gerade für mich umbaute. Durch Renzo lernte ich einen Typen namens Beat kennen. Bei ihm handelte es sich um einen Multimillionär, der auf sehr junge Dinger stand und zudem äusserst geizig war. So richtig geizig; was sich zeigte, als wir einmal bei Regen unterwegs waren und erst nach unzähligen hundert Metern ein Restaurant als Unterschlupf gefunden hatten, bestand er darauf, nochmals einige hundert Meter weiterzulaufen, in ein Lokal, indem das Getränk umgerechnet zwanzig Rappen weniger kostete. Unglaublich, doch so war dieser Beat. Um ein Vielfaches mehr, als er bei seinen geizigen Sparaktionen einsparte, bezahlte er dann eines Tages, als ihn die Polizei in einem Hotelzimmer mit einer noch nicht ganz volljährigen jungen Frau erwischte. Weit über 100'000 kostete es ihn, um sich freizukaufen.

In der Zeit als wir uns frisch kennenlernten, besuchte ich mit Beat die Villa Mimosa, ein rechtsfreier Raum inmitten der Stadt Rio. Aus allen Häusern dröhnte laute Musik, die Gegend selbst war äusserst schmutzig und düster. Überall rundherum sassen junge Mädchen, ohne Unterwäsche, mit gespreizten Beinen auf den Barhockern. Die Polizei war nie anwesend und der Sex so billig wie nirgendwo anders. Ein verruchter Ort. Ein Sammelbecken von Banditen und Huren. Wenn es knallte, es also zu einer Schiesserei kam, huschten alle in Deckung und kaum war es vorbei, stand man auf und nahm seine Tätigkeit von zuvor wieder auf, als wäre nichts geschehen.

Nach einigen Tagen war mein Umbau fertig und meine Wohnung bewohnbar. Selbst Larissa hatte darin ihr eigenes Zimmer und so stand auch nichts mehr im Wege, sie zu mir einzuladen. Ihr neues Zimmer gefiel ihr sehr. Das einzige Problem mit Larissa war stets, ihre permanente Eifersucht gegenüber den Frauen. Immer wieder versuchte sie zu verhindern, dass ich mich mit einer abgab, die nicht ihre Mutter war. Sie schien immer noch die Hoffnung zu haben, dass ich mit ihrer Mutter eines Tages und danach für den Rest meines Lebens zusammenkommen könnte, was aber ausgeschlossen bleibt, es handelte sich um eine reine Utopie, eine Träumerei meiner Tochter. Gerade als ich eine neue Beziehung mit einer gewissen Riglesia einging, machte mir Larissa das Leben oft schwer, indem sie immer und immer wieder versuchte, mich von ihr fernzuhalten.

Mit gefüllten Energiereserven zurück in der Schweiz, lernte ich einen Alkoholiker kennen, der mehrheitlich in seinem Auto auf einer Wiese nahe dem See lebte. Sein Name war René. Er war schon etwas verwahrlost, aber doch ein ziemlich gewiefter Typ, den man gebrauchen konnte, der jedoch einen Schups zurück auf die Füsse benötigte. Diesen Schups gab ich ihm, indem ich ihn in der Rinova AG einstellte, unter der Bedingung, sich mehr vom Alkohol und komplett von Drogen fernzuhalten. Zum Wohnen quartierte ich ihn im selben Gebäude ein, indem sich mein Büro befand, denn oberhalb stand eine Wohnung leer.

«Warum machst du eigentlich keine Drogengeschäfte mehr?», erkundigte sich René eines Tages zu meiner Verärgerung.

Ich nannte ihm einige Gründe, die er zu akzeptieren schien. Als er von meinen Geschäften mit Heinz bezüglich des Koffein-Pulvers vernahm, beharrte er darauf, die Verantwortung dafür zu übernehmen. Mir war es recht und so hatte er in meiner Firma seine feste Aufgabe, sich um den Verkauf und die Lieferung des Koffein Pulvers an Heinz zu kümmern. Leider erfuhr ich nach einiger Zeit, dass René bereits wieder in den einen oder anderen Kokaindeal verstrickt war, was mir alles andere als gefiel, insbesondere da er bei mir arbeitete, was auch das Risiko barg, dass ich eines Tages fälschlicherweise in irgendwelche mich nicht betreffenden Ermittlungen geraten konnte. Ich tadelte René deftig und bestand darauf, dies augenblicklich zu beenden. Nach zwei Tagen musste ich für einen Diamanten-Deal nach Düsseldorf reisen. Es handelte sich um eine Tagesreise, ich benötigte also kein Gepäck, da ich am selben Tag wieder zurückreisen wollte. René hatte in der Schweiz am selben Tag einen Termin mit Heinz. Allgemein war mir unwohl zu Mute, da ich René gerade wegen seinen Geschäfteleien tadeln musste. So schickte ich einen anderen Mitarbeiter, den Pedro, ins Büro, um nachzusehen was in meiner Abwesenheit dort vorgehen würde.

«Die Bullen sind dort», teilte mir Pedro mit, wonach ich das Telefon genervt aufhängte, im Wissen darüber, dass meine Befürchtungen eingetroffen sind, was so viel bedeutete wie, René hatte Mist gebaut.

Sofort machte ich mich auf den Rückweg, da ich ja nichts zu befürchten hatte, mich jedoch um meine Firma sorgte, in der gerade ein Mitarbeiter festgenommen wurde. Kaum in der Schweiz eingereist, als ich gerade den Zoll am Flughafen Kloten passieren wollte, traten zwei Polzisten auf mich zu.

«Sie sind verhaftet», erklärten sie mir forsch, während sie mir bereits die Handschellen montierten.

«Weshalb?», versuchte ich mich zu erkundigen, während es an meinem Rücken «Klick» machte.

«Sie haben einen Vorführungsbefehl in St. Gallen», erklärte mir einer der beiden Polizisten.

St. Gallen, fragte ich mich? Was wollen die den von mir? Während der Fahrt wurde mir klar, dass Heinz aus St. Gallen stammte und es etwas in Verbindung mit ihm sein musste, weshalb ich nun auf dem Rücksitz des Polizeiautos sass.

In St. Gallen wurde ich einem Staatsanwalt namens Hangartner vorgeführt, ein Typ von Staatsanwalt, der gerade auf den Punkt kam.

«Sie haben ein Problem», erklärte mir Hangartner, während er mir die Aussagen von Heinz vorlegte.

Sorgen machte ich mir dennoch keine, denn ausser, dass ich René das Koffein Pulver an Heinz verkaufen liess, hatte ich mit ihm nichts zu tun. Geschweige denn mit seinem Kokaingeschäft. Heinz versuchte durch seine Aussagen alles auf mich abzuwälzen, indem er behauptete, auch das Kokain von mir bezogen zu haben.

Als ich dem Staatsanwalt gegenüber mehrfach bekundete, dass ich Herr Anda bezüglich meiner Bewährungsfrist angerufen habe, schrieb Hangartner den Herr Anda an, um abzuklären, ob ich die Wahrheit gesagt hätte. Die Antwort, wen mag es erstaunen, war eine Lüge von Herr Anda, denn er behauptete, ich hätte zwar ein paar Mal angerufen, mich jedoch nie in Sachen Bewährungsfrist erkundigt.

Mir war klar, dass ich vieles von Heinz' Behauptungen widerlegen konnte, doch nichts desto trotz, wurde ich vorübergehend nach Gossau in Untersuchungshaft versetzt. Für Schweizer Verhältnisse ein schrecklicher Knast, indem erst noch ein generelles Rauchverbot galt. Lediglich eine Stunde spazieren am Tag, wo man rauchen konnte, während man in der Zelle nicht einmal ein Feuerzeug besitzen durfte. Ich nahm mir dort einen St. Galler Anwalt, denn es schien mir nützlicher, als einen aus Zürich herbeizuziehen, da dessen Vitamin B eventuell nicht ausreichte, um in diesem Kanton zu seinem Recht zu kommen. Einen Vorteil hatte es in St. Gallen. Es wurde im Vergleich zu meinen Zürcher Fällen viel schneller gearbeitet. Man leidet in St. Gallen durch die Umstände der U-Haft zwar intensiver, dafür dauert es um einiges weniger lang als in Zürich, wo die Zahnräder bekanntlich langsamer drehen, als sie drehen sollten.

Es kam zur Konfrontationseinvernahme.

«Du weisst genau Heinz, dass ich dir stets nur Koffein Pulver verkauft habe», sprach ich mein Gegenüber direkt an.

«Ja, das stimmt, dies war aber nicht immer so», erklärte Heinz und genau dieser Satz war es, der mir nun das Genick brach.

Heinz machte einen Deal mit der Staatsanwaltschaft, sodass er mit lächerlichen dreieinhalb Jahren davonkam und direkt in die halboffene Anstalt Saxerriet verlegt wurde. Ich hätte mich retten können, indem ich die Person verraten hätte, von der Heinz den Stoff bezogen hatte, denn diese war mir bekannt, doch hätte ich damit gegen meinen Lebenskodex verstossen, niemals jemanden zu verraten.

René wurde vom Büro Landmann verteidigt, jedoch nicht vom Chef selbst, sondern von einer dortigen Anwältin. Da René Legastheniker war, benötigte er eine Ewigkeit, um die Einvernahmen und Aussagen zu lesen. So gab man ihm gleich anfangs zwanzig Minuten Zeit, um das erste zu lesen. Scheinbar war es René jedoch zu anstrengend die zwanzig Minuten zu investieren, er wollte dieses Dokument gleich unterschreiben, das ihm vorgelegt wurde. Der Staatsanwalt zeigte ihm mit dem Finger auf die Stelle, auf dem er seine Signatur platzieren sollte. René vertraute seiner Anwältin und auf den Staatsanwalt. Naiv muss ich eingestehen, ohne damit seine Anwältin beleidigen zu wollen, doch empfinde ich es als äusserst dumm, etwas zu unterschreiben, was man nicht selbst durchgelesen hat. Gerade wenn es um einen selbst, um sein Leben, um seine eigene Freiheit geht. Wie sich später herausstellte, war das Dokument eine Falschaussage gegen mich, die sich die Staatsanwaltschaft zurechtgebogen hatte. René entschuldigte sich im Nachhinein unzählige Male bei mir, dies unterschrieben zu haben. Ich akzeptierte es und stufte ihn auch nicht unter Ratte ein, denn bei ihm war es mir bewusst, dass er es nicht absichtlich getan hatte. Einmal konnte ich jemandem ein Messer in den Rücken verzeihen. Richtig sauer war ich über die Typen, die bewusst etwas unterschrieben, was mir schadete, nur um selbst besser davonzukommen, zumal sie meist genauso davongekommen wären, hätten sie einfach die Klappe gehalten. Von Heinz vernahm ich durch einen anderen Informanten, dass er sich überlege, seine Anschuldigungen gegen mich zurückzuziehen. Er tat es dann aber doch nicht, da er sonst aus der halboffenen Anstalt geflogen wäre, wodurch auch sein Anrecht auf Urlaub dahin gewesen wäre.

Vor Gericht wurde gegen mich in der Anklageschrift folgendes vorgetragen: Wenn der Angeklagte nicht wegen Kokain Handel verurteilt werden sollte, gilt es eine Verurteilung wegen Betruges zu prüfen (bezüglich dem Koffein, was er anscheinend für Kokain gehalten habe?!). Das Gericht Werdenberg lag in der Region Mels und somit in der Region, wo ich einst das Hotel Schweizerhof besass. Die Richter stammten zudem auch noch von Mels, hatten also über mich fundierte Kenntnis, wussten aber auch, dass ich in ihrer Gegend für viel unguten Gesprächsstoff gesorgt hatte. Der Staatsanwalt verlangte für mich dreizehn Jahre und die Richter brummten mir schlussendlich zwölf Jahre auf. Obschon ich eigentlich mit vier Jahren hätte davonkommen sollen, erhielt ich eine so übermässige Strafe, die geradezu vom Deutschen Richter Gnadenlos hätte stammen können.

Später erfuhr ich, dass der zuständige Staatsanwalt Hangartner, ein Untergebener des Oberstaatsanwaltes Hans-Jakob war, einer meiner Erzfeinde seit Langem, sodass ich wieder mal eins und eins zusammenzählen konnte, woher der Wind wehte. Denn Oberstaatsanwalt Hans Jakob verlor wegen mir in der Vergangenheit drei Prozesse und dies nur, weil ich nicht geplaudert hatte, was er mir nie verzeihen konnte. Thomas Hansjakob telefonierte sogar Staatsanwalt Walty, mit der Forderung mich auch noch wegen dem Birger Fall anzuklagen. Staatsanwalt Walty erklärte dem Hansjakob dann aber klar, wer hier in Zürich der Chef sei und dass einzig er entscheide, wofür ich angeklagt werde und nicht er. Staatsanwalt Thamas Hansjakob, der auch wegen Bagatellen gnadenlos gegen Kiffer vorging, ist am 4. Januar 2018 im Alter von 61 Jahren einem Herzversagen erlegen. Sein Herz war zu eng, zu klein und zu hart. Ich lebe noch.

Heinz absolvierte brav eine Therapie und durfte bereits nach drei Jahren wieder raus. Was für ein Glück für ihn.

Für René endete das Gericht mit einer bedingten Strafe. Er kam somit gut davon. Ich wurde nach dem Urteil nach Flums ins Gefängnis Klosterhof versetzt. Anschliessend in die JVA Lenzburg, wo ich in der Gärtnerei zu arbeiten begann. Ich versuchte während meinen Haftstrafen das Beste aus der Zeit zu machen, wie eh. Natürlich erhob ich sofort Rekurs gegen das absurde Urteil, wodurch das ganze Spiel in die zweite Runde ging.

Zweifel am Rechtsstaat

In Lenzburg lernte ich viele Insassen kennen, die einen Artikel 59 (kleine Verwahrung) oder 64 (Verwahrung) aufgebrummt bekommen hatten. Darunter waren Gewalttäter, Mörder, Kinderschänder und anderweitig unbelehrbare Psychopathen. Eigentlich sollten diese alle in einer stationären Anstalt leben, aber da es in der Schweiz an solchen Plätzen fehlt, frusten hier die Insassen vor sich hin. Auch ich ging dann zum Psychiater Dr. Tanner, was man ja heute angeblich ebenso Therapie nennt. Ein Unsinn sondergleichen, doch für das Gericht schien es hilfreich zu sein, ein Papier vom Seelenklempner zu haben.

Seit dem Mord am Zollikerberg (Zürcher Fall) vor über zwanzig Jahren hat sich der Strafvollzug immer mehr psychiatrisiert, was mittlerweile dazu führt, dass man so vielen Insassen eine Therapie auferlegt, dass man gar nicht mehr fähig ist, alle zu behandeln und wenn, dann wird es nur noch halbbazig gemacht, unter dem Motto, besser etwas als nichts. Heutzutage wird beinahe für jeden Mist eine Therapie angeordnet, was eine ganze Industrie hervorgerufen hat, eine Geldmaschinerie auf Kosten von Menschenleben und Schicksalen, deren Erfolg anhand von fragwürdigen Statistiken gemessen wird. Schlussendlich wird das alles nur getan, um die Köpfe der Politiker zu schützen, im Falle eines Rückfalls. Prävention ist nur ein Scheingrund, was man schnell erkennt, wenn man sich mit dem Thema vertieft auseinandersetzt.

Es gibt unzählige Beispiele wie Häftlinge die zu einem Jahr Strafe verurteilt wurden, dann aber durch Therapien gar nicht mehr rauskamen. Das in der Schweiz betriebene System von Massnamen ist nicht mit den übrigen europäischen Normen vereinbar. Vieles ist heutzutage sehr fragwürdig, nur schon, dass man in der Justiz die Psychologie mittlerweile insgeheim als vollwertige Wissenschaft anzuerkennen scheint. Urbaniok ist das beste Beispiel dafür, wie oft allein er sich schon geirrt hat und doch werden seine Beurteilungen immer wieder als absolute Wahrheit herbeigezogen, seine Worte und reinen Annahmen, also Spekulationen, werden dabei wie das Amen in der Kirche nachgebetet.

Daher ist es für jeden Straftäter wichtig, sich ein gewisses Grundwissen anzueignen, ansonsten kann sein Leben durch die Justiz komplett zerstört werden. Ein Paradebeispiel ist der Lenzburger Insasse André «Spiggi» Dellsperger, der die Massnahme bereits zweimal erfolgreich abwehren konnte. André verfügte über gute Fachkenntnisse der Psychologie und konnte so stets Gegensteuer bieten. Gerade wenn man dir einen Artikel 59 anzuhängen versucht, funktioniert dies nur, wenn die Krankheit der IDC-10 entspricht; dies ist ein internationales Fachbuch, in der die Erkrankungen und die Symptome aufgelistet sind. Jede psychische Störung ist dort kategorisiert und kann durch bestimmte Symptome diagnostiziert werden. Meistens sind es aber mehrere Symptome, die erforderlich sind, ein einziges reicht noch nicht aus, um gleich auf eine Erkrankung schliessen zu können.

Wenn ein Psychologe, Gutachter oder Therapeut heutzutage will, kann er einem Insassen so gut wie jede Erkrankung diagnostizieren. Denn wir wissen, auch wenn die Symptome gar nicht vorhanden sind, können diese auf Papier leicht nachgewiesen werden, indem man durch suggestive Fragestellungen das hervorbeschwört, was man dazu hören möchte.

Auch die verheerende Wirkung der Medikamente darf man nicht unterschätzen, denn immer mehr werden auch den gesunden Insassen starke Medikamente verschrieben, wodurch sie sich oft so sehr verändern, dass sie nicht einmal mehr von ihrer eigenen Mutter wiedererkannt werden. Die grössten Drogendealer sind meistens jene mit einem Doktortitel, insbesondere, wenn sie für Papa Staat arbeiten.

Früher hatte man den Kriminellen noch den Schädel vermessen und anhand der Abmessungen bestimmt, ob diese Person kriminell veranlagt ist oder nicht. Wenn ja, wurden diese Häftlinge regelrecht gefoltert, wie durch Elektroschock und andere Therapien unter vollkommenem Entzug des Selbstbestimmungsrechtes. Heute schütteln wir den Kopf über diese Praktiken, während im Hintergrund eine unkontrollierte Industrie von Therapeuten fragwürdige Massnahmen auch an gesunde Menschen verschreibt, sie tablettensüchtig macht und zu Mumien formt, die nicht mehr gesellschaftstauglich sind. Statt den Kopf über die Vergangenheit zu schütteln, sollten wir endlich unseren Blick auf die heutige Zeit richten, um zu verhindern, dass in naher Zukunft auch über unsere Zeit der Kopf geschüttelt wird. Dazu braucht es Menschen, die sich auch für Randgruppen wie Häftlinge interessieren, nur wo sind diese? Bis heute gibt es dafür keine Institution und keinen Ombudsmann, der den Insassen im Kampf um ihre Rechte beisteht. Die Justiz hat zwar mehrere Abteilungen, die sich gegenseitig im Kreis kontrollieren, die also alle irgendwie vom guten Willen der andern abhängig sind. Da gibt es keine ernste Kritik, geschweige denn die Möglichkeit einzugreifen oder fehlbare Richter oder Staatsanwälte zu bestrafen, sowas konnte man in der Justiz bis heute wirksam verhindern.

Wenn Sie heute als Betroffener eines 59er Artikels in der Anstalt ein Nutella Brot anstelle von Haferflocken zum Frühstück essen und anschliessend sich noch ein Glacé gönnen, kann ihnen der Hafturlaub gestrichen werden, da sie als 'zu euphorisch' gelten. Wenn man da mal nicht den Kopf schütteln muss!

Therapien kosten bis zu neunhundert Franken pro Tag und im Durchschnitt um die vierhundertfünfzig Franken. Die Psychiatrie ist zu einem Wirtschaftszweig geworden, der sich die Aufträge gleich selbst verschreiben kann.

Gerade in Lenzburg sitzen viele berüchtigte Täter ein, die wir von den Titelseiten des BLICK kennen, wie der Frauenmörder Hauert, der Mehrfachkindermörder Ferrari, Lucymörder Hofmann, Gugeli Guido (Schenkkreismörder). Das waren vor allem Insassen, die Gewaltdelikte verübt hatten, die man mit den Artikeln präventiv bestrafte, obschon auch bei einigen dieser Fälle zu hundert Prozent in Zukunft nichts mehr geschehen wäre. Meist wurden diese speziellen Insassen noch bewacht in den Duschraum geführt, man hat ihnen sozusagen staatliche Bodyguards zugeteilt.

Auf der anderen Seite gibt es dann Psychos wie den Todesengel R.A. Dieser war als Krankenpfleger tätig und brachte bei seiner Arbeit achtundzwanzig Menschen um. Angeklagt wurde er für das Doppelte, nachweisen konnte man ihm nur die Hälfte. Dieser Vollpsycho erhielt zum Beispiel keine Therapie. Wie geht denn sowas? Nach acht Jahren Haft wurde er von Lenzburg in die offene Anstalt Wauwilermos in Luzern versetzt, wo man ihm sogar eine Verkaufslehre im hauseigenen Gärtnereiladen ermöglichte. Den Massenmörder traute man sich in die Gesellschaft zu reintegrieren, während man andere, die ein einmaliges, unbestritten schlimmes Delikt begangenen hatten, für die Ewigkeit wegsperrt. Gut, die Verteidigung des Pflegers argumentierte, er habe die schwer behinderten und bereits dem Tod geweihten Patienten von ihren Leiden erlösen wollen. Töten aus Mitleid? Spielt da einer Gott? Der erhebt sich jedenfalls über die Götter in Weiss, die eben daran interessiert sind, die Leiden ihrer Patienten so lange wie möglich zu verlängern, denn das ist nun mal ihr Geschäftsmodell.

Die zweite Instanz in St. Gallen und die Abrechnung

Vor der zweiten Instanz im Falle des Koffeinpulver-Skandals war ich guten Mutes, dass doch noch alles gut kommen würde. Mit René hatte ich inzwischen gesprochen. Er versprach mir, vor Gericht alles richtig zu stellen, dass wir Heinz lediglich das Koffeinpulver verkauften. Begründen konnte René seine frühere Falschaussage damit, dass er Legastheniker sei und unter Druck bei den Einvernahmen etwas unterschrieb, was er zuvor nicht gelesen und über dessen Inhalt er somit keine Kenntnis hatte. Alles ergab einen Kreis. Der Freispruch war erkennbar. Genau in dieser Zeit wollte das Schweizer Fernsehen (SRF) einen Dok-Film über mich machen, was aber durch die Sicherheitsbestimmungen der JVA Lenzburg, wie mir der Direktor Herr Ruf mitteilte, leider nicht möglich war. So kam es als Alternative zu einem Interview auf Radio DRS. Seltsamerweise wurde es dann nach dem Radiointerview doch möglich, einen Dokumentarfilm zu drehen. Keine Ahnung weshalb, ich stimmte lediglich zu. Das Resultat war die Doku «Kokain-Hochburg Schweiz».

René wohnte zu dieser Zeit in meinem Haus. Kurz nachdem die Dokumentation ausgestrahlt wurde, rief er mich an und fragte, ob ein Kollege von ihm zusätzlich in dem Haus einziehen dürfe, was ich bejahte. René konnte ich mein Haus anvertrauen, denn ich wusste genau, dass er auch auf den Garten und das Inventar achtgeben würde, was mir sehr recht war. Ungefähr drei Wochen nach unserem Telefonat, kontaktierte mich Herr Grünig, der damalige Vollzugschef, was meist nichts Gutes bedeutete.

«Herr Lutz, ich habe ganz schlechte Nachrichten für Sie … Ihr Freund René …»

«Was ist mit René?», unterbrach ich ihn.

«Ihr Freund René ist gestern leider durch einen Motorradunfall verstorben.»

Mir stockte der Atem. Das kam unerwartet. Zurück in meiner Zelle war ich komplett deprimiert, ausgelaugt und fern eines klaren Gedankens. Das Schlimmste war, dass mein Freund und ehemaliger Mitarbeiter so starb. Das musste ich zuerst verarbeiten und verkraften. Mir wurde auch bewusst, was das für Auswirkungen auf mein eigenes Leben haben würde. Denn der einzige Mensch, der mir den Freispruch ermöglichen konnte, war nun tot. Mein einziger Zeuge für den Gerichtstermin war weg. Vom Erdboden verschwunden. Wenn üble Zeiten anbrechen, wird es meist noch übler als es auf den ersten Blick scheint und so sollte es auch in diesem Moment kommen.

Am nächsten Tag war in der Zeitung folgende Schlagzeile zu lesen: «Was hatte der verunglückte Motorradfahrer mit Schneekönig Lutz zu tun? Das Motorrad war auf die Firma des Schneekönigs eingelöst und auch der Unfallort war nicht unweit seines Hauses entfernt».

Die Presse schien mir alles zuzutrauen. Der Verdacht kam natürlich daher, dass die Reporter René als Belastungszeugen gegen mich ansahen. Aus taktischen Gründen hielt ich – wie auch die Verteidigung – die Wende geheim, denn erst vor Gericht sollte René den wahren Sachverhalt darlegen und so in diesem Fall die Wende bewirken, was mich von den ungerechten Vorwürfen freigesprochen hätte. Über die Schlagzeilen war ich äusserst empört und auch heute noch rege ich mich auf, gerade wenn ich diese Zeilen für das Buch verfasse. Genau das ist das Übel an den Medien, diese Sensationsgier, für die sie sogar über Leichen gehen.

Nach den unschönen Zeilen telefonierte ich mit Renés Freundin Nathalie, die mir dann unter Tränen vom Unfall berichtete. Leider setzte sich René betrunken auf das Motorrad, den Rest kann man sich denken. Was das Gericht betrifft, ging ohne René wie befürchtet alles den Bach runter. Obschon meine Strafe um ein Jahr gesenkt wurde, stand ich am Ende mit elf Jahren da. Von allen Haftstrafen war es für mich die Härteste, gerade im Wissen darüber, dass ich hätte frei sein können. Nach der Verhandlung rief mich Nathalie in der Anstalt an, um zu fragen, ob sie während ich im Gefängnis sitze, mein Haus mieten könne. Ich war damit einverstanden und bereute es im Nachhinein auch nicht, denn Nathalie steckte viel Liebe in das Haus, das sie sogar renovierte. Anschliessend wurde sowieso mein ganzes Hab und Gut eingezogen und versteigert. Man nahm mir alles weg. Das Haus, den Audi, mein Motorrad, meine Immobilien, sogar meine gewinnbringenden Parkplätze, also alles was mir noch Geld brachte, wurde mir genommen. Schlimm war auch, dass ich bei der Räumung meines Hauses noch bestohlen wurde, wogegen ich mich nicht einmal zur Wehr setzen konnte. Was Walter Brun betrifft, legte dieser zwischendurch eine Klage gegen einen Redaktor der Blick Zeitung, den Viktor Damann, wegen Rufmord ein. Für dieses Verfahren wurde ich vor Gericht befragt, denn es ging um Schwarzgeld. Man wollte von mir wissen, ob zwischen mir und Walter solches geflossen sei, wie es die Blick Zeitung publizierte, was ich dann aber «netterweise» verneinte. Viktor Damann wurde am Ende freigesprochen, was ich auch korrekt fand. Walter hatte mir fortan immer wieder Couverts mit zweihundert Franken zukommen lassen. Zudem versicherte er mir mehrmals, dass wenn ich freikommen würde, ich mir keine Sorgen um mein Geld machen müsse, denn dies würde in Form eines Aktienzertifikates, im Wert von 250'000 weiter bestehen. Ein Mann ein Wort, schien mir angesagt. Endlich mal einer der sich für mein Schweigen auch dankbar zu zeigen schien.

Corinne bekam ihre 160'000 Franken zurück. Sie versuchte mehr zu bekommen, doch Walter redete Klartext mit ihr.

«Mädchen, nimm was du bekommst, ansonsten gibst du mir dein Sicherheitszertifikat retour, damit du dein Geld bekommst.»

Dieses Zertifikat hätte eigentlich mir zugeschoben werden sollen, doch vertraute ich Walter in der Sache und zudem hatte Ruedi, der damals ebenfalls investierte, von mir eine Breitling mit Gold und Diamanten im Wert von gegen die 70'000 versetzt, dazu mein V-Max Motorrad im Wert von 80'000 erhalten, sowie einen Parkplatz und einen Lagerraum als Sicherheit.

Eines Tages lud mich Walter mit Ruedi zusammen in ein Restaurant ein. «Wenn ich frei bin, gebe ich dir meine Sicherheiten zurück und du mir mein Geld», sagte ich nach dem Essen, als Erinnerung über das geplante Vorgehen.

Da begann Walter sein wahres Gesicht zu zeigen, indem er mit der Behauptung begann, Corinne anstelle der 160'000, den Betrag von 230'000 ausbezahlt zu haben, was die mittlerweile Verstorbene ja nicht mehr richtigstellen konnte, im Gegensatz zu ihrer noch lebenden Tochter! Dann behauptete er, Hans die 250'000 ausgehändigt zu haben, was sich im Nachhinein zur Abwechslung auch als richtig herausstellte. Am Ende aber die absolute Frechheit, als er mit der Grundstück-Gewinnsteuer kam, für die drei Wohnungen die ich ihm bereits abgekauft hatte, in der Höhe von 375'000 Franken, wodurch ich meine insgesamt 700'000 Franken bereits zurückerhalten hätte. Nach diesem Gespräch mit Walter ging ich alles nachrechnen, was mir das Ergebnis von 290'000 ergab. Der Betrag, den Walter mir somit ohne Zinsen noch schwach war. Als ich ihm über diesen Betrag eine detaillierte Rechnung zukommen liess, meinte er forsch, er wolle mein Gesicht nie wiedersehen. Als ich deswegen meinen Rechtsanwalt aufsuchte, riet mir dieser, Walter zu betreiben, was ich dann aber unterliess. Denn über ihn wäre nichts zu holen gewesen. Da er alles über seine Firmen laufen liess und er selbst nicht haftbar war, gab es keine Chance. Nur der Anwalt hätte was davon gehabt.

Die Liebe meines Lebens

2013

Bereits als ich in einem meiner Urlaube zum ersten Mal in Edith Campos' Augen blickte, war mir bewusst, dass sie die Frau ist, nach der ich unbewusst ein Leben lang gesucht hatte. Bei unserer ersten Begegnung war sie einunddreissig Jahre jung und ihre schwarzen langen Haare, reichten über ihren attraktiven Körper bis auf das Gesäss. Die erste Begegnung fand im Büro eines Geschäftspartners statt. Zuerst hörte ich, sie sei eine Nutte, doch einer wie ich, der unzählige Nutten in seinem Leben kennengelernt und sich auf viele eingelassen hat, der weiss, dass es sich bei dieser Frau keines Falls um eine aus diesem Metier handeln konnte. Der Exfreund von ihr konnte erzählen was er wollte, seine Worte waren nur die eines Neiders, der seine Freundin nicht halten konnte und sie nun auch keinem anderen gönnte. Zuerst dachte ich mir, was will ein älterer Herr wie ich mit einer so jungen Schönheit, doch dann schien es mir wie die wunderschöne Belohnung für all das, was ich in meinem Leben durchmachen musste. Durch diese Sicht, die ich mir in diesem Büro einredete, fasste ich meinen Mut zusammen und lud Edith zum Essen ein. Wir gingen noch zwei bis drei Mal zusammen aus. Am Anfang hatten wir kleinere Probleme mit der Verständigung, denn während mein Portugiesisch sehr gut war, war es mein Spanisch hingegen weniger. Bei unserem ersten Treffen verstanden wir uns allerdings exzellent. Sie bat mich sogar um meine Telefonnummer.

Leider musste ich unser erstes Date relativ früh beenden, da ich ja zurück nach Realta musste. So erhielt ich wenigstens einen Abschiedskuss auf die Wange. Wir trennten uns ungern, als würden wir uns seit Jahren kennen und als hätten wir uns noch tausend Geschichten zu erzählen. Am nächsten Tag telefonierten wir bereits wieder, als mich Edith direkt mit einer höchst erwünschten Frage konfrontierte.

«Sind wir jetzt zusammen?»

«Ja gerne», jubelte ich schon beinahe durch den Telefonhörer.

Das Herz des Schneekönigs schmolz bereits dahin, wenn er nur die Stimme dieses wunderbaren Wesens zu hören bekam.

Nein, ich habe ihr nicht den reichen Gangsterboss vorgespielt oder andere falsche Trümpfe gezogen. Fakt ist, dass ich sie mit der Wahrheit gewinnen konnte. Ich bin ein Gefangener, mittlerweile pleite und auch nicht mehr der Jüngste. Dazu kommt, dass Edith in ihrer Heimat mit ihrer Familie zusammen eine Ranch mit einer Kakao-Plantage besitzt und es ihr und der Familie finanziell sehr gut geht. Das Motiv mit mir zusammen zu sein, kann somit nur eine Herzenssache sein. Irgendwie war ich eine Zeit lang beinahe dankbar, pleite und im Gefängnis zu sein, denn so konnte ich zum ersten Mal die wahre Liebe finden. Anders wäre ich mir nie sicher gewesen, was das Motiv für eine Beziehung mit mir sein sollte. Das Koks, das Geld, mein Name oder meine Kontakte. Meist hätte es sich eh mit der Zeit bestätigt, doch dieses Mal war alles anders.

Zu unserem ersten Kuss kam es im Thermalbad, wo wir uns in einem meiner Hafturlaube trafen. Es war romantisch und traumhaft schön. Im warmen Wasser näherten wir uns langsam an, wie in einer kitschig romantischen Telenovela. Ein großartiges Gefühl.

Edith hatte zuvor vierzehn Jahre lang in Mallorca gelebt, wo sie in einer schönen Villa bei ihrer Schwester, deren Mann und deren gemeinsamen vier Kindern lebte.

Mein Freund, der Liegenschaften Händler Mettler, machte mir das liebe Angebot, kostenlos eine Wohnung in Menziken zu beziehen, in einer Liegenschaft, die er gerade frisch erworben hatte. Ich habe sie Edith angeboten, für ihre Zeit, in der sie immer wieder in der Schweiz wohnt, unter dem Motto, 'ich habe zwar kein Geld, kann dir aber immerhin eine Wohnung anbieten'. Edith meinte darauf selbstbewusst:

«Das ist kein Problem. Ich habe mein eigenes Geld. Aber danke.»

Sie ist echt eine Frau von Klasse. In meiner neuen Wohnung bekochte sie mich regelmässig. Sie ist, ohne zu übertreiben, die beste Köchin, die mir je begegnet ist. Kurz darauf gab es ein peinliches Ereignis, als wir uns auf Shopping Tour begaben, um neue Bettwäsche zu kaufen. Eine stach mir besonders ins Auge, übersah jedoch den happigen Preis von 700 Franken. Als ich ihn anstarrte und sich mein Gesicht verzog, nahm mir Edith die Bettwäsche aus den Händen, zückte ihre Kreditkarte aus der Tasche und kaufte sie. Nicht mal zu meiner Zeit als Millionär hätte ich so viel für Bettwäsche ausgegeben. Zudem war es das erste Mal, dass eine Frau für mich bezahlte und nicht umgekehrt.

Auf dieser neuen Bettwäsche kam es dann in derselben Nacht zu unserem ersten sexuellen Kontakt. Eine wunderschöne Nacht. Mein Leben begann sich mit Edith zu verändern, so auch viele meiner Ansichten. Ich hinterfragte meinen Glauben an die Menschheit. Edith wurde zum Ankerpunkt. Sie brachte mich dazu, jeden Schritt zwei Mal zu überdenken. Von Koks hielt ich mich fern, denn Drogen sind für sie Teufelslaster. Ihr persönliches Laster, wenn man das überhaupt so nennen kann, ist es, zum Essen Wein zu trinken. Aber stets im Mass, ohne dabei irgendwie die Kontrolle zu verlieren, vor dem Dessert einzuschlafen oder gar vor dem Sex!

Irgendwann zerstritt sich Edith mit ihrer Partnerin in der kleinen WG, in der sie hauste, weil sie von ihr bestohlen wurde. Ganz nervös erzählte sie mir die Story am Telefon. Von da an erhielt sie meinen Schlüssel. Sie konnte sich bald gut damit abfinden, die Zeit in meiner Wohnung zu verbringen. Sie begann dort zu putzen, alles neu einzurichten, sowie alles für meine Hafturlaube vorzubereiten.

Genau zu dieser Zeit hatte ich urplötzlich sieben Kilogramm an

Körpergewicht verloren, was mir nach einem meiner letzten Ausgänge in Realta auffiel, da mich Edith darauf hinwies. Etwas stimmte da nicht mehr bei mir, so begab ich mich zum Gesundheitsdienst, wo man mir dann tatsächlich Insulin spritzen musste. Ich sei an Diabetes erkrankt. Man erklärte mir, die Insassen im Gefängnis seien allgemein eher gefährdet daran zu erkranken, generell sei auch das Risiko für einen Herzinfarkt doppelt so gross wie bei normalen Menschen in der Freiheit, da man in Haft dauernd, manchmal bewusst, manchmal unbewusst, unter Stress steht. Die für lange Zeit fehlende Bewegungsfreiheit und der permanente Druck, setzten mir also mehr zu, als ich es mir je hätte denken können. Klar war ich zu dieser Zeit auch bereits nicht mehr der Jüngste, doch bis auf ein paar graue Barthaare war mir bislang das Ergrauen auf dem Kopf erspart geblieben und auch körperlich hatte ich mich gut gehalten.

Dann nahte der Tag, an dem ich ins Haus Lägern gehen durfte und wo ich ein Arbeitsexternat absolvieren musste. Ich rief Ruedi an und bat ihn um einen Job, respektive um einen Arbeitsvertrag als Liegenschaften Verwalter.

Im Haus Lägern angekommen, begann ich ein ziemlich geordnetes Leben zu führen. Am Morgen ging es zur Arbeit und vor der Rückkehr ins Lägern traf ich mich stets noch mit Edith. Jede Minute mit ihr wollte ich auskosten. Genauso ist es auch bis heute geblieben.

Während ich das Spielen in den Casinos nicht verlernt hatte, war ich in diversen anderen Bereichen mittlerweile sehr überfordert. Edith drückte mir mein erstes Smartphone in die Hand, was ich am Anfang gar nicht richtig bedienen konnte, obschon ich Jahre zuvor einmal selbst Mobiltelefone verkauft hatte. Ich war somit nicht mehr so smart, was die Technik betraf. Es ging mit meiner Unfähigkeit soweit, dass ich mir ein Nokia im alten Stil kaufte, damit ich mich bei der Handhabung wieder sicherer fühlte. Bis heute verstehe ich nicht, weshalb man so viel Unsinn in einem Handy braucht und weshalb man freiwillig mit einem GPS Sender durch die Gegend laufen will. Dieser Neuzeit- Elektroscheiss ist ganz und gar nicht mein Ding. Nebst dem Elektro Dilemma gelangte ich immer mehr in eine seltsame Phase. Obschon ich die Liebe meines Lebens entdecken durfte und obwohl ich nur noch einige Schritte von der Freiheit entfernt war, war mir unwohl zu Mute. Wenn man jahrelang von der Aussenwelt mehrheitlich isoliert lebt, sieht man vieles anders als die Menschen draussen. Man blickt irgendwie wie von ausserhalb auf die Welt. Wie ein Kind am Strand, das eine Ameisenfarm in seinen Händen beobachtet, wie die kleinen fleissigen Arbeiter sich in dem durchsichtigen Plastikkasten hin- und her bewegen, ohne dabei die Welt wirklich geniessen zu können. Beobachtet man durch die Medien, sei es durch das Fernsehen, den Radio oder die Zeitungen all die politischen Themen, oder auch die neusten Trends, wobei man sie selbst nicht im Alltag vor Augen hat, so kann man den Eindruck erhalten, die Welt sei verblödet. Kommt man dann nach Jahren in den Genuss, sich wieder vermehrt in der Freiheit aufzuhalten, erkennt man, dass sie wirklich verblödet ist und – wie kalt diese Welt geworden ist. Die Menschen laufen mit dem Blick auf das Handy gerichtet durch die Strasse, ohne sich noch gegenseitig anzublicken oder zu grüssen. Junge Leute lernen sich über ein Date Portal kennen, statt in einem Lokal oder beim Tanzen. Die Menschen draussen sind in ihr obsessives Streben nach Statussymbolen vertieft oder betteln im Netz um Likes, also Anerkennung für Nichtigkeiten, um sie in ihrer Einsamkeit zu trösten, die sie seit ihren Kindheitstagen plagt. Die Menschen arbeiten, um zu konsumieren. Sie leben für die Arbeit, statt zu arbeiten, um zu leben, so sehr in ihr Streben vertieft, dass sie nicht einmal mehr Zeit zum Lächeln finden. Die Welt ist schnell geworden, schnell und erbarmungslos.

Heutzutage kommt ein Schweizer nach Hause, er bezahlt seine Rechnungen, setzt sich vor den Fernseher und träumt von einem Leben in Luxus, während er die Geissens schaut. Dann legt er sich schlafen, im Selbstbetrug, glücklich zu sein. Vor dem Einschlafen geht er den morgigen Tag im Kopf durch, der bereits dicht und rigide durchgeplant ist. Wo bleibt das eigene Ziel, die Neugier, die Lust auf Neues? Ein Leben genau wie es die Ameisen in der Ameisenfarm in den Händen des kleinen Jungen am Strand tun. Tag für Tag. Woche für Woche. Jahr für Jahr. Dann werden sie alt und bereuen es, nie etwas für ihre Träume gewagt zu haben

All diese Erkenntnisse erfüllten mich mit Unbehagen. Eine Krise entwickelte sich in mir, die ich nicht deuten konnte. Irgendwann suchte ich Hilfe bei Frau Dr. Gnahm, durch die ich sogar einen Antrag auf IV stellen liess.

Als wäre all dies nicht genug, verlangte Ruedi von mir Geld, das ich ihm schuldete, was ich ihm jedoch nicht auf einen Schlag zurückzahlen konnte. Viele standen bei mir ebenso in der Kreide wie ich bei Ruedi und so bekam ich immer mal wieder zwischen fünf- und zwanzigtausend irgendwoher zurückbezahlt, was ich dann immer brav weiterleitete. Am Ende setzte Ruedi seine Firma fast in den Sand, auch wenn er mir die Schuld für seine Konkursandrohung gab, so war es sein eigenes Versagen, das dazu führte. Im letzten Moment konnte ich ihn retten, indem ich ihm einen guten Anwalt vermittelte.

Kurze Freiheit durch Überforderung

Am 11. Juni 2016 wurde ich definitiv aus der Haft entlassen. Mein Kumpel Werni meinte zu mir, er habe neben seiner Villa im Amlikon ein weiteres Haus, das man lediglich einmal durchputzen müsste und wo ich mich gerne kostenlos einquartieren könne, was ich natürlich noch so gerne annahm. Wie sich dann im Nachhinein herausstellte, gehörte dieses Haus indem ich mit Edith wohnte, nicht wirklich Werni, sondern einem gewissen Peter Müller, der mich dann sehr anständig darauf hinwies.

Es kam soweit, dass wir aus dem Haus wieder ausziehen mussten. Werni liess uns dann aber in Menziken wohnen, wo er uns eine Wohnung zur Verfügung stellte. Da angelangt, stieg ich selbst wieder in den Liegenschaften Handel ein.

Nach einer Weile machte ich mich mit Edith auf zu ihrer Schwester und deren Mann nach Mallorca. Das Haus unserer Gastgeber war traumhaft schön, mit einem grossen Pool im Garten.

Ich schaffte es, bei meinem Inselaufenthalt, meine Wohnung zurückzukriegen, musste jedoch dringend 3'500 Euro an Steuern nachbezahlen. Später stellte sich heraus, dass noch ein Betrag von 22'000 Euro an Unterhaltskosten offen war. Es kam immer mehr und mehr zum Vorschein.

Nach diesem Aufenthalt und unzähligen organisatorischen Herausforderungen war dringend ein Urlaub angesagt. Wir reisten nach Rio, wo ich endlich meine Tochter Larissa wieder einmal in die Arme schliessen konnte. Es flossen viele Tränen, denn es war eine ganze Weile vergangen, seit wir uns das letzte Mal gesehen hatten. Larissa verstand sich mit Edith sehr gut. Nur meine Ex Raquel durfte ich in dieser Zeit nicht sehen, dies hätte Edith keines Falls zugelassen, was ich auch verstehen konnte.

Während ich in Rio lebte, übergab ich einem Kumpel namens Peter meinen Schlüssel von der Schweizer Wohnung. Peter war gerade obdachlos geworden und benötigte dringend eine Bleibe. Die einzige Bedingung war, er musste sich um einige Arbeiten in meinem Büro kümmern, was er gerne zu machen bereit war.

Als wir eine Zeit in Rio verbracht hatten, flogen wir weiter nach Ecuador. Es war eine lange Reise, denn wir mussten über Lima und Bogota fliegen, was sich sehr weit hinzog. Bei den Eltern von Edith wurde mir schnell langweilig, denn die ganze südamerikanische Sippe sass essend und plaudernd in der Wohnung herum, während meine Edith alle bekochte und dann auch noch abwaschen durfte. Ihre Brüder und deren Frauen schienen sich dafür zu bequem in ihrem Sessel gefühlt zu haben, als ihr zur Hand zu gehen.

Schnell wollte ich nach Rio zurück, doch klappte etwas mit meiner Buchung nicht, so hockte ich eine Weile in Ecuador fest. Edith hatte zwar ihr Ticket schlauerweise schon gebucht, während ich meines später persönlich buchen wollte. Ich nutzte die Zeit, um mir das Anwesen der Familie genauer anzusehen. So fuhren wir zur Finca der Familie hinaus, die von einer üppig blühenden Natur umgeben ist. Zudem gibt es vor dem Haus eine riesige Kakao-Plantage. Das Haus selbst stand auf vier Pfählen, hatte keinen Strom und das WC bestand aus einem kleinen Holzhäuschen mit einer Toilettenschüssel und einem Eimer zum Spülen. Die Matratzen im Bett waren bereits älteren Datums. Draussen auf dem Feld gab es viele Hühner, Pferde und Kühe, was mich kurz an das Saxerriet erinnerte, denn dieses Land war paradiesisch schön, auch wenn man es nicht direkt vergleichen kann. Als wir an einem Tag acht Stunden mit dem Auto durch die Pampa gereist waren, verreckte uns tatsächlich der Wagen. Ich dachte bereits, wir würden da draussen elend mitverrecken, doch rettete uns Ediths Bruder mit einem Schraubenzieher. Weit weg von fachlichem Wissen schraubte er umher, bis der Motor – ich konnte es selber kaum fassen –, plötzlich wieder ansprang.

Als wir am Flughafen in *Guayaquil* ankamen, erklärte uns die Frau am Schalter, dass es keinen Flug nach Rio mehr geben würde, dies obschon man Edith am Vortag telefonisch einen Flug bestätigt hatte. Nach einem langen Hin und Her musste ich dann nach Bogota fliegen, dort einen vierstündigen Zwischenhalt einlegen, wonach ich dann endlich nach Rio weiterkonnte. Edith hatte es besser, sie flog direkt über Lima zurück nach Rio.

Endlich wieder an meinem Lieblingsort angelangt, liessen wir es uns gut gehen.

Der Biss in die helfende Hand

Als wir mit allem durch waren, unsere Batterien an der prallen Sonne wieder aufgeladen hatten, wollten wir zurück in die Schweiz fliegen. Vom Flughafen in Rio aus versuchte ich erfolglos Peter zu kontaktieren. Es war das erste Mal, dass er einen Anruf von mir nicht sogleich entgegennahm. Als wir in Kloten angekommen waren, schaltete ich mein Mobiltelefon ein, das einige verpasste Anrufe angezeigte. Allerdings nicht von Peter, sondern von einer guten Kollegin. Als ich sie kontaktierte, war sie ganz aus dem Häuschen. Peter sei ein Halunke, er würde alles von mir klauen, um sich nach Kambodscha aus dem Staub zu machen. Ich machte mich auf den Heimweg, als ich jedoch ankam, war es bereits zu spät. Mein Geld, zwei Mobiltelefone und diverse Wertsachen fehlten. Das Schlimmste war, mein Lieblingsring fehlte ebenso. Ein Siegelring mit einem Rubin und dem Freimaurerzeichen darauf. Es handelte sich dabei um ein Erbstück, das mir mein Vater vermacht hatte, was für mich unbezahlbar und unersetzbar bleibt.

Ich war über diesen hinterlistigen Raub höchst erbost. Wie kann man nur die Hand beissen, die einem füttert? Auch wenn ich nicht mehr so vermögend war wie einst, hatte ich Peter trotz allem durchgefüttert, ihn vor der Strasse gerettet und ihm ein Dach über dem Kopf, sowie einen Job verschafft. Einmal mehr war mir dies eine Lehre. Man muss sich gut überlegen, wem man in der heutigen Zeit vertrauen und wen man unterstützen will. Peter nahm einiges an Geld mit, wodurch ich in einen Engpass geriet, denn die Rechnungen wollten bezahlt werden. Den letzten Schreck bekam ich erst einige Tage später. Dreist wie Peter war, hatte er mir sogar sämtliche

Fleischvorräte aus dem Tiefkühler weggefuttert oder verkauft. Nach seinem Raub hat nie mehr jemand etwas von ihm gehört. Aber wie sagt man doch, man sieht sich immer zwei Mal im Leben.

Ich nutze in diesem Buch ein paar Zeilen, um an Peter zu appellieren:

«Peter, bring mir meinen Ring zurück, alles andere interessiert mich nicht. Nur den Ring und ich vergesse den Rest.»

Als wäre es nicht schmerzhaft genug gewesen bestohlen zu werden, musste ich mir auch noch eine Standpauke meiner lieben Edith anhören, sie hätte es mir ja von Anfang an gesagt und das hätte man davon, wenn man immer allen helfen will. Klar hatte sie recht, doch wer hört so etwas gerne in einer solchen Situation.

Als ich in die Schweiz zurückkehrte, verlor ich so schnell an Energie wie nur selten. Ruedi begann mir wieder Druck wegen seinem Geld zu machen, zurecht muss ich gestehen, was mir auch höchst unangenehm war, denn normal bezahle ich an dem Tag, auf den ich es verspreche, doch in diesem Fall musste ich eingestehen, nicht zaubern zu können. Edith begann mir ebenso Druck zu machen, wenn auch einen liebevollen, denn sie wollte nach Ecuador zurückfliegen, um ihre Kakao Plantage zu bewirtschaften und dabei alles im Auge zu behalten und den Erfolg mitzuerleben.

So kam es, dass ich Edith ein Ticket kaufte, damit sie für vier Wochen nach Ecuador reisen konnte, um sich mit ihrem Projekt zu beschäftigen. Leider holte auch sie das Pech ein, denn in Ecuador herrschte gerade ein Chaos, und Edith wurde bestohlen, genau wie ich in der Schweiz. Es endete schlussendlich damit, dass sie ihren Aufenthalt um zwei Wochen verlängern musste. Was für mich umbuchen bedeutete, sowie noch weiter auf meine Liebe und ihr gutes Essen zu verzichten.

Damit ich in dieser Zeit nicht allzu sehr allein war, liess ich meine mittlerweile 20-jährige Tochter aus Brasilien anreisen. Kaum angekommen, gingen wir ihr neue Kleider kaufen, denn sie kam in einem

Sommerlook, der für Schweizer Winter nicht gerade tauglich war. Schnell musste ich erkennen, dass sich meine Tochter, enorm verändert hatte. Es war nicht mehr die Larissa von früher. Zu sehr hatte sie die Mentalität von Brasilien übernommen, inklusive sämtlicher Marotten. Als ich ihre Mutter Raquel telefonisch darauf hinwies, bestätigte sie mir meine Feststellung und bat mich, unsere Tochter wieder etwas zur Vernunft bei zu bringen. Leichter gesagt als getan, denn ihren Dickschädel hatte sie von mir, zudem die nervende Einstellung moderner junger Leute, sie hätten die Weisheit mit dem Löffel gefressen, sie wüssten und könnten alles.

Ediths Tätigkeiten schienen mir geradezu einfach, im Vergleich zu meiner Sisyphusaufgabe. Obschon ein Arbeiter in Ecuador nur etwa fünfzehn Dollar am Tag kostet, musste ich immer wieder Geld nachschicken und zudem war es auch nicht immer einfach, gute Arbeiter zu finden, oder überhaupt welche. Don Tasito, Ediths Vater, war ein viel zu gutherziger Mensch, der immer alles ausgeliehen oder verschenkt hatte. Zwanzig Dollar im Sack und der Mann war zufrieden. Damit fühlte er sich bereits sicher. Edith konnte ihren Vater während ihrer Anwesenheit zwar im Zaum halten, doch wehe sie war mal weg, dann drohte alles wieder im Chaos zu verfallen.

«Such dir endlich einen richtigen Verwalter für das Anwesen», hatte ich ihr abermals gepredigt.

Edith schien zu verstehen, fand jedoch keinen, auch nicht für höheren Lohn. Es wollte einfach niemand Verantwortung übernehmen. Die Leute schienen in dieser Gegend durch und durch arbeitsscheu, selbst wenn sie ein hervorragendes Angebot direkt vor die Nase gesetzt bekamen.

Dann nahte der Tag, an dem meine liebe Edith zurück in die Schweiz kam. Mit Larissa stand ich wartend in Kloten, doch weit und breit war keine Edith zu sehen. Erst nach Stunden kam sie mit einem anderen Flug an. Wie sich herausstellte, musste sie in Madrid zwischenlanden, wo sie dann merkte, dass sie meine Handynummer nicht auswendig wusste, so war es ihr nicht möglich, mich zu kontaktieren. Als Edith am nächsten Tag aufwachte, geriet sie in einen wahrhaften Putzrausch, verärgert darüber, dass Larissa mich während ihrer Abwesenheit nicht mehr dabei unterstützt hatte.

Als die beiden wieder abreisten, kam ich nahe an ein Burnout. Ich bin ein Mensch, der nicht gerne über seine Schwächen redet, geschweige denn schreibt, doch zu dieser Zeit fühlte ich mich schwach – ja, wirklich ausgelaugt. Ruedi machte mir weiter Druck wegen des Geldes. Alles was ich zwischendurch einnahm, landete bei ihm, denn nicht zu bezahlen war keine Option, es hätte meinen Prinzipien widersprochen und wäre zudem ein Rufmord sondergleichen gewesen, auch wenn mein Ruf angekratzt war, so war er ja zumindest nicht ruiniert.

So ist es noch heute.

In Richtung Burnout

Bevor Edith nach Ecuador flog, hatten wir auf den 20. März einen Flug nach Rio gebucht, für uns und Ediths Schwester Mariola. Denn diese gab sich grosse Mühe, indem sie stets auf die Finca schaute, wenn Edith nicht dort war und so wollten wir ihr mit der geplanten Reise unsere Dankbarkeit zeigen.

Unterdessen versuchte ich legal Geld zu machen, indem ich mich der Kleiderbranche zuwandte. Während meiner Haftzeit hatte ich lange an der Entwicklung des eigenen Kleiderlabels gearbeitet. Die Marke heisst «Snowking». Den Namen habe ich bereits international schützen lassen, und eine erste Kollektion ist bereits herausgebracht. Die Kleider kommen gut an, sie sind zeitlos und von feinstem Material. Um die Marke voranzutreiben, erhielt ich Unterstützung von einem Kollegen namens Marco.

In der Zwischenzeit haben Marco und ich uns erkundigt, wo wir die Kleider für unsere neue Kollektion herstellen lassen könnten. Marco hatte bereits früher einmal mit seinem Vater in dieser Branche gearbeitet und kannte daher noch viele Produktionsstätten in Italien. So waren wir auf dem besten Weg eine neue Kollektion ins Internet zu stellen. Das Problem war, ich hatte nur noch kein Geld, um richtig investieren zu können, denn kaum kam etwas herein, bekam es der Ruedi.

Genau in dieser Zeit traf ich Samire, eine alte Bekannte von früher. Samire stellte mir einen Mann vor, der eine Firma in der Mode Branche besass und bei dem ich eventuell Kleider und Stoffe bestellen könne. Irgendwie kam aber nichts richtig zu Stande, sodass ich mich weiter orientierte, denn es musste Knete rein.

Mit Edith plante ich eine grosse Ladung Kakao von Ecuador in die Schweiz zu verschiffen. Dazu fuhr ich nach Rotterdam, wo sich der grösste Frachthafen Europas befindet, durch den man problemlos Handel betreiben konnte.

Ein Kollege von mir teilte mir bei meiner Abreise dorthin mit, dass er in Rotterdam zugleich noch über andere gute Kontakte verfügen würde, falls ich Interesse hätte. Da muss ich wohl nicht erklären, um was es ging, dies kann man sich sehr gut selber zusammenreimen.

Dieser Kollege gab mir die Nummer auf einem Stück Papier in die Hand und ich fuhr nach Rotterdam. Allen Freunden sagte ich zuvor Bescheid, dass ich dorthin fahre, um zu schauen, wie das so läuft mit der Verfrachtung des Kakaos. Schliesslich hatte ich ja auch nichts zu verbergen. Die Polizei hörte bereits alles mit, und ich kann mir vorstellen, was sie dachten, als sie hörten, ich fahre nach Rotterdam. Auch ihre Fantasie bezüglich des Wortes «Kakao» lässt sich leicht erraten. Als ich in Rotterdam ankam, schaute ich mir die Sachen an. Auf dem Frachthafen lies ich mir Papiere über die Tarife und die verschiedenen Reedereien ausdrucken. Danach kontaktierte ich via Telefonkabine den Spezial Kontakt und ging mit diesem Holländer essen. Beim Dessert sagte er mir dann, dass ich alles und so viel Kokain haben könne, wie ich wolle.

«Ich bin nicht mehr in diesem Geschäft, doch ich werde es mir merken. Danke», erklärte ich zur Verwunderung meines Gegenübers.

Denn man weiss ja nie, wenn man wieder froh ist, über so einen Kontakt zu verfügen. Danach ging ich zurück in die Schweiz. Als ich da ankam, gab ich meinen Range Rover an Mettler zurück und nahm für mich einen Audi Q 7 E-Tronic und war hell begeistert von diesem Gefährt. Hatte zwar keine Ahnung von diesen Elektronik Sachen und was man alles damit anstellen konnte, aber der Luxus und dass er so wenig Öl verbrauchte, war wunderbar. Eigentlich fuhr ich fast gratis mit dem Audi, im Gegensatz zu dem was mein alter Range Rover verbrauchte.

Ruedi war wieder meine Eier am stressen. Sorry wenn ich dies so ausdrücke, muss es aber, denn er brachte mich so richtig in Rage mit seinem permanenten Druck, wo ich doch alles gab, um auch den Rest abzuliefern. Ich wollte ja alles bezahlen, immerhin hat er mich damals in Lenzburg immer unterstützt und mich fast jede Woche dort besucht.

Eines war klar. Ich musste dieses Problem endlich ein für alle Mal lösen, denn mit diesem Stress konnte ich nicht weiterleben, es beeinträchtigte meine gesamte Konzentration. Ich steuerte erneut auf ein Burnout zu.

Niemand lebt gerne mit der Pistole am Genick. Also brauchte ich jemand, der ein Kilogramm Schnee von diesem Holländer holen ging und da bot sich Helena mir an, sie bettelte förmlich darum. Sie war ein alter Kontakt, der sich bisher stets bewährt hatte. Mein Plan war simpel: Ich nehme das Kilo auf Kommission, verkaufe es hier, und mit dem Gewinn könnte ich die Schulden bei Ruedi bezahlen, zudem wäre immer noch genug übrig, um die Kosten für eine neue Kleider-Kollektion meines Snowking Labels zu bezahlen. Zuerst war ich noch skeptisch, ob Helena die Richtige war für den Job, denn mittlerweile hatte sie eine 13-jährige Tochter. Wenn etwas schief ging, wollte ich nicht schuld sein, einer Tochter ihre Mutter weggenommen zu haben, zudem wusste ich nicht, ob Helena, würde etwas schief gehen, nicht durch ihre Tochter weiche Knie bekommen und auspacken könnte. Doch Helena flehte mich wortwörtlich an, sodass ich es ihr nicht mehr ausschlagen konnte.

Bevor unser Vorhaben losging, telefonierte mir ein unbekannter Rudolf (Name geändert) und sagte, er wolle zweihundert Gramm haben und ob ich dies bewerkstelligen könne. Ich sagte zu und dachte mir, so könne ich kurz auch noch was verdienen, aber nicht via Holland, sondern gleich hier. Also half mir der Freund von Samire und gab mir diese zweihundert Gramm.

Doch leider hatte dieser Unbekannte keine Freude an der Qualität und gab mir das Zeug gleich wieder zurück. Und erklärte, das sei nicht gut. Ich schaute, dass es den Weg wieder zurück fand zu dem ehemaligen Besitzer. Das war der Kollege von Samire und der sagte, er bringe mir neues Zeug in etwa einer Stunde. Er müsse nur noch retour nach Buchs, um diese Sache zu bereinigen. Nach einer Stunde meldete er sich jedoch nicht, auch nicht in zwei. Erst nach ungefähr drei Stunden telefonierte mir Samire und teilte mir mit, dass ihr Freund in Zürich verhaftet worden sei. Dies weckte bei mir grosse Skepsis, denn nach seiner vorherigen Aussage redete er von Buchs im Aargau und nun soll er irgendwo in Zürich verhaftet worden sein. Seltsam. Solche Sachen habe ich nicht gerne. Später erfuhr ich von der Polizei, dass es sich bei den 200 Gramm um Kokain von einer Reinheit von 94 % handelte.

Das Beste kommt noch, denn die schlaue und gierige Helena wollte wohl ein wenig Benzin sparen und fuhr auf direktem Weg nach Holland, obwohl ich es ihr ausdrücklich verbot, denn dies ist eine gefährliche Route. Einfach quer durch Deutschland ist die Besserwisserin also gefahren. Das Land der Autobahnpolizei. Aber wie so oft nehmen die Leute diese Warnungen nicht ernst und meinen, sie können selbst über solche Situationen entscheiden. Das machte mich sehr wütend, denn schliesslich bin ich ein alter Hase in dem Geschäft, wenn ich was sage, dann hat es Hand und Fuss.

Es kam wie es kommen musste. Helena wurde kurz nach der Grenze von der Polizei ab der Strasse genommen. Sie hatte dann nichts Klügeres zu tun als, mir auch noch auf meine private Nummer anzurufen, um mir dies zu berichten. Noch unprofessioneller hätte es nicht laufen können. Ich beendete das Telefonat sofort. Augenblicklich fing ich an zu realisieren, was das bedeutete, was das jetzt für Auswirkungen auf mich haben würde.

Ich telefonierte gleich mehrmals mit Helenas Tochter, ob ihre Mutter nicht eventuell doch noch nach Hause gekommen sei, denn auch ein Esel hat bekanntlich mal Glück und kommt dem Salami-Metzger davon. Aber nur selten. Und so war es auch. Helena wurde mit einem Kilogramm Schnee verhaftet und ihr letzter Anruf von ihrem Handy aus war auf meines, das ja, wen mag es noch erstaunen, bereits abgehört wurde. Super! Solch ein Mist den ich mir wegen diesem Stress gebaut habe. Ich bin mir sicher, wenn Edith vor Ort gewesen wäre und mir die Ruhe gegeben hätte, die ich bräuchte, dann hätte ich besser studiert und solche Entscheidungen nicht so fahrlässig aus dem Bauch heraus getroffen, sondern hätte wie früher die Perfektion angestrebt, dann wäre Helena ja schon im Auswahlverfahren als Kurierin ausgeschieden.

Danach meldete sich auch noch ihr Bruder und sagte mir, was ich schon befürchtet hatte, dass sie in Deutschland kurz nach der Grenze verhaftet worden wäre und sie immer noch in Untersuchungshaft sei und er nicht wisse weshalb. Ich konnte diesem Bruder nicht sagen, dass sie für mich gefahren ist, dann hätte dieser sofort gedacht, dass ich sie in die Scheisse getrieben hätte und eigentlich war es ja umgekehrt. Ich liess mich wieder unter Druck blenden und wurde fahrlässig und konnte somit nur mich selbst an der Nase nehmen, denn ich bin kein Opfer, darum muss ich auch niemand anderem die Schuld geben.

Als ich nach diesem Fiasko Edith vom Flughafen abholte, war ich gezwungen ihr die Wahrheit zu sagen. Sie wurde so wütend, dass sie mich beinahe geschlagen hätte.

«Wieso machst du immer wieder so blöde Sachen?», sagte sie immer und immer wieder.

Die alte Leier, die leider der Wahrheit entsprach. Ich schämte mich so sehr für meine fehlende Professionalität, dass ich mich eigentlich am liebsten selbst geschlagen hätte. Nach meiner Rechnung würde es noch einige Wochen gehen, bis die Untersuchung beendet sei und Helenas Auslieferung oder Verhaftung in die Schweiz ausgestellt würde.

Meine Verhaftung war somit in Stein gemeisselt. Doch zuvor war mir noch Urlaub gegönnt. So nahm ich mir vor, die geplante Reise mit Edith und ihrer Schwester nach Brasilien durchzuziehen, um bei der Rückkehr meinem Schicksal in die Augen zu sehen und mich der Verhaftung zu stellen.

Bevor wir am Flughafen ankamen, legten wir in Zürich einen Zwischenstopp ein, um neue Bettwäsche zu kaufen, die wir dann in der Wohnung in Rio neu beziehen wollten. Edith wollte gerade ihre blaue Parkscheibe richten, als ich ausstieg und mir zwei Zivilfahnder, die uns bereits lange gefolgt waren, die Handschellen anlegten und mich verhafteten.

Ich dachte ich sei im falschen Film. Es ging nicht lange und der Kastenwagen stand bereits neben mir, ich wurde hineinversetzt und ab zur Kaserne gefahren, wo ich in die Untersuchungshaft Propog gebracht wurde, um auf die Versetzung in ein anders Gefängnis zu warten, wo es sich im Gegensatz zu diesem Ort, einigermassen aushalten liess.

Das letzte Urteil

Nach meiner Verhaftung habe ich zum ersten Mal in meinem Leben ein Geständnis abgelegt. Aber die Beweislage war erdrückend. Alles andere hätte keinen Sinn mehr gemacht. Somit konnte auch ein abgekürztes Verfahren eingeleitet werden, wodurch meine Strafe bis zu einem Drittel milder ausfallen konnte. Die Helena war nach kurzer Zeit wieder In der Freiheit bei ihrer Tochter, was kaum zu glauben war. Als wäre das alles nicht genug, hat die Polizei in meinem Lagerraum siebenhundert Gramm Kokain gefunden, was mich selbst überraschte, denn davon wusste ich wirklich nichts. Nach kurzem Nachdenken war ich nicht mehr so überrascht, denn mir wurde alles klar. Ich hatte diesen Lagerraum einem Freund vermietet. Und dieser Freund war halt kein Engel – wie ich. Das Kokain wurde beschlagnahmt und die Schlösser im Lagerraum wurden ausgewechselt. Danach wurde ich dazu verhört und alles wurde so dargelegt, dass der Schnee mir gehöre, da der Lagerraum auf meinen Namen lief. Auf Erklärungen und Spielchen hatte ich keine Lust mehr, zudem war ich müde und traurig darüber, meine Edith enttäuscht zu haben, so nahm ich alles stillschweigend auf mich. «Seid ihr jetzt zufrieden?», fragte ich lächelnd die Staatsanwaltschaft, nachdem ich es auf meine Kappe genommen hatte, worauf ich nur ein Grinsen zurückbekam. Weitere Kommentare habe ich nicht abgegeben, und den Namen dieses Freundes preiszugeben, war sowieso keine Option für mich. Auch wenn ich müde war, blieb ich meinen Prinzipien treu. Die Staatsanwältin war ganz verblüfft, als ich alles auf mich nahm, da ich vorher bereits widerstandslos ein Geständnis über ein Kilo gemacht hatte, was ebenso wenig zu meinen unzähligen bisherigen Einvernahmen passte. Dann kam das, auf was ich im Stillen hoffte, die Staatsanwältin zeigte sich interessiert an einem verkürzten Verfahren. Leider wurde nichts daraus, so kam es zu einer Verhandlung und zu einem absolut überhöhten Urteil, was ich jedoch zum Erstaunen aller akzeptierte. Wie bereits erwähnt, war ich einfach müde. Ich wollte keine weitere Verhandlung mehr. Seither sitze ich meine definitiv letzte Gefängnisstrafe ab, bei der mir meine liebe Edith von draussen treu zur Seite steht. Sie ist mein Fels in der Brandung, meine Motivation. Mein Ziel ist das Gefängnis tadellos durchzustehen, aber auch, mich nach meiner Haft von allen krummen Dingern fernzuhalten. Die restliche Zeit meines Lebens will ich mit ihr verbringen. Wenn ich mit etwas handle, dann mit meinen Kleidern, denn an meinem Label arbeite ich weiter.

Alles andere ist passé.

Zusätzliche Anekdoten

Das teuerste Waschmittel der Welt

Als ich im Schneegeschäft angekommen war, kam eines Tages an der Eichstrasse ein Kumpel vorbei, der mir vier Kilogramm synthetisches Kokain brachte und mich darum bat, es für ihn zu verstauen, da er das Gefühl hatte, im Fokus der Polizei zu stehen, wodurch er es auch nicht zu Hause lagern konnte. Ich willigte ein und stand einige Minuten später mit den vier Kilos da. «Wo verstauen?», geisterte es mir durch den Kopf. In der Wohnung schien mir zu riskant, und mein Lager war zu weit. So kam mir eine Blitzidee. Ich begab mich in den Keller unseres Wohnblockes, holte Chrigis Persil Karton hervor, spülte das Waschmittel herunter, saugte kurz zur Sicherheit den Karton aus und platzierte schlussendlich den Stoff im Persil Karton. Chrigi würde heute nicht waschen. Es schien mir sicher, doch bei Blitzideen sollte man immer auf eine Blitzumsetzung verzichten, denn obschon ich alle Möglichkeiten berücksichtigt zu haben schien, rechnete ich mit etwas nicht.

Am Abend als ich von meinem Termin zurück war, klopfte eine Nachbarin bei mir und meinte:

«Herr Lutz, irgendetwas stimmt mit Ihrem Waschmittel nicht!»

«Wie bitte?», entgegnete ich erschrocken.

Ich dachte: «Scheisse, die hat mich durchschaut», und nun will sie bestimmt Kohle, um die Klappe zu halten. Doch was dann kam, übertraf alles. Es stellte sich heraus, dass der Nachbarin ihr eigenes Waschmittel ausgegangen war, sie sich zu meiner Schachtel begab, wo sie sich ein bis zwei Becher auslieh, natürlich ohne zu fragen, denn wir waren ja Nachbarn. Als dann aber die Kleider ihres Bengels nicht sauber wurden, dachte sie, dass Waschmittel sei schlecht und sie wolle es mir netterweise melden. Ein gut gefüllter Becher von Schneekönigs Persil hatte damals einen Strassenwert von 3'000 bis 5'000 Franken, damit hat meine Nachbarin nicht nur zwei Mal in Folge die Wäsche gewaschen, nein, die Hose ihres Sohnes wurde nicht mal sauber. Als meine Nachbarin mir den Skandal rund um mein defektes Waschmittel berichtete, schrie meine innere Stimme: «Erwürg sie, los tu es!» Doch ich versuchte mir nichts anmerken zu lassen. Aber je mehr ich hörte, umso schneeweisser wurde mein Gesicht. Das Persil-Karton-Versteck war eine einmalige und kostspielige Variante, auf die ich in Zukunft verzichtete.

Pornostudio East-Side Production!
1991

Wieder Back to the Roots als meine beste Zeit war. Das ist eine Geschichte aus den 90er Jahren. Zu dieser Zeit kannte ich einen Ivo Ganz, der eine Pornofirma namens East-Side Studios besass. Eines Tages schlossen wir uns für einen Dreh zusammen. Wir reisten zu meiner Wohnung nach Mallorca und richteten für unser Vorhaben alles neu ein. Wir machten alles drehbereit und organisierten für eine Woche lang drei berühmte Porno Darstellerinnen. Zusätzlich hatte ich meine Suellen (Jennifer Lopez Kopie) dabei. Wir organisierten einen Event, bei dem jeder der bei den Aufnahmen selber dabei sein wollte, eine Woche auf die Finca kommen und dabei zusehen und selber filmen oder fotografieren durfte, natürlich nur für die private Nutzung. Dieses Angebot kostete eintausend Franken. Es kamen zahlreiche Interessenten, wohl auch darum, weil es etwas komplett Neues war. Die Produktionskosten waren im Nu gedeckt. Ivo war

Regisseur und Produzent zugleich. JP Love war auch dabei, der spielte oft den Gärtner, das war sehr lustig. Bis dahin wusste ich gar nicht, dass JP Love in seinem Leben zuvor mal ein grosser Bank Manager war. Als ich viel später mal ein Bankgeschäft tätigen wollte, fiel er mir wieder ein, der JP Love und da er sowieso ein lustiger Zeitgenosse war, machte ich mit ihm ab, und wir gingen was essen. Er schlug mir die Clariden Bank vor und da machte ich gleich das zweite Treffen ab, mit einem Manager dieser Bank. Da fragte ich diesen Manager, woher er JP Love kenne und er sagte, eben von der Arbeit. Alles was er heute könne, hätte er von ihm gelernt, alles verdanke er JP Love, denn er war ein guter Manager, wenn nicht einer der besten dieser Bank. Darum lasst euch nicht täuschen vor JP Love der hat es Faustdick hinter den Ohren. Ivo hatte in der Schweiz wieder eine gute Idee, indem er so eine Art *«Schweiz sucht den Pornostar»* aufgleiste. Das Tele Züri und das Schweizer Fernsehen berichteten sogar darüber. Ich sass in dieser Produktion in der Jury, was wirklich sehr aufregend war. Eine geniale, enorm unterhaltsame Show. Ich ging damals mit einer Italienerin nach Argentinien um neue Models, also Porno Darstellerinnen zu suchen und das Kartell stellte uns eine Auswahl von circa sechzig Frauen vor, wovon ich die Beste unter Vertrag nahm. Eines Abends vor dem Abflug hatte ich in der Disco noch eine Schönheit namens Mariel kennengelernt, und nahm sie ins Hotelzimmer und fragte sie, ob sie Lust hätte mitzukommen in die Schweiz. Sie sagte sofort zu. Wir packten alle Sachen innerhalb einer Stunde zusammen und ab ging es in Richtung Zürich. Der habe ich Unrecht getan, dass muss ich heute zugeben, denn als ich mit meiner Tochter kurz nach Rio flog, rief sie mich an und sagte es sei eingebrochen worden. Ich schickte einen Freund vorbei und der sagte, es gab keine Einbruchspuren. Also musste es jemand mit einem Schlüssel sein, so schickte ich sie zum Teufel. Später habe ich erfahren, dass es Philipp war, ein ehemaliger Arbeiter der zwei Diebe organisierte, die mit dem Schlüssel dort alles abräumten. Ich war mit Mariel lange zusammen, bevor das geschah und jetzt tut es mir leid, wenn ich daran denke, dass ich sie falsch verurteilt hatte und hoffe, wenn sie dieses Buch liest, sie eventuell meine Entschuldigung annimmt. Also: Es tut mir leid Mariel, das war nicht richtig von mir. Sorry!

MACUMBA die Magie der Urahnen

Nun nach Brasilien, das Land, das mich immer wieder von neuem in seinen Bann zieht. Hier habe ich eine besondere Geschichte, die man einfach erlebt haben muss, um so etwas überhaupt verstehen zu können. Nach diesem Erlebnis habe ich eine völlig neue Sicht über unsere Welt und unser westliches, krankes Gesundheits-System. Als ich mit der Schwester von Jubertinho zusammen war und in den Favelas herumzog, lernte ich die Bedeutung von Macumba kennen. Immer am Samstag lagen an den Kreuzungen wie in einem Schrein frisches Obst, Esswaren Getränke, Zigarren und Rum. Ich erkundigte mich erstaunt, wieso all das niemand mitnimmt oder anfasst. Darauf erklärte mir Jubertinho, dass dies mit Macumba zu tun hätte. Dies sei die weisse Magie und alle hätten davor Respekt und Ehrfurcht, selbst wenn jemand am Verhungern sei, würde er sich nicht trauen, etwas von den Gaben zu nehmen. Also ist Macumba eine Religion aus weisser und schwarzer Magie. Je nach dem, was gerade gebraucht wird. Der Bruder von Jubertinho leitete ein Macumba Center. Also ging ich an einem Samstag mit Eliane, Jubertinhos Schwester, dorthin. Das Center bestand aus einem grossen eingezäunten Gelände. Dort befanden sich viele abgemagerte Hunde. Sie strolchten ziellos umher. Hätte man den Hunden ein Stück Brot hingeworfen, wäre augenblicklich ein grosser Streit entstanden. Jeder musste anschliessend ein grosses Stück Fleisch oder ein Hähnchen mitnehmen. Dies musste man Braten und die Hälfte selber essen und die andere Hälfte irgendwo auf dem Gelände als Gabe für die Götter abgeben. Zuerst dachte ich noch, die wollen nur ihre Hunde füttern. So legte ich meine Hälfte hinter ein Gebüsch und da kamen gleich die hungrigen Hunde angerannt. Seltsamerweise blieben sie einen Meter davorstehen, liessen das Stück Fleisch dort wo es lag und so wie es lag. Danach wurden in einem Saal die Blätter eines bestimmten Baumes auf dem Boden ausgelegt. Die Leute begannen rundherum in Trance zu tanzen, bis sie zum Teil komplett das Bewusstsein verloren. Es war höchst unheimlich, aber doch war es für mich so interessant, dass ich mehr darüber erfahren wollte. Nach diesem Trancegetanze fuhren wir eine halbe Stunde aus Rio hinaus und besuchten dort eine alte Dame in einer alten Hütte. Eine sehr weise alte Dame. Man nannte sie Pombagira. Sie begrüsste mich und nahm mich mit in ein Zimmer, dort zündete sie eine Zigarre an, nahm einen grossen Zug davon und trank anschliessend, auf ex einen Liter 90-prozentigen Zuckerrohrschnaps. Dies vor meinen Augen, ohne einmal mit den Wimpern zu zucken. Ich dachte noch, die wird jetzt sicherlich ganz schön besoffen werden, wenn sie nicht gleich tot umfällt. Doch zu meiner Überraschung fing sie an zu sabbern und mit einer anderen Stimme zu sprechen.

«Du hast ein grosses Problem. Du wirst in deinem Heimatland gesucht und deine dortige Gegnerin ist eine ältere Frau, die du jedoch erst in etwa zwei Jahren sehen wirst».

Nach dieser Prophezeiung wurde sie bald wieder ganz normal und sprach wieder mit ihrer eigentlichen Stimme, wobei sie kein bisschen besoffen oder verrückt wirkte. Im Nachhinein weiss ich genau, wen die Pombagira mit dieser älteren Frau in der Schweiz meinte. Es war die schlimmste Bezirksanwältin, die es in der Schweiz je gab. Frau Dr. Olbrecht. Die schwor sich und machte es zu ihrer Lebensaufgabe, mit dem Kreis 4 aufzuräumen. Bei ihr hatten die Leute immer die längsten U-Haft Zeiten. Die Frau Olbrecht arbeitete immer mit dem Oberstaatsanwalt Dr. Bertschi zusammen und der deckte sie, in allem was sie machte. Also stand er immer hinter ihr.

Sie verfolgte mich durch die ganze Welt und meine Freundin Chrigi musste, nur weil sie mich noch nicht erwischt hatten, drei Monate in U-Haft.

Nun noch so eine Geschichte aus der Macumba Welt. Ein Deutscher, ein Industrieller namens Heinz, hatte einen Bruder, dem ging es gar nicht gut. Er war ein Freund von Bruno Heinzl. Als mir Bruno diese Geschichte erzählte, sagte ich: «Komm, wir bringen den erkrankten Bruder von ihm zur Pombagira. So werden hier weise und der Medizin mächtige und darum verehrte Frauen genannt. Es bedeutet eigentlich; «die den Tauben den Hals umdreht»,

Ich hatte mit ihm zuerst seine ganze Krankheitsakte studiert und wirklich, darin gab es nichts, das man mit der westlichen Medizin erklären konnte, völlig unklar, was mit ihm nicht stimmte. Und doch erkannte er kaum noch seine eigene Familie. Also beschlossen wir, ihn hierher zu holen. Bruno und Heinz sagten, das gehe doch nicht, und wozu das alles. Er solle in eine offene Abteilung der Psychiatrie kommen, und der Pass wäre auch noch irgendwo bei ihm Zuhause. Doch davon liess ich mich nicht beeindrucken. Nach wenigen Minuten hatte ich sie überzeugt, ihn trotzdem abzuholen. Also flogen sie hin und brachten ihn hier raus zu uns. Als ich ihn sah, wie dieser hinter seinem Bruder her trottete wie ein Zombie, verschlug es selbst mir die Sprache. Wir brachten ihn sofort zur Pombagira, um Macumba anzuwenden. Die Pombagira sagte, wir sollten diesen Mann, der von vielen bösen Dämonen besessen sei, bei ihr lassen und zwar zwei ganze Wochen lang. Keine Besuche nichts, denn er müsse sich voll auf seine Sache konzentrieren. Heinz hatte Angst vor einer möglichen Erpressung oder Entführung, denn seine Familie war sehr wohlhabend. Ich beruhigte ihn, denn so etwas würden sie hier nie machen, denn sie dürften ja nicht mal Geld annehmen für die Behandlungen, sondern nur Geschenke währen erlaubt. Ansonsten würde dieses Macumba gar nicht funktionieren. Also gingen wir brav nach Hause und kreuzten erst nach zwei Wochen voller Anspannung und Neugier wieder auf. Der Bruder von Heinz empfing ihn mit offenen Armen und begrüsste ihn herzlich, fragte nach seinen Geschäften und schlussendlich danach, wo er denn eigentlich hier sei. Er war tatsächlich wieder der Alte. Wie sich schnell herausstellte, war er aber vor ein paar Jahren stehen geblieben. An die Zeit seiner Krankheit hatte er keinerlei Erinnerung mehr. Als ich dies mit meinen eigenen Augen mitbekam, wusste ich, von nun an glaube ich an Macumba und da kann mir jeder erzählen was er will. Ich studierte diese Kunst und lernte fleissig immer mehr dazu, denn ich bin heute völlig überzeugt von den positiven Eigenschaften dieses Zaubers. Diese Kultur des Macumba ist in Brasilien früh aus einer Mischung von afrikanischem Voodoo sowie den alten Ritualen der Inka Schamanen entstanden, und sogar wir Europäer haben mit unseren christlichen Ritualen einen Teil dazu beigetragen. Ich könnte einige weitere Geschichten darüber erzählen.

Als ich in Rio in Auslieferungshaft war, wurde ein Macumbero eingeliefert. Sein Name war Pedro. Beim Eintritt durchsuchten sie ihn und zerrissen ihm zwei gesegnete Macumba Zeichnungen. Pedro blickte die zwei Zeichnungen an, dann die Polizisten. «Das waren zwei gesegnete Bilder und dafür werdet ihr bestraft!», waren seine Worte. Die Polizisten wurden ganz bleich im Gesicht und wussten gleichzeitig, dass dies gar nicht gut war. Sie kannten die Macht des Macumba! Sie bettelten ihn förmlich an und versuchten alles, doch es nützte gar nichts. Pedro kam in meine Zelle und so lernte ich ihn sehr gut kennen. Er brachte mir auch noch richtig Macumba bei. So lernte ich die schwarze und die weisse Magie. Ich war ein guter Schüler. Jeden Abend setzte er sich in Trance, schabte mit den Fingernägeln auf dem Betonboden und murmelte unverständliches Zeug. Nach zwei Wochen kam der eine Polizist nicht mehr zur Arbeit. Ich fragte nach, worauf man mir mitteilte, dass er verstorben sei. Der andere Polizist wurde immer nervöser. Am Schluss kam er auch nicht mehr. Von nun an war Pedro wieder ganz zufrieden. «Was ist passiert mit den zwei Polizisten?», fragte ich eines Tages bei Pedro nach. «Es ist alles erledigt», war seine prägnante Antwort.

Als ich in die Schweiz ausgeliefert wurde, kam ich ins Bezirksgefängnis Zürich. Beim Eintritt musste ich angeben, was ich für eine Religion habe. Da schrieb ich: Macumbero. Nach kurzer Zeit meldete sich ein alter Pfarrer bei mir und fragte mich, ob ich wisse was Macumba sei. «Ja sicher. Ich praktiziere das seit langem», antwortete ich zu seinem Erstaunen. «Wissen Sie denn, wie gefährlich das ist?», fragte der Pfarrer besorgt nach. «Sicher», bestätigte ich kurz und bündig. Da erzählte er mir, dass er einmal dabei war bei so einer Session, und es sei ihm unheimlich gewesen. Er dachte sogar, dies ist noch etwas Höheres als Gott. Danach besorgte er mir ein rotes Buch über Macumba und sagte, dies sei das letzte gewesen und es sei auch verboten worden, es nachzudrucken. Als ich es las, bestätigte sich alles was ich über Macumba gelernt hatte. Ich wandte es noch drei Mal in meinem Leben an und es funktionierte immer.

Resümee

Lasse ich heute mein Leben Revue passieren, gibt es sehr viele Überschneidungen der Erlebnisse, Dinge, die ich einerseits getan habe und auch nicht missen möchte, die mir anderseits doch gleichzeitig etwas vermasselt haben. Eines ist sicher, ich habe viel zu viele Jahre hinter Gittern verbracht. Würde ich nun aber vor die Wahl gestellt, mein Leben nochmal neu zu leben und dadurch die Chance erhalten, ein Leben ohne Gefängnis zu führen, dafür aber all die Erlebnisse auch nicht mehr erfahren dürfte, so würde ich mich klar dagegen entscheiden. Das Leben als Schneekönig hat mir viele Türen geöffnet, es hat mir oft Spass gemacht und es hat mir in den Zeiten als ich frei war, die Möglichkeit geboten, wirklich zu leben. Zu leben wie ich es mir wünschte, wie das Weltenbummeln, unzählige spannende, interessante Begegnungen und Erfahrungen die ich in einem Alltag als Maler oder in einem anderen bürgerlichen Beruf nicht erlebt hätte. Trotzdem möchte ich durch diese Aussagen nicht ein falsches Bild vermitteln, gerade nicht den jungen Lesern gegenüber, indem ich etwa die Kriminalität als «cool» oder gar «interessantes Gewerbe» darstellen möchte. Heutzutage wäre vieles, was und wie ich es getan habe, gar nicht mehr möglich. Die Technik, die Umstände und das Milieu haben sich gewaltig verändert. Meine Geschichte spielte sich in einer Zeit ab, in der die Welt noch anders drehte, fern von technischem Schnickschnack, von kompletter Überwachung, Internet und so weiter. Mein Ziel war es auch nie, der Schneekönig zu werden, sondern ich bin es geworden, weil sich Möglichkeiten ergaben, die ich genutzt habe, wodurch ich irgendwann mediale Aufmerksamkeit erhielt und so zu meinem Spitznamen kam. Stolz bin ich nicht über diese Bezeichnung. Es wäre mir lieber gewesen, als Künstler, Bankgenie oder Erfinder Berühmtheit erlangt zu haben, doch zeigten sich bei mir in diesen Bereichen keine Anzeichen von Talent, ausser man wollte meinen Werdegang als Kunstwerk betrachten, so könnte ich als Lebenskünstler durchgehen. In meinem Leben habe ich vielen Personen in meinem privaten, aber auch geschäftlichen Umfeld geholfen, doch habe ich auch immer wieder einigen darunter geschadet, wenn auch in den meisten Fällen unbewusst. Als Vater habe ich immer alles gegeben, was ich geben konnte, nur eines nicht und zwar, permanent als freier Mensch da zu sein. Schaue ich heute zurück, hätte ich zumindest im Bereich Familie durchaus einiges anders gemacht, aber bekanntlich ist man im Nachhinein ja stets etwas schlauer. Geholfen ist am Ende damit aber niemandem.

Was das Drogenbusiness anbelangt, weiss ich, dass es heutzutage zu einer Art Mode geworden ist. Gerade Kleindealer schiessen massenhaft aus dem Boden, meist sind es Lehrlinge, Studenten die an ihre Mitschüler Gras *verticken*. Viele davon haben Gründe, wie ich sie einst hatte. Sie dealen, um ihr Studium zu finanzieren, nur um sich das erste Auto zu leisten, dann Stopp. Doch wenn die Freundin da ist, muss bald ein Verlobungsring her, also wird nochmal auf das alte Business zurückgegriffen und Peng ist es zu spät. Man landet in Haft, je nachdem noch bei einem Therapeuten und je nachdem gerät man in einen modernen Justizstrudel, aus dem man eventuell jahrelang nicht mehr herauskommt.

Wenn man ins Drogengeschäft einsteigt, dann muss es im grossen Stil sein, sprich man muss grosse Mengen *verticken*. Dies erfordert zum einen Kapital, zum anderen Kontakte. Dealen um gross zu werden, geht nicht. Dealen um grösser zu werden jedoch schon. Daher sind die besten Drogendealer meist erfolgreiche Geschäftsmänner, denen sich eine Chance eröffnet, bei der sie zuschlagen. Und je nach Möglichkeit, tun sie es erneut oder auf dieselbe Weise mit einem anderen Kontakt. Sich das Ziel zu nehmen, der nächste Pablo Escobar zu werden, ist eine Utopie und dazu eine lebensgefährliche.

Ich selbst bin durch gute Kontakte in das Geschäft gekommen. So konnte ich meine Erfahrungen und mein Wissen aus den legalen Geschäften in der Kriminalität anwenden. Die Kriminalität und die Wirtschaft sind sich ja bekanntlich gar nicht so ungleich. Kriminelle Organisationen werden in den meisten Fällen genau gleich geführt wie eine legale Organisation oder Firma. Gerade dies spricht dafür, dass es eben meist die sind, die sich in der legalen Welt bewähren, die anschliessend auch in der illegalen Welt erfolgreich sind. Die Kunst des Erfolges ist dieselbe, doch eine weitere Kunst, die viele Kriminelle nicht kennen, ist die des Ausstieges. Denn es gibt keine schwierigere Aufgabe, als den richtigen Moment für den Ausstieg, für den Wechsel in die Legalität zu finden. Haben sie ihre erste Million gemacht, verlockt es sie bereits zu der zweiten. Wenn sie zwei Millionen haben, können sie ja auch schnell noch vier daraus machen. Die menschliche Gier und die Routine sind immer wieder des Menschen Verderben. Man sieht es an mir. Hätte ich früher auf meine Freundin Doris gehört, wäre ich ausgestiegen und hätte mich auf die legalen Geschäfte konzentriert, weit weg vom Schnee, hätte ich nicht nur auf weitere Jahre Gefängnis verzichten können, ich stände heute sogar mit vollen Taschen da.

Kriminalität auf Zeit kann funktionieren, aber nie auf Dauer. Die Zeiten sind vorbei. Ich rate jedem da draussen, die Augen offen zu halten. Und zwar nach Chancen, Optionen und Türen die sich einem eröffnen. Oft beschreiten die Menschen ihren Lebensweg mit verschlossenen Augen. Dabei erkennen sie gar nicht all die Möglichkeiten um sich herum. Gibt es eine legale, gilt es sie zu nutzen, gibt es eine illegale, gilt es zwei Mal nachzudenken und auch dann, sie mit Umsicht und Rücksicht zu nutzen, wenn man es für sich und sein Umfeld verantworten kann.

Ich persönlich, lege meine von den Medien auferlegte Krone des

Schneekönigs zur Seite. Mein restliches Leben will ich fern von Mauern, unter der prallen Sonne, zwischen Palmen, im Liegestuhl neben meiner liebsten Edith verbringen.

Es werden sich mir genug legale Chancen eröffnen, ich werde sie nutzen. Von illegalen Geschäften will ich nichts mehr wissen und werde sie ignorieren.

Doch wer weiss was die Zukunft bringt, welche Tür einem lockt, sicher sein kann man sich nie …

Gerne erzähle ich aber noch weitere Geschichten aus dieser verrückten Zeit, die in diesem ersten Buch keinen Platz fanden.

Ihr Reinhard Lutz.

Adios …

Gedanken zur Biografie von Reinhard Lutz

von Valentin Landmann

Zu dieser gelungenen Biografie von Reini Lutz, die uns tiefe Einblicke in die Ereignisse seines Lebens und seine Denkweise vermittelt, möchte ich ein paar Gedanken anfügen zu einer herausragenden - Eigenschaft, die bei Reini in singulärem Masse vorhanden ist. Vielleicht ist er sich dessen gar nicht bewusst. Vielleicht realisiert der Schneekönig nur teilweise, was für eine enorme Gabe ihm die Natur mitgegeben hat:

Reini ist der Mensch mit einer grossartigen Integrationsfähigkeit in jeder Sphäre und jeder Gesellschaft. Das lässt sich mühelos belegen. Aufgewachsen in biederer schweizerischer Umgebung und nach Abschluss einer Ausbildung im Baufach, stösst Reini auf das Leben in Zürich 4, auf die Langstrasse, auf verschiedenste Milieus. Er lässt sich nicht an den Rand drücken. Reini geht nicht unter. Nach und nach beginnt ihn jedermann auf seine Art zu achten. Sei es der Rocker auf seiner Harley, sei es der muskelbepackte Epigone, sei es der Zuhälter an der Langstrasse (damals gab es die vielen legalen Erotikbetriebe noch nicht), sei es der albanische König der Strasse: Sie alle kommen ins Gespräch mit Reini, sie alle beginnen ihn zu achten. Er vermag im Zentrum zu stehen, ohne wirklich einer von all ihnen zu sein. Eröffnet Reini ein Lokal, so sind seine ständigen Gäste Hells Angels, andere Rocker, Milieugestalten, aber auch Bauunternehmer, Banker, sogar Politiker.

Reini bewegt sich in jeder Gesellschaft bescheiden, korrekt und darum vertrauenswürdig. Er kann mit jedermann Gespräche anknüpfen. Das erklärt seine vorzüglichen Kontakte. Seine Karriere ist in diesem Buch unmittelbar und packend geschildert. Er gerät selber mehrfach in den Strudel von kriminellen Handlungen, aber er bleibt Reini, letztlich respektiert von allen Seiten und integrationsfähig in jeder Gesellschaft. Reini bricht kein Versprechen. Wenn er einem Gefängnisdirektor verspricht, aus dem Urlaub zurückzukehren, so tut er das und verabschiedet sich aus seinem Vollzug zur Flucht nach Brasilien einige Tage später «ich konnte doch mein Versprechen nicht brechen», sagte er, wenn man ihn fragt, warum er denn nicht schon im Urlaub gegangen sei. Staatsanwälte, die mit ihm zu tun haben, sprechen mit Achtung von ihm, können mit ihm im Rahmen von Einvernahmen sinnvolle Gespräche führen. Reini wird nie aggressiv. Er weiss sein Gegenüber mit seiner Ruhe zu beeindrucken. Unvergesslich bleibt mir eine Befragung in einer Haftanstalt, bei welcher Reini – unter den Insassen hochgeachtet und praktisch der König und Ratgeber der Anstalt – die Wärter aufforderte, den anwesenden Staatsanwälten und Polizeibeamten doch eine kalte Platte aus Gastfreundschaft zu servieren. Die kalte Platte kam.

Reini findet sich überall zurecht. Ist er in Brasilien, so geht es nicht lange, bis er Freunde findet, die ihm sogar ermöglichen, durch die Favelas zu spazieren wie über die Zürcher Bahnhofstrasse. Er lernt Sprachen mit hoher Begabung. Er verständigt sich mit jedermann. Es gibt niemanden, der behaupten könnte, mit Reini sei nicht zu reden, sei er Banker, Staatsanwalt, Gangster oder Freund.

Seine integrative Fähigkeit ist sein grosses Talent. Es ist ewig schade, dass diese Gabe, die ihm einen Erfolg in der legalen Welt recht mühelos ermöglicht hätte, letztlich zu wenig zum Zuge kam. War es die Faszination der Unterwelt oder die Verlockung etwas schneller zu erreichen, als es sonst denkbar gewesen wäre. Reini hat nie zu Gewalt gegriffen, war immer besorgt, dass es allen in seiner Umgebung gut ging. Wenn Reini verhaftet wurde, litten viele andere mit. Er hat auch im Knast die Zeit und seine Fähigkeiten genutzt.

Seine hier vorliegende Sammlung von authentischen Geschichten aus seinem wilden Leben sind der Beleg dafür.

Ich wünsche Reinhard Lutz, der zu einem grossen Aufstieg fähig gewesen wäre, dass er seine integrativen Fähigkeiten nutzen wird, um nun in der legalen Welt Tritt zu finden und Erfolg zu haben.

Zürich, 29. April 2019

Danksagung

Liebe Edith
Ich möchte dir dafür danken, dass du in mein Leben getreten bist und treu an meine Seite stehst. Danke für deine Unterstützung, die Liebe und Geduld, die du mir schenkst.

Liebe Larissa
Ich danke dir für deine offene und unkomplizierte Art. Du hast mir viel Freude bereitet und wirst es hoffentlich auch weiterhin tun.

Simone, mein lieber Sturkopf
Auch wenn wir immer wieder in Streit verfallen sind und aktuell gerade gar keinen Kontakt haben, so bist du trotzdem stets ein Teil meines Herzens und bleibst und bist meine Tochter.

Liebe Sabrina und liebe Giulia
Leider haben wir uns nie richtig kennengelernt. Ich weiss aber trotzdem durchaus gut Bescheid, was aus euch geworden ist, und darauf bin ich enorm stolz. Simone hat euch bestens erzogen.

Lieber Ivo Harb
Leider habe ich dich zu spät kennengelernt, doch konnte ich auch in dieser kurzen Zeit erkennen, wie korrekt und schlau du in deinen Verfahren vorgehst. Das hat mich sehr beeindruckt. Respekt!

Lieber Valentin Landmann
Auch wenn unsere Freundschaft in der Vergangenheit eine Kerbe erlitt, danke ich dir für die 35 Jahre Freundschaft, sowie für dein Nachwort für dieses Buch.

Sehr geehrter Staatsanwalt Renato Walty
Sehr geehrter Staatsanwalt Robert Akeret
Ihnen beiden danke ich für ihre Korrektheit und die durchaus fairen Verfahren in meiner Sache. Es wäre schön, wenn es in der heutigen Zeit mehr solche wie Sie geben würde.

Sehr geehrter Herr Bühlmann
(ehemaliger Direktor Bostadel)
Auch Ihnen möchte ich noch ganz herzlich für Ihre Offenheit und Unterstützung danken. Sie sind für mich bis heute der Paradedirektor schlechthin.

Lieber Ruedi
Wir hatten gute und schlechte Zeiten zusammen, doch du hast mich während meiner Haft stets besucht und unterstützt, das bleibt unvergessen.

Lieber Renzo
Ich danke dir für unsere Freundschaft und deine immerwährende Unterstützung über all die Zeit.

Liebe Doris
Wir hatten eine schöne Zeit zusammen und sind auch heute noch gute Freunde. Dafür danke ich dir.

Lieber Marcel Haller
Ich kenne dich noch nicht lange, doch verfüge ich über eine gute Menschenkenntnis und weiss, dass du ein ganz guter Kerl bist. Herzlichen Dank für deine grosszügige Unterstützung.

Lieber Sascha Michael Campi
Es war das pure Glück, dich im Saxerriet kennengelernt zu haben. Was du aus meinem ersten Manuskript und all meinem gesammelten Material erstellt hast, hat all meine Erwartungen übertroffen. Dazu habe ich in dir nicht nur einen hervorragenden Biografen, sondern auch einen guten Freund gefunden. Danke für deine Arbeit, Danke für alles.